불성·여래장사상의
형성 수용과 변용

금강대학교 불교문화연구소 편

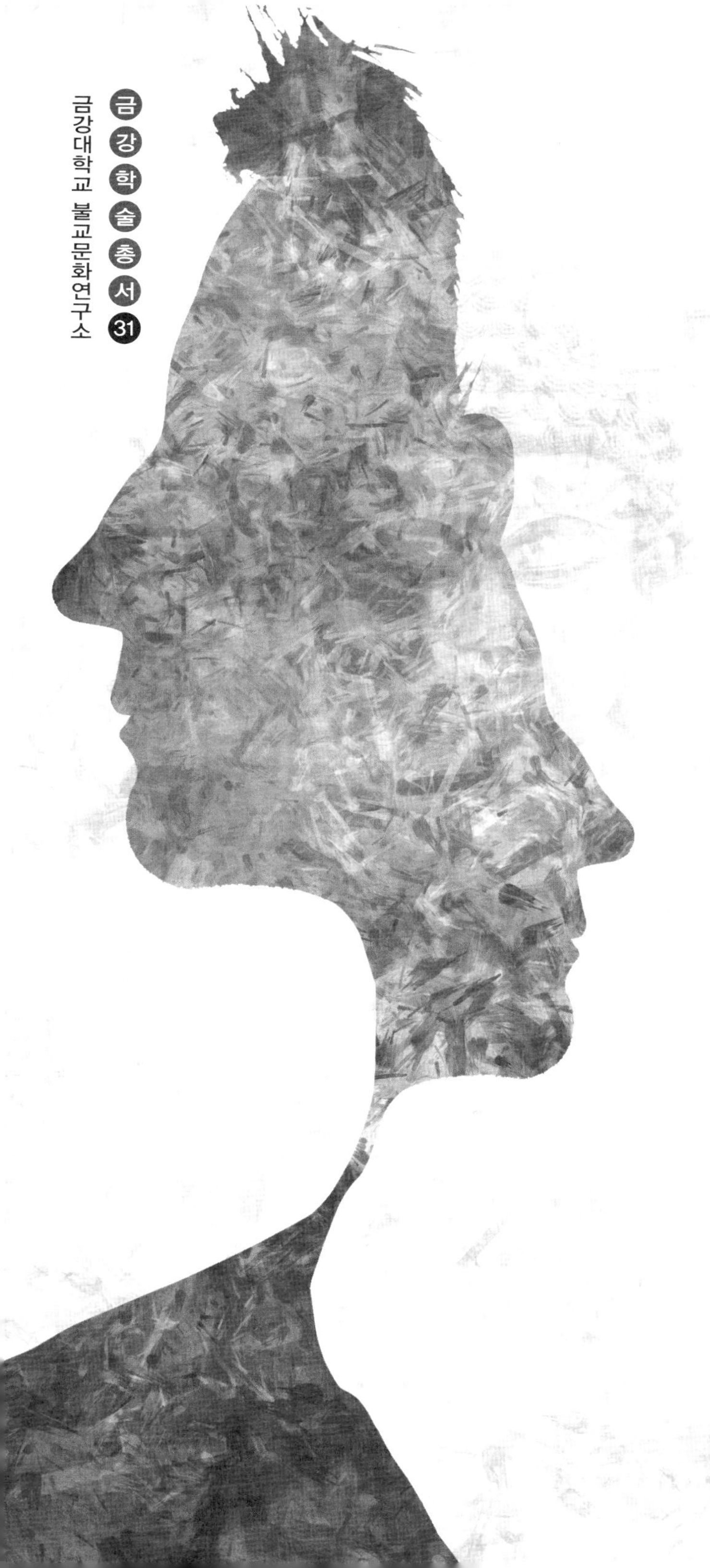

금강학술총서 31
금강대학교 불교문화연구소

불성·여래장사상의 형성 수용과 변용

금강대학교 불교문화연구소 편

씨아이알

이 책은 2007년 한국정부(교육과학기술부)의 재원에 의하여 한국연구재단의 지원을 받아서 간행된 출판물입니다. (NRF-361-2007-1-AM0046)

편집자 서문

본서는 금강대학교 불교문화연구소 인문한국(Humanities Korea, HK) 연구센터가 2016년 8월 6일과 7일 양일에 걸쳐 서울에서 개최한 국제 학술 대회 "불성·여래장사상의 형성, 수용과 변용"에서 발표된 10편의 논문을 수록한 출판물이다.

금강대학교 불교문화연구소는 인도 대승불교 문헌이 동아시아로 어떠한 과정으로 수용되어 갔는지를 주제로 2007년 한국 연구 재단이 지원하는 인문한국(HK) 지원 사업에 선정되었다. 이후 본 연구소는 여래장·불성 사상(이하 여래장사상)을 주요 연구 분야로 지정한 후, 인도 중국 및 티벳의 여래장 문헌들이 지역과 시대별로 수용 및 변화되어 가는 과정을 연구하여 왔다. 그 결과물로서 진제역『불성론』, 옥 로댄쎄랍의『보성론요의』, 그리고『열반경집해』등, 여래장사상 연구에 빼놓을 수 없는 중요한 고전 텍스트들을 한국어로 번역하여 국내 인도, 티벳 그리고 중국의 여래장사상 연구를 위한 기초 토대를 구축하였다.

또한, 동아시아 여래장사상에 지대한 영향을 끼친『대승기신론』에 대한 가장 오래된 주석서를 돈황 사본 중에서 발견하여 그 존재를 학계에 알렸다. 이 돈황 사본에 대한 연구를 진전시키기 위하여 본 연구소 연구인력 전원이 참석하여 강독하였으며, 그 결과물을 2017년 상반기에 한일 양국에서 한국어와 일본어로 공동 출판하기에 이르렀다.

이처럼 국내 여래장사상 연구의 획기적인 성과를 축적해온 본 연구소는 여래장사상에 대한 최신의 국제 연구 동향을 파악하기 위하여 이 분야의 세계적 석학들을 초빙하여 "불성·여래장사상의 형성, 수용과 변용"이라는 제목으로 국제 학술 대회를 개최하기에 이르렀다.

이를 통하여 국내에서는 드물게 인도 중국 및 티벳 전통의 여래장 사상을 입체적으로 비교 분석할 수 있는 기회를 가질 수 있었고, 그 연구 성과를 출판물에 수록하게 되었다.

본서는, 각 논문들이 조금씩 겹치는 부분도 없지는 않지만, 가능한 한 인도－중국－티벳의 순서로 구성하였다.

먼저 가노 가즈오(加納和雄)의 「『열반경』(涅槃経, Mahāparinirvāṇa-mahāsūtra)속 복합어 '여래장(如来蔵, tathāgatagarbha)'의 이해에 대한 재고(再考)」는 '여래가 어디에 있는가'에 대해 『여래장경』과 『열반경』의 서로 다른 선언을 고찰하고 있다. 즉, 『열반경』을 분석해보면 여래장의 의미가 "여래를 안에 품고 있는 불탑"으로 해석될 가능성이 있는데 논자는 이에 대한 타당성을 관련 문헌을 통해 문법적 검토와 더불어 사상사적으로 논증하고 있다.

이어서 야마베 노부요시(山部能宜)의 「기체설(基體說, Dhātu-vāda)에 대한 또 한 번의 논의」는 여래장사상을 비불교적 사상이라 본 마츠모토 시로(松本史朗) 의 매우 논쟁적인 '비판불교'를 재검토한다. 즉, 마츠모토는 여래장사상이 불교가 부정한 '실재하는 기체설'을 기반으로 성립하였기 때문에 이는 '참된 불교'의 전승으로 볼 수 없다고 하였다. 이에 대해 야마베는 마츠모토가 논거로 삼은 「보살지」 「성문지」 등의 유가행파 관련 문헌들 속에서의 본성주종성(本性住種性) 등을 검토하여 마츠모토의 '기체설'을 반박한다.

이어서 안성두는 「초기 유식문헌과 『보성론』에 공통된 인용문과 비유」에서 『보성론』에 나타난 여래장과 공성(空性)의 긴장 관계가 초기 유식문헌과 어떤 점에서 사상적 차이를 내포하고 있는지를 밝히고 있다. 즉, 『보성론』은 여래장과 공성을 통합시키기 위해 전통적인 증익견과 손감견의 제거를 설하고 있다. 논자는 이러한 『보성론』의 사상적 관점과 여러 초기 유식문헌들이 취하고 있는 공성의 이해를 양 문헌들이 설하는 공통된 비유를 통해 보여주고 있다.

다음으로 수록한 구라니시 겐이치(倉西憲一)의 「금강승(Vajrayāna)에서 불성(佛性)－『초회금강정경』(Sarvatathāgatatattvasaṃgraha)을 중심으로－」는 밀교 문헌들 중 그 영향력이 컸던 『초회금강정경』을 중심으로 불성과 금강승과의 결합 관계를 추적하고 있다.

이상 인도 전통의 여래장사상에 관한 논의에 이어서 「『보성론』 I.27-28 게송에 나타난 여래장의 세 가지 의미－번역과 주석 전승을 중심으로－」를 수록하였다. 차상엽은 이 논문에서 법신(dharmakāya), 진여(tathatā), 종성(gotra)이라고 하는 여래장의 세 가지 의미를 『보성론』 I.27-28 게송 중심으로 범본 및 티벳본, 그리고 한역본을 비교 고찰한다. 이를 통해 논자는 여래장사상의 문헌들이 다른 언어로 번역되어가는 과정에서 보이는 미묘한 차이가 사상적으로 어떻게 달라지는가를 검토한다. 그 과정을 본 논문은 『보성론』에 관한 티벳 및 중국의 주석서까지를 시야에 넣고 고찰하고 있다.

이어서 로버트 샤프(Robert H. Sharf)는 「불성(佛性), 비판불교 그리고 초기 선종(禪宗)」에서 동아시아에서 전개된 여래장사상을 앞서 언급한 비판불교를 비교 대상으로 하여 고찰한다. 그는 여래장·불성·본각 사상이 동아시아불교 내부의 많은 문제의 원인이라고 보고 있는 비판불교의 논지에 대해 전적으로 동의할 수는 없지만 '믿음'이 우위에 선 여래장사상이 분명 '중국적'으로 구축된 불교 특성에 기여하였음에는 부분적으로 동의를 표하고 있다. 그러나 이러한 '중국적' 불교에 대한 일반적 시각과 달리, 초기 선종 선사들은 여래장의 교리를 쉽게 받아들이지 않았고 오히려 남종선의 선사들이 북종선의 여래장사상을 비판하였음을 밝히고 있다. 환언하면, 비판불교가 가진 '비판적 시각'이 여래장사상의 영향력이 강력했던 중국불교 전통에서도 존재하였음을 엿 볼 수 있다.

다음으로 본서는 여래장사상이 매우 큰 영향력을 가졌던 티벳불교 전통에서 여래장사상이 어떻게 수용 및 전개되었는지를 고찰한 논문을 수록하였다.

도르지 왕축(Dorji Wangchuk)은 「롱솜빠의 존재적 심연－여래장학파의 '긍정적' 존재관과 일체법부주론파의 '부정적' 존재관이 만나는 곳에서－」를 통해 중관 계열에 속하는 11세기 티벳의 불교학자인 롱솜빠의 사상을 고찰한다. 롱솜빠는 현상적 사건의 배후에는 일체의 본질적 기반이 없음을 주장한다. 그러나 이러한 존재관과 대비를 이루는 소위, '존재'의 입장을 취하는 여래장사상을 그가 어떻게 이해하는가를 추적함으로서 불교 철학의 '부정적' 존재관과 '긍정적' 존재관이 티벳불교에서 여래장사상의 이해를 통해 검토하고 있다. 이는 앞의 다른 논문들에서도 보아왔던, 여래장사상과 공성(空性)의 긴장관계를 티벳 사상가를 통해 본격적으로 다룬 연구이다.

계속해서 클라우스 디테 마테즈(Klaus-Dieter Mathes)는 「여래장과 객진번뇌에 대한 제8대 까르마빠(karmapa) 미꾀도르제(Mi skyod rdo rje, 1507-1554)의 견해」에서 티벳 전통의 여래장사상을 고찰한다. 티벳에서는 본성적으로 붓다가 될 가능성인 여래장을 단순한 속제(俗諦)적 의미가 아니라 궁극적이고 긍정적으로 평가한 그룹이 있었고 그들 내부에서는 여래장과 그에 부착된 객진번뇌에 관한 논쟁이 있었다. 논문은 그 의미를 분석하여 미꾀도르제의 자공(自空)·타공(他空)에 대한 견해가 여래장 이해를 둘러싸고 티벳의 다른 논사들과 어떻게 달랐고 그의 타공 이해가 어떠했는지 관련 텍스트들을 중심으로 치밀하게 분석하고 있다.

이어지는 더글라스 덕워스(Douglas Duckworth)는 「티벳에서 여래장의 토대들」을 통해, 티벳에서 전개된 중관, 유식 그리고 여래장사상의 종합에 대해 논의하고 있다. 이 논문은 소위 모든 존재에 대한 철저한 부정을 기반으로 하는 중관학파의 일체공과, 이와 대조적인 여래장의 '토대성'의 조화에 대해 고찰하다. 이를 위해 논자는 티벳의 중관학파 논사들이 여래장의 '토대성'을 어떻게 이해하고 있는가를 집중적으로 논의한다. 또한 유가행파의 왜곡을 영속시키는 구조로서 근본적 토대(근본식) 등이 여래장과 어떻게 조화되는지를 근본식, 의타기성, 자기인식의 주요 개념을 통해 살펴보고 있다. 이를 통해 중관학파와 유가행파의 이론이 여래장을 통해 어떻게 보완되고 있는지 살펴본다.

끝으로 수록한 시모다 마사히로(下田正弘)의 「『대승대반열반경』 관련 여래장설의 해석학적 문제에 관한 몇 가지 고찰－원효, 부뙨, 그리고 비판불교－」는 인도 중국 티벳의 여래장사상을 종합적으로 아우르고 있다. 구체적으로 본 논문은, 경전과 논서를 어느 한쪽에 치우치지 않고 수용 및 이해하려고 노력한 원효 대사의 학문적 자세를 소개한 후, 이와 유사한 태도로 불교사상을 이해 및 정리하려 노력한 티벳의 부뙨을 비교 및 소개한다. 이러한 모습은 자아 개념을 둘러싼 여래장사상에 대한 현대의 비판불교의 입장과 대비를 이루는데 이를 통해 비판불교를 '비판적'으로 고찰하고 있다.

이상으로 본서는, 인도－중국－티벳 순으로 총 10편의 여래장사상에 관한 최신 연구를 수록하였다. 여래장사상은 인도불교에 그 뿌리를 두고 있으면서도 인도와 달리 동아시아와 티벳의 대승불교 전통에서는 불교 철학의 정점을 차지하였다. 그러나 여래장사상은 여래장 및 불성의 존재를 둘러싸고 그 초기부터 공성(空性) 및 무아 사상과 긴장 관계에 놓여 있었다. 본서에 수록된 논문들은 여래장사상이 그러한 긴장 관계를 어떠한 방식으로 불교 철학 내에서 양립시키고 있는지를 보여줌으로써 각 시기 및 지역별 여래장사상의 변화 과정을 치밀하게 보여주고 있다. 이러한 문헌 및 문화사에 기반한 여래장사상 이해는 한국 불교의 바른 이해를 위해서도 불가결한 요소가 될 것이며 본서가 그 과정에 작은 도움이 되기를 바란다.

본 연구소는 2017년 8월로 10년간 이어온 인문한국연구 지원 사업을 종료하지만, 국내외 많은 반향을 불러일으키며 지금까지 축적한 불교문헌을 통한 불교사상에 대한 접근 방법은 앞으로도 계속 이어 나갈 것이다.

귀중한 연구를 제공해주신 집필자분들과 출판 및 편집에 수고를 아끼지 않으신 많은 분들에게 감사드린다.

2017년 5월 20일

금강대학교 불교문화연구소 인문한국 연구센터 HK연구 교수

정 상 교

목차

기체설(基體說, Dhātu-vāda)에 대한 또 한 번의 논의

야마베 노부요시(山部能宜)

초기 유식문헌과 『보성론』에 공통된 인용문과 비유

안성두

롱솜빠의 존재적 심연 –여래장 학파의 '긍정적' 존재관과 일체법부주론파의 '부정적' 존재관이 만나는 곳에서–

도르지 왕축(Dorji Wangchuk)

여래장과 객진번뇌에 대한 제8대 까르마빠(Karmapa) 미꾀도르제(Mi skyod rdo rje, 1507–1554)의 견해

클라우스 디테 마테즈(Klaus–Dieter Mathes)

티벳에서 여래장(如來藏)의 토대들

더글라스 덕워스(Douglas Duckworth)

『대승대반열반경』 관련 여래장설의 해석학적 문제에 관한 몇 가지 고찰 -원효, 부뙨 그리고 비판불교-

시모다 마사히로(下田正弘)

『열반경』(涅槃経, Mahāparinirvāṇamahāsūtra) 속 복합어 '여래장(如来藏, tathāgatagarbha)' 이해에 대한 재고(再考)

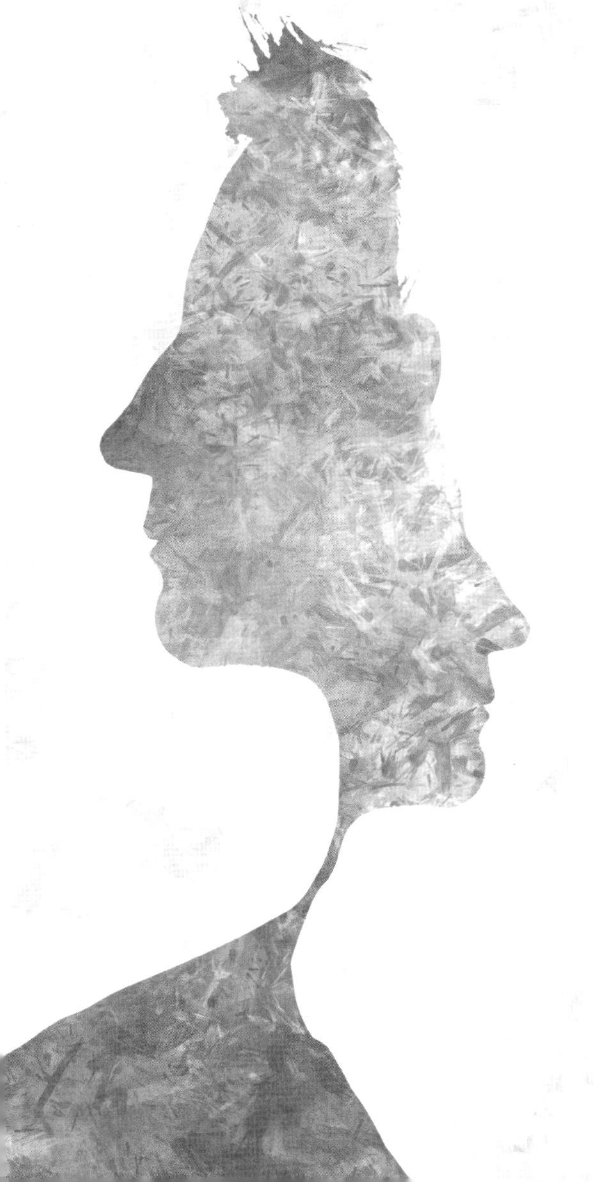

『열반경』(涅槃経, Mahāparinirvāṇamahāsūtra) 속 복합어 ‘여래장(如来蔵, tathāgatagarbha)’의 이해에 대한 재고(再考)

가노 가즈오(加納和雄)
고마자와대학

1. 서론

여래장사상을 설하는 경전군 가운데 ‘여래장(如来蔵, tathāgatagarbha)’이라는 단어를 최초로 사용한 문헌은 어느 것일까. 이제껏 『여래장경』(如来蔵經, Tathāgatagarbhasūtra)이 가장 오래된 문헌이라고 여겨져 왔지만, 근년에는 『대반열반대경』(大般涅槃大經, Mahāparinirvāṇamahāsūtra, 이하 『열반경』으로 표기)을 가장 오래된 것으로 여기는 견해가 등장하여 논쟁은 아직 매듭지어지지 않고 있다.[1] 두 경전의 전후관계에 대해서는 최종적으로 확정지을 실마리가 결여되었기 때문에 그 결론을 보류하더라도, 적어도 『열반경』과 『여래장경』이 여래장 경전군 가운데에서도 최고층에 속한다는 점은 인정해도 좋을 것이다. 그리고 두 경전 모두 ‘부처는 어디에 있는가’를 주요 주제로 삼는다는 점에서 공통된

---

1 Radich 2015.

다. 하지만 여래장 선언문의 구문이 문법적으로 다르다는 점에는 주의할 필요가 있다. 우선 그 두 경전 속의 여래장 선언문을 제시하고 시역(試譯)을 덧붙이면 다음과 같다.

『여래장경』 sarvasattvās tathāgatagarbhāḥ[2]
시역: 일체중생은 여래를 안에 품고 있다

『열반경』 tathāgatagarbhaḥ sarvasattvānāṃ[3]
시역: 일체중생에게는 여래를 안에 품고 있는 [불탑]이 있다[4]

두 경전 모두 범문 원전은 발견되지 않았지만 위 범문 가운데 『여래장경』의 구절은 『보성론』(宝性論) 범문 사본에서 확인할 수 있고, 『열반경』의 구절은 동일 경전 범문 단편 속에서 확인되고 있다.[5] 후자의

---

2 Ratnagotravibhāga(ed. Johnston), 26, 68, 73.

3 Habata 2009, 568. 해당하는 행 전체는 다음과 같다. syaṃt(i) [n](i)ty(o) dhruvaḥ śāśvate hy acala sukho bhagavāṃn iti **tathāgatagarbhaḥ sarvvasatvānām* saṃprakāśayiṣyatīti** evaṃ paryu[p]ā /// 굵은 글씨에 대응하는 티벳어역은 다음과 같다(Habata 2009, 568): sems can thams cad la de bzhin gshegs pa'i snying po yod do zhes ston par byed do ‖ 또한 상기 인용문에 사용된 기호는 다음과 같다. ///는 사본 파손 부분, [ ]는 사본에서 판독 곤란한 문자, ( )는 사본에서 판독 불가능한 문자 등을 번각자(翻刻者)가 보완한 것을 각각 의미한다. 해당 부분에 시역을 붙여본다면 다음과 같이 될 것이다. "… 세존은 내재/항상(nitya)하며, 견고, 영속, 부동, 안락하는 자이다. 따라서(iti) 일체중생들에게는 'tathāgatagarbha'가 있다[고] 설하여 나타내는 것이다…." 보어인 '[고]'는 문맥상('tathāgatagarbhaḥ'는 주격이므로 'saṃprakāśayiṣyati'의 목적어가 아니기 때문에 'iti'를 보완하여 이해할 필요가 있다)으로 그리고 티벳역의 'zhes'로 보충했다.

4 단지 "일체중생에게 여래를 안에 품고 있는 [불탑]이 [자기 자신에게] 있다"라고 번역하는 것도 불가능하지는 않다. 이하의 자기불탑화의 논의 및 다음 각주에 인용한 『열반경』 범문 단편의 문장을 참조.

범문 원전은 단편밖에 발견되어 있지 않지만 다행히도 그 단편 속에 위의 선언문이 남아 있다. 더구나『열반경』범문 단편에는 이 이외에도 여래장(tathāgatagarbha)이라는 단어가 확인되는 부분이 있기에[6] 본고의 후반부에서 자세히 검토하고자 한다.

상기의『열반경』의 한 문장의 시역 가운데 "여래를 안에 품고 있는 [불탑]"의 경우와 같이 [불탑]이라는 단어를 보완했는데 이 보완의 타당성을 검증하는 것이 본고의 목적이다.

2.『여래장경』속 여래장(tathāgatagarbha)의 소유 복합어적 해석

이 가운데『여래장경』의 위에서 언급된 선언문의 시역에 관해 침머만의 논문(Zimmermann 2001) 등에서 이미 논의되었듯이 '여래장(tathāgatagarbhāḥ)'은 '일체중생(sarvasattvās)'과 문법상의 성·수·격이 일치하고 있으므로 이 단어의 복합어 해석은 소유 복합어(bahuvrīhi)라고 이해하는 것이 가장 자연스러운 듯하다. 마츠모토(松本 1994)는『여래

---

5 『열반경』의 범문 단편을 최초로 망라하여 회수한 것은 마츠다(松田 1988)이다. 하바타(幅田)는 그를 이어받아 추가적인 단편을 발견하고 티벳어역 전체의 교정본을 제정하여 경전 전체를 분절하여 섹션 번호를 매겼다. 본고에서는 편의상 하바타가 제시한 분절을 사용한다.

6 Habata 2009, 572: /// [t](a)thāgatagarbho (')stīti de(śa)[yā]mi" (Tib. nga de bzhin gshegs pa'i snying po yod do zhes ston gyis); Habata *ibid*: "asmākam u[p]ari [t]athāgatagarbho (')stīti vimṛśya bhāva[n]āyā (Tib. bdag cag la de bzhin gshegs pa'i snying po yod do snyam du brtags nas bsgom pa la).

장경』의 여래장(tathāgatagarbhāḥ)을 '여래의 장(tathāgatasya garbhāḥ)'(松本 1994, 512)으로 분석하여 격한정 복합어(tatpuruṣa)로 해석하고 동일한 선언문을 "일체 중생은 여래를 수용하는 자이다"라는 아주 흥미로운 이해를 제시하지만 필자는 침머만을 따라 이를 채용하지 않는다.

3. 『열반경』 속 여래장(tathāgatagarbha)의 소유 복합어적 해석

한편 견해가 갈리는 것은 『열반경』 선언문의 이해이다. 그 가운데 우선 여래장(tathāgatagarbha)이라는 단어의 복합어 해석이 문제가 된다.

다카사키(高崎)와 래디치(Radich)는 동일 경전의 이 어구를 격한정 복합어 '여래의 장(garbha)'으로 이해한다.[7] 다시 말해 같은 단어를 『여래장경』의 경우는 소유 복합어로 이해하고 『열반경』에서는 격한정 복합어로 이해하는 것이다. 이에 대하여 필자는 두 경전 모두의 경우 여래장(tathāgatagarbha)을 소유 복합어로 이해해야 한다고 생각한다. 결론을 미리 언급하자면 여래장(tathāgatagarbha)은 어느 경우에도 소유 복합어이며 『여래장경』의 경우(남성·복수·주격)에는 '중생(sattvāḥ)'을 형용하지만("여래를 안에 품은 중생") 『열반경』의 경우(남성·단수·주격)에는 '불탑(stūpaḥ)'(남성·단수·주격)을 형용한다("여래를 안에 품은 불탑")고 필자는 생각한다. 즉 다음과 같이 이해하는 것이다.

---

7 高崎 1974, 178.; Radich 2015 참조. 다카사키의 논의는 下田 1997, 288-289보다 한층 발전적으로 고찰된다.

『열반경』 tathāgatagarbhaḥ sarvasattvānāṃ

= tathāgatagarbhaḥ (stūpaḥ) sarvasattvānāṃ

그 이유는 아래에서 순서대로 설명하기로 한다.

4. 『열반경』 선언문의 문법 구조

우선 여래장(tathāgatagarbha)의 복합어 해석에 대하여 문법적인 점을 확인해두고자 한다. 통상적인 고전 범어의 문례에서 '가르바(-garbha)'를 마지막 구성요소로 가지는 복합어(x-garbha)는 소유 복합어로 이해되며 "~을 안에 품는"이라는 의미를 가진다. 예를 들어 '크쉬티가르바(Kṣitigarbha)' 또는 '아카샤가르바(Ākāśagarbha)' 등의 보살명 또는 '갸나가르바(Jñānagarbha)' 또는 '아난다가르바(Ānandagarbha)' 등의 인명 등, 그 예는 너무 많아 일일이 셀 수 없다. 단지 가르바(garbha)에는 다양한 의미가 있고 또한 복합어의 해석에 대해서도 소유 복합어뿐만 아니라 격한정 복합어인 경우도 있지만 침머만이 지적하는 대로 여래장(tathāgatagarbha)이라는 어구의 경우는 소유 복합어라고 이해하는 것이 가장 타당한 듯하다.

이 "일체 중생에게는 여래를 안에 품은 [불탑]이 있다(tathāgatagarbhaḥ sarvasattvānāṃ)"라는 『열반경』의 선언문을 여기서 한 번 확인해보면 'tathāgatagarbhaḥ'의 성·수·격(남성·단수·주격)은 '일체중생들에게는(sarvasattvānāṃ)'의 경우(남성·복수·속격)와 일치하지 않으므로 문법적으로 보더라도 두 단어가 서로 수식 관계가 아니라는 점은 명백하다. 이는『여래장경』과의 결정적인 차이점이다.『여래장경』의 경우 '여래장(tathāgatagarbha)'이라는 형용사와 '중생(sattva)'이라는 명사가 상호 수식 관계 또는 술어와 주어의 관계이다. 다카사키나 래디치는 따라서『열반경』의 'tathāgatagarbhaḥ'를 명사로 이해하고 격한정 복합어로 분석했을 것이다.

확실히 이 선언문만을『열반경』의 문맥에서 떼어내어 단독으로 고려한다면 이러한 이해가 타당할지도 모른다. 왜냐하면 여래장(tathāgatagarbha)을 형용사(소유 복합어)로 이해하는 경우 이것이 형용하는 명사가 이 선언문에 분명히 기록되지 않은 것이 되기 때문이다. 하지만 아래에서 논의하는 대로『열반경』의 경전 전체의 주제를 고려할 때 그와 같이 'tathāgatagarbhaḥ'를 격한정 복합어로 이해하는 타당성은 극히 의심스러워진다.

위에서 논의한 대로 여래장(tathāgatagarbha)을 소유 복합어로 이해했을 경우, 남성·단수·주격의 어형을 가지는 이 형용사는 같은 성·수·격을 가지는 남성·단수·주격의 어떠한 명사를 수식하는 것이 되겠지만 그 명사는 분명히 밝혀져 있지 않다. 기술되지 않은 그 명사는 도대체 무엇일까.

이를 고려하기 위해 다음으로 여래장(tathāgatagarbha)과『열반경』의 주제 사이의 관계를 확인하고자 한다. 래디치의 언급대로 여래장(tathāgatagarbha)이라는 단어가 불교 경전에서 최초로 등장하는 예가 만일『열반경』에서라면 여래장(tathāgatagarbha)과 이 경전 전체의 주제가 상호 연관되어 있다고 생각하는 것이 자연스럽다. 왜냐하면 여래장(tathāgatagarbha)은 이 경전 속에서 특히 핵심을 담당하는 개념이기 때문이다.

5. 『열반경』의 주제인 반열반(般涅槃), 유골(遺骨), 불탑(佛塔)

『열반경』의 주제는 부처의 열반이다. 그리고 부처는 열반 후 유골로써 계속 존재하며 나아가 그 유골을 봉납한 불탑도 부처로 영속하여 부처 그 자체로 계속 숭배된다는 것이 설해진다. 이 불탑, 즉 "여래(의 유골)를 안에 품고 있는 것"이야말로 실로 여래장(tathāgatagarbha)의 문자 그대로의 의미를 나타내는 것이다. 이처럼 『열반경』에서는 불, 유골(불사리), 불탑이 등치되어 그들 모두가 동등하게 숭배의 대상으로 여겨진다. 즉 부처의 반열반, 유골, 불탑이 본 경전의 주제의 중핵을 형성하고 있음은 의심할 여지가 없다.

하지만 이들 중핵을 이루는 사항은 이미 비대승의 열반경군 이래 주제로 다뤄져 왔던 것이다. 그것을 이어나가면서 다른 차원으로 전개시킨 본 경전이 비대승의 열반경군과 질적으로 다른 점은 물질로서의 유골, 즉 색신(色身)인 유골의 반대편을 그 본원인 법신(法身), 다시 말해 물질을 초월한 유골로 정한 것이다. 요컨대 색신인 유골을 그 법신에 의해 시현시킨 임시적 존재로 규정하여 그 가치를 크게 전환시킨 것이다. 바꿔 말하면 색신보다도 고결한 존재인 법신을 제시하는 것에 의해 부처의 존재를 재규정했다고도 할 수 있다.

더욱이 그 법신은 "항상적으로 존속하는"(nitya) 절대 존재이며 또한 하바타(幅田 2014)에 따르면 그것이 "항상 몸 가까운 곳에 존재하는"(nitya) 존재이기도 함을 선언하는 것이 본 경전의 주요한 요점이다. 'nitya'라는 용어의 양의성("항상"과 "몸 가까운 곳에")을 잘 활용하여 법신이 영속하는 존재이면서 가까이 머무는 존재라고 하는 것이다. 메이르호퍼(Mayrhofer)의 『고인도·아리야어 어의 해석 사전』(Etymologisches Wörterbuch des Altindoarischen)에 의하면 베다에서 'nitya'는 '아라나(araṇa)'와 결부된 개념이고 '토착의'와 '외래의'라는 의미와 쌍을 이루는 것으로 전해지며 'nitya'에는 그와 같은 '고유의, 토착의'(eigen, heimisch) 이외에 '항상적인, 지속하는'(stetig, dauernd)과 같은 의미가 열거된다. 이와 같이 'nitya'는 '항상' 이외에도 'nija'(내재하는)와 기본적으로 공통되는 의미도 가지고 있는 것이다.

6. 자기 자신의 불탑화와 여래장(tathāgatagarbha)

위에서 기술한 'nitya'가 가진 이중의 의미 가운데 후자인 '몸 가까이 존재하는'이라는 의미는 법신으로서의 여래가 사람들에게 내재화하는 방향성을 강하게 지지한다. 『열반경』은 실제로 다음과 같이 놀랄만한 선언을 한다.[8]

그러자 세존은 다음과 같이 말씀하셨다.

8 下田 1997, 278-279.; 鈴木 2014, 179-180.

그대는 범부인 성문승자와 같이 생각해서는 안 된다. 단지 하나의 대상에 귀의하라. 이 지혜에 관련하여 삼귀의는 없다.
법과 승도 물론 없다. 부처만이 법이기도 하며, 승이기도 한 것이다. 여래만이 삼자(삼보)를 가지는 기반인 것이다.
성문승의 경우 범부들의 세속적인 견해를 제거하기 위한 삼[보]라는 기반을 세웠던 것이다.
만일 그대가 세간의 사람들과 같이 행동한다면 그 방식에 따라 세 가지 귀의처에 귀의해야만 한다. 다른 한편, 자기 자신인 부처에 귀의한다면 [자신과 부처의] 신체가 동일한 것이 되어야만 한다. 그리고 부처 그 자체가 된 후에 여래의 유희를 행해야 한다. 여래와 같아지고 나서는 여러 부처들에게 합장 예배해야 할 필요는 없다. [그대] 자신이 중생들의 위대한 귀의처와 같아져야 한다. 자신이 법신을 버리는 일 없이 부처의 사리(khams, *dhātu)와 불탑(mchod rten, *stūpa/caitya)에 예배해야 한다. 예배를 기대하지 않는 일체중생에게 진실한 불탑인(mchod rten lta bur, *caityabhūta) 자신이 되어야만 한다. 자신의 신체가 일체중생으로부터 예배되는 장소(場, *sthāna)가 되어야 한다. 스스로 법에 귀의하고 나서 법신이 되어야 한다.[9]

---

9 『열반경』 Habata 2013, §391: bdag sangs rgyas la skyabs su song nas sku gcig par gyur cig | de nas sangs rgyas nyid du gyur nas **de bzhin gshegs pa'i rlabs byed par gyur cig** | de bzhin gshegs pa dang mnyam par gyur nas sangs rgyas rnams la thal mo btud par mi bya'o ‖ bdag sems can thams cad kyi skyabs chen po lta bur gyur cig | bdag gis chos kyi sku'ang mi gtang bar sangs rgyas kyi khams dang mchod rten la phyag bya'o ‖ phyag byed mi 'dod pa'i **sems can thams cad kyi mchod rten**

여기에서 분명해지는 것은 '자기 자신'(*svayaṃ)이 '일체 중생들에게'(*sarvasattvāṇām) '진실한 불탑이 된다'(*caityabhūtaḥ)는 것이다. 그렇다면 누가 불탑이 되는 것인가. 티벳어역에 의하면 부처의 대화 상대인 가섭보살이 그 주체가 된다. 이것이 부연되어 그 주체가 경전 독자를 포함하는 '일체 중생'에게까지 확대되는 것이라고 여겨진다.

그렇다면 '스스로 불탑이 된다'라는 것은 어떤 것일까. 사람이 불탑이 되는 등 아무리 생각해도 미묘한 것이 아닌가.

7. 『금강반야』(金剛般若) 속 경문 소재지의 불탑화

이 미묘한 문장을 이해하기 위해서는 주변의 대승 경전을 확인하여 공유되고 있었던 배경을 확보해둘 필요가 있다. 미리 주의해두고 싶은 점은 아래에서는 경전의 성립의 전후를 논의하는 것이 아니라 불전에 공유되고 있었던 인식을 확인하는 것일 뿐이라는 것이다.

우선 어형을 단서로 해서 보면 『열반경』의 '참된 불탑'(mchod rten lta bu)이라는 표현은 『금강반야』의 저명한 구절인 "sa pṛthivīpradeśaś **caityabhūto** bhavet(그 지점이 참된 불탑이 되기 때문이다)"라는 표현에 관련되어 있다는 것은 부정할 수 없다.[10] 『금강반야』의 경우는 이 경전이 독송되어 서사(書写)된 장소가 불탑('참된 불탑' 또는 '불탑과 같이')이

---

lta bur bdag gyur cig | bdag gi lus sems can thams cad kyis phyag bya ba'i gnas su gyur cig | bdag chos la skyabs su song nas chos kyi skur gyur cig |

10 『금강반야』의 동일 표현에 대해서는 Schopen 2005, 25-62에 상세히 논의되어 있다.

된다고 한다. 불탑에는 통상 유골이 봉납되지만 같은 장소에 그 유골을 능가하는 공덕을 가진 것으로 독송 또는 서사된 『금강반야』 경문의 존재를 제안하고 있어, 그 의미에 관련된 이 구절은 혁신적인 선언문이기도 하다. 독송, 서사된 경문이 유골 대신, 보다 공덕 있는 것으로 불탑에 봉납된다는 이 사상의 배경에는 부처의 존재를 물질적 존재에서 초물질적 존재로 승화시킨다는 방향성이 그 저류(底流)에 깔려있다. 유골이 아닌, 부처로서의 경문이야말로 불탑을 참된 불탑이 되게 한다고 선언하는 것이다.

8. 『법화경』 속의 관련 기술

또한 『법화경』에는 경전이 독송, 수지, 서사된 장소에는 부처가 머무는 것에 다름없으므로 거기에 불탑이 세워져야 마땅하며 그 경문이야말로 봉납품인 불사리 대신 또는 그 이상의 것이 된다는 것이 선언된다.

> 더구나 또한 약왕이여, 어느 장소에서 이 [『법화경』]의 법문이 전해지거나, 설명하여 보이거나, 베껴 쓰이거나, 베껴 쓰여 책으로 묶이거나, 암송되거나, 제창된다고 하자. 약왕이여, 그 장소에는 높이 솟은 보석으로 만들어진 거대한 여래의 탑(caitya)이 세워져야 하지만, 거기에 반드시 여래의 유골을 봉납할 필요는 없다. 왜냐하면 거기에는 <u>여래의 신체가 이미 통째로</u>(ekaghanam) 안치

되어 있[는 것이 되]기 때문이다.[11]

여기에서 『법화경』의 경문만이 '여래의 신체 통째(ekaghanaṃ tathāgataśarīraṃ)', 다시 말해 본체 그 자체에 해당하는 것이며 여래의 신체의 단편에 지나지 않는 복수의 유골 단편(śārīrāṇi)을 굳이 거기에 추가하는 것은 필수적이지 않다고 주장하는 것이다.

또한 『법화경』의 다른 부분에는 "이 법문을 책으로 묶어 어깨에 짊어지는 자는 여래를 어깨에 짊어지고 있는 것이다"[12] 또는 "이 경전을 수지하는 자, 승자의 신체를 획득하는 것이 될 것이다"[13] 등의 문구도 보여, 경문이 불, 불사리와 같은 가치(또는 그 이상의 가치)를 지니는 것이라는 점을 반복하여 선언하고 있다. 부처와 같은 이상 거기에 불탑을 세워 공양하는 것은 필연이며, 거꾸로 말하자면 불탑이 있는 곳에 반드시 부처가 존재한다는 것을 이들 문언이 전제하고 있다. 불탑이 없는 곳에 부처는 존재하지 않는다.

---

11 Saddharmapuṇḍarīka(ed. Kern and Nanjio), 231.7-11: yasmin khalu punar bhaiṣajyarāja pṛthivīpradeśe 'yaṃ dharmaparyāyo bhāṣyeta vā deśyeta vā likhyeta vā likhito vā pustakagataḥ svādhyāyeta vā saṃgāyeta vā tasmin bhaiṣajyarāja pṛthivīpradeśe tathāgatacaityaṃ kārayitavyaṃ mahantaṃ ratnamayam uccaṃ pragṛhītaṃ na ca tasminn avaśyaṃ tathāgataśarīrāṇi pratiṣṭhāpayitavyāni tat kasya hetoḥ ekadhanam eva tasmiṃs tathāgataśarīram upanikṣiptaṃ bhavati. 번역문은 鈴木 2014, 173에 따름. Schopen 2005, 38-46에는 해당문 및 관련된 여러 구절이 인용되어 고찰되어 있어 일련의 문맥을 이해하는 데 상당히 유익하다.

12 Saddharmapuṇḍarīka(ed. Kern and Nanjio), 338.4-5: tatas tathāgataṃ so 'ṃsena pariharati ya imaṃ dharmaparyāyaṃ pustakagataṃ kṛtvāṃsena pariharati. 鈴木 2014, 174.

13 Saddharmapuṇḍarīka(ed. Kern and Nanjio), 255.10: dhāreti yo idaṃ sūtraṃ sa dhāre jinavigraham. 下田 1997, 133.

9. 안에 있는 불탑으로서의 여래장

이상의 『금강반야』나 『법화경』의 사례를 근거로 한다면 불탑은 경문이 존재하는 장소라고 이해하는 것이 가능하다. 그 이유를 『열반경』에 적용하는 것이 허용된다면 자기에게 내화된 불탑이라는 것은 부처인 경문을 안에 품고 있는 불탑을 가리키는 것이라고 이해할 수 있다. 그와 같이 사람들의 자기 내면에 존재하는 불탑이야말로 '여래를 안에 품고 있는 것', 다시 말해 여래장(tathāgatagarbha)인 것은 분명한 듯하다.

그리고 이는 이미 시모다나 래디치 등에 의해 지적되는 대로 여래장(tathāgatagarbha)이라는 표현이 불사리를 안에 품고 있는 '불탑'을 의미한다는 점이 『열반경』 이외의 문헌 속에서 이미 당시에 널리 주지되고 있던 사정을 전제로 한다. 그 용례에 대해서는 나중에 확인하기로 한다.

위에 언급한 논의로 돌아가자면 불탑에 봉납되는 (부처로서의) 경문이라는 것은 바로 『열반경』 자체를 가리키는 것이다. 단 『금강반야』의 사례와 다른 점도 있다. 즉 『금강반야』는 부처인 경문이 존재하는 장소가 부처가 존재하는 불탑이라고 가리키는 것일 뿐, 『열반경』은 부처를 지니는 불탑이 특정한 지점에 있다기보다 우리들이 그것을 갖추어 지니고 있다고 한다. 불탑의 소재는 토지가 아닌 사람이라는 것이다. 이러한 사고방식은 위에서 제시한 『법화경』의 한 구절 "이 법문을 책으로 묶어 어깨에 짊어지는 자는 여래를 어깨에 짊어지고 있는 것이다"에서 나타나는 사고방식에 가깝다.

또한 시모다가 지적하듯이 그 성립이 『열반경』보다 후대로 평가되고 있는 『마하가섭회』(摩訶迦葉会)에도 "여래를 공양하고자 원하는 자는 자기 자신을 공양해야 마땅하다"고 되어 있어 위에서 서술한 것과 같은 문맥을 배경으로 자기의 공양 대상화가 설해지고 있다고 여겨진다.[14]

10. 일체 중생이란 누구인가

이와 같이 이해할 경우 불탑=여래장은 『열반경』을 믿고 지니는 사람에게만 존재하는 것이 된다. 그렇다면 '일체 중생에게 여래장이 있다'는 가르침에 어긋나게 된다는 우려가 생길지도 모른다. 일체(一切) 존재와 모든 생명체라고 명시되어 있음에도 불구하고 거기에는 『열반경』을 믿지 않는 사람들이 저절로 배제되기 때문이다.

실제로 이 '일체'에 대해서도 『열반경』을 주의 깊게 읽으면 '[물질적 불탑을 향해] 공양하는 것을 바라지 않는 일체의 중생'이라는 표현이 열쇠가 된다(『열반경』 상기 인용). 다시 말해 바로 『열반경』의 가르침을 받아 신봉하는 사람들이야말로 '일체'가 의미하는 실질적인 내용이 된다고 이해할 수 있다. 요컨대 여래장을 가지는 '일체'의 중생이란 한정 없는 모든 사람들이 아닌 자기에 내화된 불탑의 공양을

---

14 下田 1997, 297. Peking vol. 24, Zi 98b8ff. de bzhin gshegs pa mchod par 'dod pas | bdag nyid mchod par bya'o | (*tathāgatapūjākāmukena svayam eva pūjayitavyam) ≈ T11, 511b7ff.

바라는 '모든' 사람들에 한해 여래장, 즉 불탑이 존재한다는 것을 의도하고 있다. 한편 개개인에게 내화된 불탑이라는 여래장을 믿지 않는 사람들은 『열반경』에서 비난의 대상이 되는 '일천제'(icchantika)에 해당하는 것이 된다. 그 불신하는 자들에게 여래장의 존재를 인정하지 않는 『열반경』의 주장은 이와 같이 생각하는 경우 일관적인 것이 된다.

11. 자기의 불탑화와 중생이 불탑을 가진다는 것

여기에서 약간 시점을 바꿔 자기 자신이 '불탑이 된다'라는 것과 '중생에게 부처를 품는 [불탑]이 존재한다'(tathāgatagarbhaḥ sarvasattvānāṃ)는 것이 같은 의미인지 여부를 확인해두고자 한다. 다시 말하면 위에서 살펴본 여래장의 선언문과 자기 불탑화의 한 구절이 어떤 관계를 가지는지 음미해보고자 하는 것이다.

『열반경』의 선언문 "tathāgatagarbhaḥ sarvasattvānāṃ"이 의도하는 바는 사람들이 그 지혜/신체 가운데 부처를 품는 것(불탑)을 소유한다는 것으로 이해할 수 있다. 만일 사람들이 '신체'에 그것을 소유하는 것이라면 여래(tathāgata)라는 것은 여래계(tathāgatadhātu) 또는 불계(buddhadhātu)를 의미하고, 그 경우의 계(界, dhātu)는 하바타(幅田 2014)가 지적하는 대로 '신체 요소'라는 의미로 이해된다. 한편 그 '지혜[智]'가 그것(tathāgatagarbha)을 소유하는 것이라면 그 경우의 여래(tathāgata)는 즉 교법(āgamadharma)인 동시에 증득법(adhigamadharma)인 법신이 된다. 그것은 『금강반야』의 예 등에 입각하면 『열반경』 경문 그 자체가 되는 것이다.

이와 같이 어떤 사람이 그것(여래를 안에 품는 것)을 떼어낼 수 없는 동시에 본질적으로 소유하는 것이라면 그 사람은 그것과 일체화하고 있는, 즉 그 자체로 이해할 수 있다. 그 의미에 관련하여 '불탑이 된다'는 것과 '일체중생에게는 여래를 품는 [불탑]이 존재한다'(tathāgatagarbhaḥ sarvasattvānāṃ)는 것은 문법적으로 완전히 일치하는 표현이 아님에도 불구하고, 본질적으로는 같은 의미라고 이해해도 좋을 것이다.

단지 『열반경』 선언문의 경우 문법적으로는 사람이 그대로 여래를 품고 있는 것이 아니라, 사람이 여래를 품는 불탑을 가지고 있다는 구조로 되어 있다는 점에는 주의를 필요로 한다. 한편 『열반경』의 자기 불탑화의 문례의 경우 사람이 그대로 부처를 품고 있는 불탑(*caityabhūta)이 된다는 것을 설한다. 다시 말해 차이점은 사람 안에 불탑이 있는가, 그 사람 자신이 불탑인가이다.

12. 부처의 내화에 불탑의 존재가 필요해진 이유

이와 같이 이 경전은 부처의 머무는 곳인 불탑을 중생에게 내화시킨다는 것을 강조하여 설하고 있다. 반열반 후의 석가모니불은 사리의 형태로 불탑에 머물러 있다고 믿어지고 있었으므로 당시 부처가 있는 장소란 오해의 소지를 염려치 않고 말하자면 기본적으로는 불탑뿐이었다.

동아시아불교에 친숙한 우리들의 일상적인 감각으로 보면 부처는 불탑뿐만이 아니라 불상에도 있지 않느냐는 반론을 예상하게 되지만, 인도불교에서는 불상을 부처로 여기게 하는 것은 그 안에 봉납된 사리 또는 사리 대신 거기에 각인된 법신사리게임이 분명하다.[15]

그 불탑=부처에 관련하여 외계 세계에 물리적으로 존재하는 불탑은 방편으로 사리를 거둔 임시적인 것에 지나지 않으며 참된 불탑=부처는 중생에게 내재한다고 선언한다. 불탑의 내화를 통하여 부처가 중생의 안에 머문다는 것에 주력하고 있는 것이다.

이상을 근거로 하면 『열반경』의 범문 단편에서 확인된 여래장(tathāgatagarbhaḥ)은 소유 복합어로서 형용사의 가치를 지니고 그것이 형용사로써 수식하는 명사는 바로 불탑(stūpaḥ)이라고 이해할 수 있다. 따라서 『열반경』의 여래장(tathāgatagarbhaḥ)은 일의적(一義的)으로는 '여래를 안에 품고 있는 [불탑]'이라고 이해하는 것이 가능하다.

더구나 이 가설을 뒷받침하기 위해서 여래장(tathāgatagarbha)이라는 어구가 『열반경』 이외의 문헌에 있어서도 소유 복합어로 기술되며 그것이 불탑을 가리키는 사례를 확인하고자 한다. 그로써 『열반경』의 여래장(tathāgatagarbha)이 격한정 복합어라고 보는 가설에 대한 반증의 전거로 삼고자 한다.

---

15 島田 2011. 다만 불탑 내부에 사리와 함께 불상이 봉납된 경우가 전혀 없는 것은 아니다. 島田 2011, 150 참조.

13. 여래장(tathāgatagarbha)이 불탑을 명시하는 불전의 사례

이미 선행 연구에 대해 몇 차례 지적해왔지만[16] 여래장(tathāgatagarbha)이 불탑을 수식한다는 것을 지지하는 용례를 다른 문헌에서 확인해두고자 한다. 다수의 용례가 확인되지만[17] 다음과 같이 제시하면 충분하다고 본다.

『팔천송반야』(八千頌般若): saptaratnamayāṃs **tathāgatadhātugarbhān stūpān** kārayeti.[18]
『문수사리근본의궤』(文殊師利根本儀軌): **dhātugarbhe** tathā **caitye**,[19] **sadhātuke caitye**.[20]

첫 번째 예 『팔천송반야』의 "tathāgatadhātugarbhān stūpān"이라는 표현을 근거로 『열반경』 속의 문장을 생각하는 것이 허용된다면 여래의 여래장(tathāgatagarbha)이란 다름 아닌 '여래의 유골을 안에 품고 있는'(tathāgatadhātugarbha) 장소인 '불탑'(stūpa)을 가리킨다고 이해할 수 있다. 나아가 이 경우 필자는 『팔천송반야』의 해당 문장이 『열반경』보다도 오래된 것임을 반드시 전제로 하고 있지 않으며, 그러한 표현이 당시 공유되고 있었다는 점을 시사하는 예로 제시한다는 것

---

16 下田 1997, 290 또는 Radich 2015, 159-168 등 참조.
17 구체적인 용례에 대해서는 예를 들어 Radich 2015, 160, n. 431 등 참조.
18 Aṣṭasāhasrikā Prajñāpāramitā(ed. Vaidya), 31.
19 Mañjuśriyamūlakalpa(ed. Vaidya), 410.
20 Mañjuśriyamūlakalpa(ed. Vaidya), 230, 242, 246, 249, 523, 526ff.

을 미리 일러둔다.

두 번째 예 『문수사리근본의궤』의 두 구문은 본 경전보다 상당히 후대로 내려오는 것이지만 여래장(tathāgatagarbha)이 '불탑', '탑묘'(caitya)를 수식하고, 심지어 중요한 점은 'dhātugarbha'가 **'sadhātuka'**, 즉 '유골을 수반하는'이라는 의미와 동의어라는 것을 명시하고 있다는 것이다. 접두사 'sa'와 접미사 'ka'로 의미하는 내용이 '~을 안에 품고 있다'라는 가장 자연스러운 의미로 이해되고 있다는 것이다.

또한 이 같은 이해는 후대이기는 하지만 『이취경』(理趣経) 속 여래장(tathāgatagarbha)의 용례에 의해서도 지지된다.

> sarvasattvās **tathāgatagarbhāḥ** samantabhadramahābodhisattva**sarvātmatayā**
> 일체중생은 여래를 안에 품는다. 보현대보살을 여러 가지 측면에서 자체로 삼고 있기 때문이다.[21]

바꿔 말하면 거기에는 'garbha(안에 품다)'라는 의미는 'sarvātman(여러 가지 측면에서 자체로 삼고 있다)'라는 대응 표현으로 제시되어 있다. 따라서 여래장(tathāgatagarbha)은 '여래의 장(蔵)'이라는 의미가 아니라 '여래를 안에 품는 것'이라는 의미를 가진다는 것이 확인된다.

이 점에서 여래장(tathāgatagarbha)이라는 표현이 일차적으로는 '여래를 안에 품는 [불탑]'을 의미한다는 점, 당시 인도불교도들에게 널리 인식되어 있었을 것이라는 점을 알 수 있다. 'garbha'에는 물론 '태

---

21 Adhyardhaśatikā Prajñāpāramitā(ed. Vaidya), 92.

아' 등의 의미가 있지만 여래장(tathāgatagarbha)이라는 복합어가 일차적으로 명시하는 것은 불탑이다. 이 표현을 전용(転用)한 때에 '여래의 태아' 등의 이차적인 의미가 거기에 부차적으로 따르게 된 것이다.[22]

14. 비문 속의 사례

불탑을 의미하는 'tathāgata(dhātu)garbha'라는 표현이 '여래를 안에 품고 있는 것'이라고 이해되어야 한다는 점을 보충하기 위해서 인도의 불교 비문(碑文)의 용례도 확인해두고자 한다. 비문에는 불탑을 문법적으로 형용하는 다음과 같은 표현이 확인된다.[23] 약간 시대는 후세인 467-468년 중인도 만다소르(Mandasor)의 성새명문(城塞銘文)이나 비문 가운데 '로코타라비하라스야(Lokottaravihārasya)'라는 (설)출세(부)승원의 (Lokottaravihārasya) 명칭이 등장한다.

> yo dhātumātre hata**dhātu**doṣaḥ sarvvakriyāsiddhim uvāca tasya |
> kundenduśubhro 'bbhravivṛṣṭayaṣṭir ayaṃ kṛto **dhātudharaḥ** sakūpaḥ |

모든 신체의 과실적 요소(dhātu)를 제거하고 일체의 소작의 성취

22 또한 『열반경』이나 『유가론』에는 비구름과 관련된 'garbha'의 용례도 있다. 『열반경』(Habata 2009, 580, Sf 21, *recto* line 4): (ma)hāme[gh]atathā<gata>gar[bh]a-[ma]hāsūtraśravaṇadharmav(ṛṣṭi-). Yogācarabhūmi(ed. Bhatthacharya), 38.3–5: tasyāṃ vivṛttāyāṃ punas tasyopari tatkarmādhipatyād eva nānādhātugarbho meghaḥ sambhavati.

23 塚本 1996, 637–638(I.13, l. 16–17). 번역은 츠카모토 역(塚本 1996, 638)을 일부 수정함.

를 설한 그(붓다)의 **사리를 보존하는**(dhātudharaḥ) **이 [탑]은** 쿠무다의 꽃이나 달과 같이, [그] 첨탑은 구름에 뒤덮혀 우물과 함께 건립되었다.

surāsuranaroragendramahito 'py ayaṃ **dhātudhṛk**
paraitu samakālatām amarabhūdhararārkkendubhiḥ |

신, 아수라, 인간, 뱀의 왕에게 존경받는 이 **사리를 지니는 [탑] 이**(dhātudhṛk) 산, 태양, 달이 계속 존재하는 한 동시에 불멸을 얻기를.

위에 제시된 '사리를 보존하는'(dhātudharaḥ)과 '사리는 지니는'(dhātudhṛk)의 두 예 모두 문법적으로 불탑을 수식하며 '유골을 보존하여 가지는 것'을 의미한다. 그 형용사가 의미하는 내용은 '여래의 유골을 안에 품고 있는 것'(tathāgatadhātugarbha)과 같은 의미로 이해할 수 있다.

이 가운데 첫 번째 예의 'dhātu'는 의학적 신체 요소와 유골이라는 두 가지 뜻으로 읽힌다. 같은 방식의 해석은 『열반경』에서도 보인다. 다시 말해 『열반경』을 포함하는 보다 넓은 지리 범위, 시대 범위에 있어서 불탑에 사용되는 어구인 'dhātu'가 불사리의 의미를 축으로 하면서 여러 의미를 지니고 있었음을 위의 예가 보여주고 있다.

위 비문의 예는 『열반경』이 성립한 연대보다도 후대의 것이지만 'tathāgata(dhātu)garbha'의 'garbha'(안에 품고 있는)를 'dhara' 또는 'dhṛk'의 의미로 이해할 수 있음을 보여주는 것이 가능했다고 본다.

더구나 『열반경』의 여래장(tathāgatagarbha)이 불탑을 가리키는 점을 강조하기 위해 다른 비문자료를 알아보면 닥시라 지방 카라완 유구의 불탑지로부터의 출토품에는 사리 용기와 동판 비문이 있다. 그 비문에는 간다라어로 다음과 같은 문장이 각인되어 있다. 기원후 76년 또는 77년의 것이다.

> śarira praïstaveti **gahathubami**(Kalawan Copper Plate)[24]

이는 범문 "*śarīraṃ pratisthāpayati **garbhastūpe**"(사리를 garbhastūpa의 가운데 봉납한다)에 해당한다고 하리 팔크(Harry Falk)가 제언하고 슈테판 바움스(Stefan Baums)가 뒤이어 인정하고 있다.[25] 'garbhastūpa'라는 단어는 '가르바형의 불탑' 또는 '용기인 장소로써의 불탑'이라는 지업석(karmadhāraya) 복합어로 이해할 수 있다. 같은 표현은 다음의 예에서도 찾아볼 수 있다.

> śariraṃ pratiṭhavedi **gavhrathubaṃmi**(Peshawar Museum Inscription, No. 4)[26]

---

24 Baums 2012, 236, fig. 3.25.

25 Baums 2012.

26 Baums 2012, 250, fig. 6.12. 그 외 Baums 2012, 227-33, figs. 3.26, 6.9에도 'gahathuva'라는 표현이 등장한다. 'gaha'를 'gṛha'로 여기는 Salomon의 이해도 불가능한 것은 아니다.

만일 팔크와 바움스의 이해가 타당하다면 위의 비문의 예는 'garbha'라는 단어가 이미 기원 1세기의 단계에 불탑과 함께 사용되고 있었고 이 단어가 그 자체로 불탑을 연상시키는 것이었다는 것을 알게 한다.

이 이외에 비문에 나타나는 불사리에 관련된 표현을 들자면 시모다의 저서(下田 1997, 87-88)에 소개된 대로 『밀린다왕경』과 비문에는 사리가 계 · 정 · 혜 · 해탈 · 해탈지견(오분법신)으로 가득 차서 넘친다고 설해지고 있다. 불사리가 살아 있는 부처와 동등하다고 여겨지고 있었음을 알 수 있다.

또한 살로몬과 쇼펜의 논문(Salomon & Schopen 1984)은 간다라어의 사리 용기 비명 가운데 보이는 "일찍이 세워진 적이 없는 지점에(pṛthivīpradeśe) 여래의 사리를 불탑으로 건립하는 사람"이라는 표현이 『증일아함』(增一阿含)의 한 구절을 '인용'한 것이라고 주장한다. 이 구문은 『아비달마대비바사론』(阿毘達磨大毘婆沙論)에도 등장하여 "四安置如來身界藏故"(T27, 426b17-20 등)라는 표현을 수반하며 "tathāgatadhātugarbha"와 유사한 원어를 예상하게 한다.[27]

이상과 같이 『열반경』 외부의 문헌 · 비문의 사례에 의해 여래장(tathāgatagarbha)이라는 표현이 '여래를 안에 품는' 불탑을 의미하는 점이 확인된다. 따라서 여래장(tathāgatagarbha)은 우선 소유 복합어로 이해되어야 한다는 것을 알 수 있다. 그리고 그것은 위에서 살펴본 『열반경』 자체의 구문 "스스로 불탑이 되어야 한다"와 깊이 관련된 것이라고 이해된다.

---

27 Radich 2015, 163, n. 439도 참조.

15.『열반경』 속 여래장(tathāgatagarbha)이 일의적으로 격한정 복합어가 아닌 이유

한편, 만일『열반경』의 여래장(tathāgatagarbha)을 격한정 복합어로 이해한다면 어떤 부적절함이 발생하는지 확인해두고자 한다.

이미 서술한 대로『열반경』 속 여래장(tathāgatagarbha)의 장(garbha)이 '태아'를 의미하고 있음을 시사하는 기술이 전혀 없는 것은 아니다.[28] 장(garbha)를 '태아'라고 번역한다면 여래장(tathāgatagarbha)은 '여래의 태아'라고 번역할 수 있어 이제까지 배척해왔던 격한정 복합어로 이해하는 것도 가능하게 된다. 그것 자체를 부정하지는 않는다.

문제 삼고자 하는 것은『열반경』의 범문 단편이나 티벳어역 등에서 확인되는 "tathāgatagarbhaḥ sarvasattvānāṃ"이라는 표현을 잘라내어 그 잘라낸 구문만을 대상으로 한 경우 여래장(tathāgatagarbha)은 격한정 복합어로 이해하는 편이 용이하기 때문이라는 이유로 여래장(tathāgatagarbha)이 소유 복합어일 가능성이 배제되어 왔다는 점이다. 이 점에 관해『열반경』의 주제와『열반경』 외부의 문례를 검토하는 것으로 재고해야 한다는 점은 이미 위에서 서술한 대로다.

『열반경』은 널리 알려져 있다시피 '언어유희' 등을 구사하여 지적

---

28 다음의 용례는 인용만으로는 반드시 자명하지 않지만 문맥에 따르면 'garbha'의 다의어적 언어유희를 다루고 있다는 점을 시사하고 있다.『涅槃経』曇無讖譯(T12, 409b29–c3): 云何未懐妊 而作生子想 若必在胎中 則名爲有子 子若在胎中 定當生不久 是名爲子義 衆生業亦然、『涅槃経』法顯譯(T12, 884b26–27): 猶如不懐妊 而作生子想 如是思惟者 但増其惑亂. Habata 2013, §388, 20–24: bu skyes pa ni ma mchis par ‖ bu zhes kyang ni ji skad bgyi ‖ bu chags na ni skye 'gyur te ‖ bsam dang las kyi don kyang mchis ‖

인 도전을 하고 있는 문례가 현저히 보인다. 이 장(garbha)의 경우 '~을 안에 품는다'라는 일의적인 의미에 추가하여 '태아'라는 부차적인 의미를 부여한 언어유희로 이해하는 것은 확실히 이러한 『열반경』의 특징을 드러내는 좋은 예라고 할 수 있다.

이 부분에 관련하여 어떤 단어(이 경우에는 여래장(tathāgatagarbha))의 중심적인 의미에 다른 부차적인 의미를 부여하여 그 단어에 한층 깊이를 더하고 경전 독자나 청중의 이해에 일조하려는 것이 목적임을 잊어서는 안 된다. 결코 본래 단어 의미 자체의 환골탈태를 의도하는 것이 아니다. 'garbha'를 '태아'라는 의미로 이해했다면 『열반경』의 주제와 이 경전을 대표하는 용어 '여래장'의 사이에 직접적인 관계가 중단되고 만다. 이 점에서도 '태아'라는 의미가 부차적인 것이라는 점은 분명하다고 본다.

16. 후대에 등장하는 여래장(tathāgatagarbha)의 격한정 복합어 이해

『열반경』보다 후대가 되면 여래장(tathāgatagarbha)을 속격의 격한정 복합어로 해석하는 예가 많지 않지만 존재한다.

『보성론』 가운데 여래장의 세 가지 복합어 해석의 가장 첫 번째(법신)은 그와 같은 예 중 하나이다.[29] 다만 해당 부분이 논서의 게문

---

29 Ratnagotavibhāga(ed. Johnston), 70.18-19: tathāgatasyeme garbhāḥ sarvasattvā iti paridīpitam.

과 어긋나기 때문에 자연스러운 해석이라고는 할 수 없다. 『보성론』 I.28은 "사람들은 부처를 안에 품고 있다"라는 선언문을 정형화된 것으로 이해하고 그에 더해 'upacāra'라는 단어를 사용하고 있다. 다시 말해 사람들은 부처를 내면에 가지고 있지만 결과인 부처에 대하여 그 원인인 종성(gotra)으로 전의적(転義的)으로 표현(upacāra)하여 "부처를 안에 품다"라고 하는 것이다. 이 종성이라는 뜻은 세 번째 뜻에 해당하지만 여기서 게송의 기본 명제의 이해는 일관되게 '모든 사람들은 부처를 안에 품는다'라는 것임을 확인할 수 있다. 따라서 같은 게송의 첫 번째 뜻인 법신에 관해서도 두 번째 뜻인 진여(真如)에 관해서도 기본 명제 '부처를 안에 품는다'는 정형화되어 있다. 주석에서는 독자적 해석으로 세 번째 뜻에 다른 복합어 이해를 제시하지만 그것은 어디까지나 해석적 입장이며 게송 그 자체의 이해와는 일선을 멀리하고 있다는 점이 파악되어야만 한다. 어디까지나 '여래를 안에 품다'라고 이해하고 있는 것이다.

또한 『능가경』(楞伽経)의 예 "garbhas tathāgatānāṃ"이나 "garbhas tathāgatasyāsau"라는 문례는[30] 속격의 격한정 복합어의 이해를 언명하는 중요한 것이지만 이는 여래장과 여러 식(識)과의 관계성을 바탕으로 한 상당히 발전한 단계인 후대의 이해이다.

따라서 이들을 격한정 복합어로 이해하는 것은 여래장 경전의 초창기에 위치하는 『열반경』 속의 여래장(tathāgatagarbha)이라는 복합어

---

30 Laṅkāvatārasūtra(ed. Nanjio), VI.1: garbhas tathāgatānāṃ hi vijnānaiḥ saptabhir yutaḥ | pravartate dvayo grāhāt parijnānān nivartate ‖ X.746: pratyātmagatigamyaś ca ātmā vai śuddhilakṣaṇam | garbhas tathāgatasyāsau tārkikāṇām agocaraḥ ‖

를 이해할 때 사상 발전사적인 관점에서 유효한 자료가 되지는 않는다. 후대의 이해를 이전 시대의 문헌에 적용시키는 것이 되어버리기 때문이다.

17. 『열반경』 범문 단편에서 확인되는 다른 여래장(tathāgatagarbha)의 용례

『열반경』의 범문 단편에는 이제까지 살펴본 용례 이외에 다음과 같은 여래장(tathāgatagarbha)이라는 단어를 제시하는 예가 있다. 그 예를 검토하면 이 단어가 불탑을 의미한다는 점이 더욱 보강된다.

해당 부분은 범문 사본의 파손이 심각하기 때문에, 문장의 곳곳이 결손되어 있다. 그 문맥을 티벳어역에서 보충하여 번역을 제시하면 아래와 같다. 범문이 회수되는 부분은 가능한 한 괄호 안에 원어를 첨부했다.

> 마치 유아의 모친이 자신의 가슴에 쓴 나뭇잎을 발랐던 것처럼 나도 또한 '공성을 관상하라, 일체제법은 무아이다'라고 말한 것이다(evem ahaṃ śūnyatāṃ bhāvaya sarvadharmā anātmāna ity uktavān[31]). 마치 유아의 어머니가 나중에 자신의 가슴을 씻어서 깨끗히 하고 아이를 향해 "전에는 너의 약을 버터에 녹이기 위해(ghṛtajaraṇāya)

31 범문은 범문 사본에 기반을 두지만 부분적으로 어구를 보충하였다. 이하 동일.

모유를 마시게 하지 않았지만([vāri]tau stanau pātuṃ) 이제는 마시거라"라고(idānī pipeti) 말하(vadati)듯이 그와 같이 나도 또한 세간법에 의거해 변화하기 위해 설명하고 "아(我)는 없다"라고 말한 뒤 지금은(*idānī) "내게 여래를 안에 품는 [불탑]이 있다"라고 설명하는 것이다(tathāgatagarbho 'stīti deśayāmi).

따라서 비구들이여, 유아와 같이 두려워하는 일 없이(mā bhikṣavo bhaiṣṭa bālavat) 마치 그 유아가 다시 생각하여 나중에 다시 어머니의 모유를 마시듯, 비구들이여, 그대들도 또한 "우리들의 위에는 여래는 안에 품는 [불탑]이 있다"라고 생각을 고쳐(asmākam upari tathāgatagarbho 'stīti vimṛśya) 수행에 힘쓰라고 지금 가르치는 것이다.[32]

이 부분에서 여래장(tathāgatagarbha)이라는 단어를 포함하는 문장을 가려내보면 다음과 같다.

---

32 Habata 2009, 572(강조체는 대응 범문이 회수되는 부분. 하바타가 제시하는 티벳어 문장도 옮겨 실었다): ji ltar byis pa'i mas rang gi nu ma nim pa'i lo ma'i lde gus bskus pa de bzhin du ngas kyang chos thams cad bdag med par stong pa nyid du sgoms shig ces byas so ‖ ji ltar byis pa'i ma des phyis rang gi nu ma bkrus te bu la smras pa | sngar ni khyod kyi sman mar zhu bar bya ba'i phyir nu ma nur ma bcug gis da ni nus shig ces zer ba de bzhin du | ngas kyang 'jig rten pa'i chos las bsgyur ba'i phyir de skad ces bstan te | bdag med do zhes byas nas da ni nga de bzhin gshegs pa'i snying po yod do zhes ston gyis dge slong dag byis pa bzhin du ma skrag par ji ltar byis pa des brtags nas phyir yang ma'i nu ma nu bar byed pa de bzhin du | dge slong dag khyed kyis kyang bdag cag la de bzhin gshegs pa'i snying po yod do snyam du brtags nas bsgom pa la brtson par gyis shig dang da bstan to ‖

(*mama) tathāgatagarbho 'stīti deśayāmi
내게는 여래는 안에 품는 [불탑]이 있다고 나는 설명할 것이다.[33]

asmākam upari tathāgatagarbho 'stīti vimṛśya
우리들의 위에는 여래를 안에 품는 [불탑]이 있다고 다시 생각하여[34]

이 가운데 특히 두 번째 예에는 "우리들의 위에는"이라는 독특한 표현이 등장한다. 제일 처음에 제시한 『열반경』의 선언문 "tathāgatagarbhaḥ sarvasattv"와 비교하면 'sarvasattvānāṃ'에 대응하는 부분이 'asmākam upari'라고 되어 있는 것이다. 이 특별히 특징적인 표현은 어떠한 구체적인 이미지를 전제로 하고 있는 것일까. 현재로서는 『열반경』 안에서 그 근거를 발견하기는 어렵다. 하지만 『열반경』을 지명하여 인용하는 『법화경』으로 눈을 돌리면[35] 다음과 같은 인상적인 기술을 맞

---

33 '*mama'는 범문에는 물리적 파손에 의해 보이지 않지만 티벳어역 'nga'에 의해 보충할 수 있다. Habata 2009, 572 "/// [t](a)thāgatagarbho (')stīti de(śa)[yā]mi" (Tib. nga de bzhin gshegs pa'i snying po yod do zhes ston gyis).

34 Habata *ibid*: "asmākam u[p]ari [t]athāgatagarbho (')stīti vimṛśya bhāva[n]āyā" (Tib. bdag cag la de bzhin gshegs pa'i snying po yod do snyam du brtags nas bsgom pa la).

35 『열반경』에 대하여 『법화경』은 다음과 같이 기술한다. Habata 2013, §495: dam pa'i chos padma dkar po'i mdo chen po las | nyan thos chen po brgyad cu dpyid zla ra ba la 'bru rnams mthar thug pa bzhin du lung bstan pa chen po'i lo tog skye ba'i mthar thug pa dang 'dra bar 'gyur te | 'dod chen pa ni ma gtogs so ‖ 시역: "묘법연화 대경(saddharmapuṇḍarīkamahāsūtra)에 의하면 팔천 대성문들은 가을에 벼이삭이 여물 듯(niṣpattiniṣṭhā dhānyānāṃ) 대수기(大授記)라는 곡물의 생장을 결실 맺게 한 것과 같은 것이 된다. 단지 일천제는 제외된다."

닥뜨리게 된다. 「견보탑품」(見宝塔品)의 시작 부분, 이른바 땅 속에서 많은 보탑이 솟아 나오는 장면이다.

> 칠보(七寶)로 만들어진 불탑이 위로 솟아 모인 사람들 위(upari)의 공중에 정지했다.[36]

『열반경』이 『법화경』을 알고 있었다는 것은 사실이다. 때문에 『열반경』 속의 위의 문장은 공중에 떠오르는 불탑을 묘사하는 『법화경』의 한 클라이맥스인 이 정경묘사를 전제로 하고 있더라도 이상하지 않다.[37] 만일 그렇다고 한다면 『열반경』 속 이 문장 후반의 "tathāgatagarbho 'sti"(여래장이 있다)는 '불탑이 있다'는 것을 의미한다고 이해할 수 있다. 물론 이 이해는 위에 제시한 문장 단독으로 이끌어내지는 것이 아니라 여래장(tathāgatagarbha)이라는 단어 자체가 불탑을 의미한다는 위에서 확인된 사례를 바탕으로 할 때 이끌어내어지는 것이다.

해당 부분은 범문 단편이 존재한다. Habata 2009, 580: suśītīnām (sic for aśītīnām) iva mahāśrāvakānāṃ saddharmapauṇḍar[ī]k(a)[m]. + + + + + + + + (read: -mahāsūtre phālgunamāse) (niṣ)[p](a)ttiniṣṭhā dhānyānām i … + + + + + + + + + (icchan)tikam*. 한역은 다음과 같다. 『涅槃経』曇無讖訳 (T12, 420c23-25): 如法花中八千聲聞得受記成大果實. 如秋收冬藏更無所作. 一闡提輩亦復如是於諸善法無所營作. 『涅槃経』法顕訳 (T12, 893c5-7): 摩訶衍經無量衆生皆悉受決現如來性. 八千聲聞於法華經得受記別. 唯除冬氷一闡提輩.

36 Saddharmapuṇḍarīka(ed. Kern and Nanjio), 349.2: saptaratnamayaḥ stūpo 'bhyudgataḥ; 241.11: parṣanmaṇḍalasyopari vaihāyasaṃ tiṣṭhet.

37 松本 1994, 448-449는 『법화경』 속 불탑이 위로 솟는다는 이 묘사가 '다보탑의 솟아오름'이 바다 속에서 연꽃이 솟아오르는 묘사의 이미지와 겹친다는 점을 인정한다.

18. 여래장(tathāgatagarbha)과 불성(*buddhadhātu) – 용기와 내용물

『열반경』의 주제의 핵심이 되는 또 하나의 단어는 '불성(佛性, *buddhadhātu)'이다. 이 단어는 범어 원전에서 이제껏 확인되지 않고 있지만 다카사키나 래디치가 지적하듯이 『열반경』 가운데의 불성(buddhadhātu)은 여래장(tathāgatagarbha)과 대치 가능한 단어로 사용되고 있다는 점이 주목된다.

불성(buddhadhātu)은 격한정 복합어로 이루어진 명사이며 그 의미는 첫 번째로는 '불사리(佛舍利)'이다. 이것이 불사리를 의미한다는 점은 이 경전이 상정하는 성립 연대와 지리 범위를 포함하는 넓은 지역에서 비문의 용례 등으로부터 확인할 수 있다.[38]

예를 들어 인도불교의 비문에는 정형 표현으로 "누구누구가 불탑 속에 사리를 봉납하다(x (ins.) śarīraṃ/dhātuṃ pratisthāpayati ... stūpe)"라는 방주의 봉납문이 새겨져 있다. 그 문례는 50가지 이상의 예가 있지만 자주 'śarīra'와 'dhātu'가 교체되고 그 경우 양자의 의미 차이는 인정하기 어렵다.[39] 또한 그 가운데에는 'dhaduśarira(*dhātuśarīra)'라는 표현도 확인된다.[40] 그리고 'dhātu/śarīra'는 특히 간다라 지방에서 오로지 부처의 사리를 가리키는 것이 일반적이며 고승(高僧) 등의 사리는 포함하지 않는다.[41]

---

38 下田 1997 참조.

39 Salomon 2012, 180.; Baums 2012, 각주 9, 31, 35, 51 등 같은 정형문은 Salomon 2012에서 검토된다.

40 Salomon 2012, 180.; Baums 2012, 242.

그런데 문법적 관점에서 보면 불성(buddhadhātu)이 '불사리'라는 명사인 것에 대조적으로 여래장(tathāgatagarbha)은 '불[사리]를 안에 가지는'이라는 형용사이다. 다시 말해 내용물인 사리와 그것을 내포하는 불탑을 각각의 단어가 의미하고 그 둘은 '내용물'과 '용기'의 관계이다. 실제로 『열반경』의 다음 예는 사리와 불탑을 따로 병기한다.

> bdag gis chos kyi sku yang mi gtang bar **sangs rgyas kyi khams dang mchod rten** la phyag bya'o ||[42]
>
> 스스로 법신도 버리지 않고 **불사리와 불탑을** 예배해야 한다.

이 '내용물'과 '용기'의 관계가 『열반경』의 여래장(tathāgatagarbha)을 소유 복합어로 이해하는 것에 지장을 주고 있을지도 모른다. 다시 말해 내실과 용기로 이해한다면 양자는 별개의 실체가 되고 그 때문에 경전이 양자를 등치하는 것과 모순된다는 사고가 작용하기 때문이다.

하지만 바로(Bareau)나 쇼펜(Schopen)도 인정하듯이[43] 실제로 사리와

---

41 이 사정은 남인도에서는 다르다. 남인도에서는 부처 이외의 고승의 사리도 불탑에 봉납되기 때문에 'dhātu/śarīra'는 불사리만에 한정되지는 않는다.

42 Habata 2013, §391, 14-16. 下田 1997, 279, 280 및 幅田 2015도 참조. 『涅槃経』 法顕訳(885a5-7: 若禮舍利塔 應當敬禮我 我與諸衆生 爲最眞實塔 亦是眞舍利 是故應敬禮)은 유사한 이해를 드러낸다. 다만 『涅槃経』 曇無讖訳(410a07: 若欲尊重法身舍利. 便應禮敬諸佛塔廟)은 약간 다르다.

43 Schopen 2005, 44는 내용물(dhātu/dharmaparyāya)보다도 오히려 용기(stūpa/caitya)가 숭배의 대상으로 가치를 매길 수 있다고 주장한다. 그리고 그 경향은 오래된 것일수록 강하다고 한다. 용기가 숭배 대상인 것에 대해서 Schopen 2005, 59 n. 43은 다음의 논문을 소개한다. Bareau 1962, "La construction et le culte des stūpa d'pr'es les vinayapiṭaka" BEFEO 50, 229-294(특히 268-269).

불탑의 관계는 내용물보다 용기를 중요시하는 역전 현상도 자주 일어나, 이에 따라 내용물과 용기의 관계이면서 그 양자를 등치시키는 사고는 당시의 인도불교도들에게 공유되었던 현실로 존재했던 것이라고 이해된다. 그러므로 불성(buddhadhātu)은 격한정 복합어이고 여래장(tathāgatagarbha)은 소유 복합어라고 하더라도 어떠한 문제도 없다.

그렇다면 만일 여래장(tathāgatagarbha)이 형용사일 경우, 왜 그것이 형용하는 'stūpa' 내지 'caitya'라는 명사를 『열반경』은 명기하지 않았던 것인가라는 의문이 일어날 수도 있다. 그 의문에 다음과 같이 답할 수 있을 것이다. 즉 그것은 경전이 여래장(tathāgatagarbha)에 첫 번째 뜻인 불탑을 독자 내지 청중에게 상기시키면서 그 위에 같은 단어가 이차적으로 가지는 다의성을 연상시키는 것을 의도하고 있기 때문이라고 이해할 수 있다. 이차적으로 연상되는 예로는 태아라는 의미도 있을 것이다. 그 경우는 여래의 태아, 즉 '지나푸트라타(jinaputrata)[보살]'을 의미하는 것이 된다. 그것은 다카사키 등이 이미 지적한 대로 일체 중생을 보살로 보는 『법화경』과 통하는 사상이라는 것은 의심할 여지가 없다.

19. 시모다(下田)설의 검토

시모다(下田 1997)는 『열반경』의 여래장설을 불탑의 내화라는 문맥에서 다시 파악한 획기적인 성과이며 본 논문의 이해는 그 성과에 기반을 둔다. 본고의 결론은 말하자면 표층적인 것이고 특히 『열반경』

속 여래장(tathāgatagarbha)을 문법적으로 소유 복합어로 이해한 점을 제외하면 시모다의 가설을 크게 발전시킨 것은 아니다.

시모다(下田 1997, 28)는 『열반경』 속 여래장(tathāgatagarbha)의 복합어 이해에 관하여 다카사키(高崎 1974)를 계승하여 다음과 같이 서술한다. 또한 이 언설은 다카사키가 제시하는 『여래장경』이 『열반경』에 선행한다는 가설을 계승한 것이지만 최근 래디치에 의해 이 경전의 전후 관계가 역전되는 가능성이 제시되어 그 후 발표된 시모다의 논문(下田 2015)은 이 래디치의 가설을 받아들이고 있다는 점을 미리 알려둔다.

> 『열반경』은 왜 여래장(tathāgatagarbha)을 소유 복합어(bahuvrīhi)가 아닌 격한정 복합어(tatpuruṣa)로써 하나로 정리된 술어로 굳이 해석한 것일까. 『여래장경』에 의거하는 한, 경전의 주장은 중생 가운데 "여래(tathāgata) 그 자체가 존재하고 있다"는 것이며 결코 "'여래의 태아(tathāgatagarbha)'가 존재한다"는 것을 말하는 것이 아니다.
> 열반경 내부의 교리적 입장에서 말하자면, 이는 『열반경』이 중생에게 여래장이 있다고 말하더라도 그것을 "계율·보시 등에 의해 키워가지 않으면 안 된다"는 것을 주장했던 태도와 직접적 관계를 가지고 있다. 다시 말해 『여래장경』에서 설해지듯이 여래 그 자체를 중생이 품는 것이라면 거기에는 수행의 필요성이 인정되지 않게 되어버려 현실에 대한 전면적인 긍정으로 끝나버리는 위험성이 생겨난다. 『열반경』은 이를 꺼리고 어디까지나 여래로 키워나갈 필요를 심려하고 있다(下田 1997, 289).

위의 한 구절이 이미 시모다가 철회한 의견일지도 모르지만 『열반경』에 설해지는 것은 오히려 부처가 이미 존재한다고 하더라도 계율을 지키는 자 등에게만 존재한다는 뜻을 서술하고 있으므로 상기의 가설은 재고의 여지가 있는 듯하다. 특히 중요한 지적은 다음과 같다.

> 이제껏 여래장사상을 고려할 때는 대부분 문제로 삼았던 적은 없지만 『팔천송반야』에서 불탑을 표현하는 가운데 "tathāgatadhātugarbhāḥ stūpāḥ"라는 형태가 등장한다. 물론 이것은 '여래의 유골을 지닌 불탑'의 의미이지만 여기서는 여래장(tathāgatagarbha)이 탑(stūpa)에 연관되는 형용사로 등장한다.
> 앞서 고찰한 대로 불탑신앙의 문맥에서는 '여래장(또는 불성) = 여래(또는 불)'이기 때문에 이 주장은 여래장(tathāgatagarbha)이 탑(stūpa)과 동등하다는 것을 말한 것이 된다. 그렇다면 분명히 『반야경』을 주지하고 있는 『열반경』이 여래장(tathāgatagarbha)을 그대로 탑(stūpa)을 수식하는 형용사, 그 동의어로 판단해도 이상하지 않다. (… 중략 …) 이러한 문헌을 매개로 하면, 『열반경』에서 여래장(tathāgatagarbha)은 그 자체로 하나로 정리된 형태로 불탑을 의미하는 숙련된 격한정 복합어(tatpuruṣa)의 용법으로 나아가 명사상당어구(substantive)로 존재한다고 하더라도 결코 이상하지 않다.(下田 1997, 290; 밑줄은 필자)

밑줄로 나타낸 부분에 대하여 다카사키의 학설을 존중해서인지 시모다는 『열반경』 속의 여래장(tathāgatagarbha)은 불탑을 수식하는 형용사로 이해하려고 시도하고 있지만 그것이 소유 복합어라고 단언하는 것을 주저하고 있는 듯이 보인다. 위에 제시한 인용문의 내용에 대하여 복합어 이해를 제외하면 본 논문의 필자는 전면적으로 찬성한다. 복합어 이해에 대해서 필자는 보다 간단하게 이를 소유 복합어로 이해하는 바이며, 이 부분만이 다를 뿐이다.

20. 결론

본고에서는 시작 부분에 제시한 『열반경』의 선언문 "tathāgatagarbhaḥ sarvasattvānāṃ" 및 그 외의 『열반경』의 범문 단편에서 알 수 있는 여래장(tathāgatagarbha)의 용례가 모두 '여래를 안에 품는 [불탑]'을 의미한다고 이해할 수 있다는 점을 확인했다. 다시 말해 여래장(tathāgatagarbha)은 소유 복합어로 이해할 수 있고 문법적으로는 'tathāgatagarbhaḥ(stūpaḥ)'라는 형태로 '불탑(stūpaḥ)'이라는 단어를 보충하여 이해해야 한다고 여겨진다. 그리고 여래장(tathāgatagarbha)의 피수식어인 불탑(stūpaḥ)이 문자로 표면에 나타나지 않은 이유는 경전의 문맥에 의해 이것이 자명하게 되도록 독자를 이끄는 동시에 그 의미에 깊이를 더하도록 하기 위한 것이었다고 필자는 생각한다.

알림

(2016년도 과학연구비보조금기반 B [대표 久間泰賢] 26284008, 도전적 맹아 연구 [대표 松田 和信]16K13154 및 헤이와나카지마(平和中島) 재단 국제학술연구조성에 의한 연구 성과의 일부

참고문헌

1차 자료

Adhyardaśatikā Prajñāpāramitā

Ed. Vaidya, P.L.. 1961. *Mahayana-sutra-samgrahah, Part 1*. Buddhist Sanskrit Texts, 17. Darbhanga: The Mithila Institute.

Aṣṭasāhasrikā Prajñāpāramitā

Ed. Vaidya, P.L.. 1960. *Aṣṭasāhasrikā Prajñāpāramitā*. Buddhist Sanskrit Texts, 4. Darbhanga: The Mithila Institute.

Mañjuśriyamūlakalpa

Ed. Vaidya, P.L.. Mahayanasutrasamgraha, part II. Buddhist Sanskrit Texts, 18. Darbhanga: The *Yogācārabhūmi*

Ed. V. Bhattacharya, *The Yogacarabhumi of Ācārya Asaṅga*, Calcutta: University of Culcutta, 1957.

Laṅkāvatārasūtra

Ed. Nanjio B.. 1923. *The Laṅkāvatārasūtra*. Kyoto: The Otani University Press.

Ratnagotravibhāga

Ed. Johnston, E.H.. 1950. *The Ratnagotravibhāga Mahāyānottaratantraśāstra*. Patna: The Bihar Research Society.

Saddharmapuṇḍarīka

Ed. Kern, H. and Nanjio, H.. 1908-1912. *Saddharmapuṇḍarīka*. St. Petersburg: Commssionaires de l'Académie impériale des sciences.

2차 자료

Baums, Stefan. 2012. "Catalog and Revised Texts and Translations of Gandharan Reliquary Inscriptions." *Gandharan Buddhist Reliquaries. Gandharan Studies*. Volume 1, eds., David Jongeward, Elizabeth Errington, Richard Salomon and Stefan Baums: 200-251. Seattle: Early Buddhist Manuscripts Project.

Habata, Hiromi 幅田裕美. 2009 "The Mahāparinirvāṇa-mahāsūtra Manuscripts in the

Stein and Hoernle Collections (1)." *The British Library Sanskrit Fragments II*, eds., Seishi Karashima & Klaus Wille: 551-588. Tokyo: Sōka University.

____________________. 2013 *A Critical Edition of the Tibetan Translation of the Mahāparinirvāṇa-mahāsūtra*. Wiesbaden: Dr. Ludwig Reichert Verlag.

____________________. 2014 "Busshō no sengen: Nehangyō「仏性の宣言: 涅槃経」." *Sirīzu daijōbukkyō 8: Nyoraizō to busshō*『シリーズ大乗仏教 8: 如来蔵と仏性』: 141-161. Tokyo: Shunjūsha.

Kano, Kazuo 加納和雄. 2014. "Hōshōron no tenkai 宝性論の展開(Development of Interpretation of the *Ratnagotravibhāga*)." *Shirīzu daijōbukkyō 8: Nyoraizō to busshō*『シリーズ大乗仏教 8: 如来蔵と仏性』. eds., Masahiro Shimoda et al.: 205-247. Tokyo: Shunjūsha.

Matsuda, Kazunobu 松田和信. 1988.「インド図書館蔵: 中央アジア出土大乗涅槃経梵文断簡集: スタイン・ヘルンレ・コレクション」(Sanskrit Fragmenta of the Mahāyāna Mahāparinirvāṇasūtra: A Study of the Central Asian Documents in the Stein/Hoernle Collection of the India Office Library, London). Tokyo: Tōyō Bunko.

Matsumoto, Shirō 松本史朗. 1994.「蓮華蔵と如来蔵: 如来蔵思想の成立に関する一考察」『禅思想の批判的研究』: 412-543. Kyoto: Hōzōkan.

Radich, Michael. 2015. *The Mahāparinirvāṇa-mahāsūtra and the Emergence of Tathāgatagarbha Doctrine*. Hamburg: Hamburg University Press.

Salomon, Richard. 2012. Gandharan Reliquary Inscriptions, Gandharan Studies volume 1, Gandharan Buddhist Reliquaries, University Washington Press: 164-199.

Salomon, Richard & Schopen, Gregory. 1984. "The Indravarman(Avaca) Casket Inscription Reconsidered: Further Evidence for Canonical Passages in Buddhist Inscriptions." *Journal of International Association for Buddhist Studies* 7/1: 107-123.

Shimada, Akira 島田明. 2012.「仏塔から仏像へ」『シリーズ大乗仏教 3: 大乗仏教の実践』: 127-165. Tokyo: Shunjūsha.

Shimoda, Masahiro 下田正弘. 1997『涅槃経の研究: 大乗仏典の研究試論』(*A Study of the Mahāparinirvāṇasūtra: With a Focus on the Methodology of the Study of Mahāyānasūtras*). Tokyo: Shunjūsha.

____________________. 2014「如来蔵・仏性思想の新たな理解にむけて」(Toward New Understandings of the Tathāgatagarbha/Buddhadhātu Teaching)『シリーズ大乗仏教 8: 如来蔵と仏性』: 3-95. Tokyo: Shunjūsha.

Schopen, Gregory. 2005. *Figments and Fragments of Mahāyāna Buddhism in India: More Collected Papers*. Honolulu: University of Hawai'i Press.

Suzuki, Takayasu 鈴木隆康. 2014. 仏性の展開—央掘魔羅経・大法鼓経」(Development of the buddhadhātu teaching: The Aṅgulimālīya and Mahābherī)『シリーズ大乗仏教 8: 如来蔵と仏性』: 167-204. Tokyo: Shunjūsha.

Takasaki, Jikidō 高崎直道. 1974. 『如来蔵思想の形成』(Formation of the Tathāgatagarbha Theory). Tokyo: Shunjūsha(Second edition: 『高崎直道著作集』Vols. 4 and 5. Tokyo: Shunjūsha, 2009).

Tsukamoto, Keishō 塚本啓祥. 1996. 『インド仏教碑銘の研究』(Study of Indian Buddhist Inscriptions). Kyoto: Heirakuji.

Zimmermann, Michael. 2002. *A Buddha Within: The Tathāgatagarbhasūtra: The Earliest Exposition of the Buddha-nature Teaching in India*. Bibliotheca Philologica et Philosophica Buddhica 6. Tokyo: International Research Institute for Advanced Buddhology.

기체설(基體說, Dhātu-vāda)에 대한 또 한 번의 논의

기체설(基體說, Dhātu-vāda)에 대한 또 한 번의 논의

야마베 노부요시(山部能宜)
와세다대학

1986년에 마츠모토 시로(松本史朗)는 「여래장사상은 불교가 아니다」[1] 라는 한 편의 중요하고 매우 도전적인 논문을 발표하였다. 이 논문에 의하면 참된 불교의 핵심 사상은 무아와 연기이다. 그의 견해에 따르면, 연기는 인과 사슬의 시간적 연쇄로 구성되어 있으며 어떤 견고한 (그가 '기체(基體, dhātu)'라고 부르는) 공간적 토대는 없다. 이 구조는 다음과 같은 도표로 제시된다. ([1986]1989a, 67)

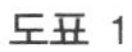

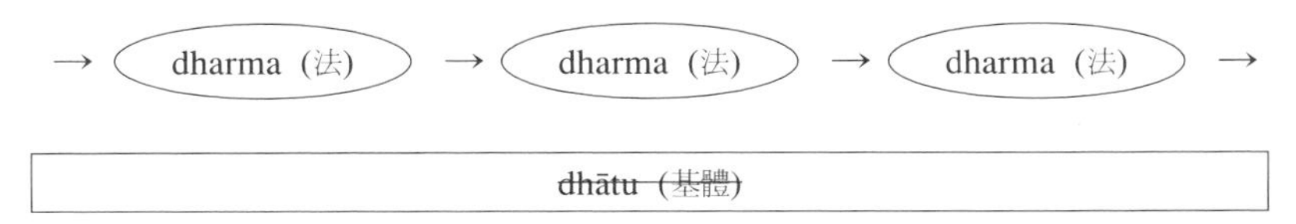

1 松本史朗 [1986]1989a. 이 논문은 나중에 영어로 번역되어 출판되었다(Matsumoto 1997a).

반면에, 마츠모토에 따르면(松本史朗 [1986]1989; 1997a) 유가행파와 여래장 전통은 공통의 사상적 틀을 공유하고 있는데, 이를 그는 '기체설(基體說, dhātu-vāda)'이라고 부른다. 그에 따르면, 기체설 모델은 '기체(基體, locus)'와 '초기체(超基體, super-locus)'로 구성되어 있으며, 다음과 같이 정의될 수 있다(Yamabe 1997a, 194 참조).

1. 기체(基體, locus)는 초기체(超基體, super-loci)의 기반이다.
2. 기체는 초기체를 생성시킨다.
3. 기체는 하나이고, 초기체는 다수이다.
4. 기체는 실재하고, 초기체는 실재하지 않는다.
5. 기체는 초기체의 핵심적 본성이다.
6. 초기체는 궁극적으로 실재하지 않으나, 기체에서 생성되어 그 본성을 공유하기에 다소의 실재성을 지닌다.

그 구조는 다음과 같이 제시될 수 있다.

도표 2[2]

초기체:

dharma (法)   dharma (法)   dharma (法)

↑   ↑   ↑

기체:

dhātu (基體)

---

2 松本史朗. [1986]1989a, 5(약간 수정함).

곧 마츠모토 자신의 표현에 따르면([1986]1989a, 6) 이것은 모든 현상이 공통의 공간적 토대를 공유하며 그 토대에서 발생한다는 점에서 발생론적 일원론(generative monism)이다. 이것은 '참된 불교(authentic Buddhism)'의 시간적 인과 모델과 근본적으로 다르며 따라서 '불교적인 것이 아니다.'

사회적 내지 윤리적 맥락에서 이 모델과 관련하여 특히 문제가 되는 것은 이것이 겉보기와 달리 평등적이지 않다는 점이다. 다양한 요소들([법]이 보편적 토대[기체])에 기초하고 있다는 주장은 첫눈에는 평등적인 것으로 들린다. 그러나 예컨대 다양한 종성(種姓, gotra)들 내지 사회적 카스트들이 그 보편적 토대(예컨대 法界, dharmadhātu) 위에 놓일 때, 원칙 차원의 평등은 실천 차원의 차별을 정당화하고 은폐한다. 마츠모토의 견해에 따르면 이 구조는『현관장엄론』(現觀莊嚴論, Abhisamayālaṃkāra) I.39에서 명확히 관찰된다.

> dharmadhātor asaṃbhedād gotrabhedo na yujyate |
> ādheyadharmabhedāt tu tadbhedaḥ parigīyate ‖ (Amano ed., 22.11-16)
> 법계[dharmadhātu, 모든 현상의 dhātu/기체]는 무차별이므로, 종성(種姓)의 차별이 있음은 불합리하다. 그러나 [그 기체] 위에 놓인 현상[dharma]은 차이가 있으므로, 그러한 [종성의] 차별이 설해진다(Matsumoto 1997a, 171).

1993년에 미국종교학회(워싱턴 D.C.) 연례 학회에서 "비판불교: 새로운 방법론적 운동에 관한 이슈와 반응들"이라는 제목의 패널이 조직되었다. 그 패널 가운데 한 명으로서 나는 마츠모토 교수와 직접 의견을 교환하였다. 이 의견 교환이 나중에 제이미 허바드(Jamie Hubbard)와 폴 스완슨(Paul L. Swanson)이 편집한 『보리수 가지치기』(Pruning the Bodhi Tree)라는 책에 실리게 되었다(Yamabe 1997a; Matsumoto 1997b; Yamabe 1997b).

『보리수 가지치기』(Yamabe 1997a)에서 나의 결론은 다음과 같았다.

> 유가행파의 종성 이론은 실로 차별적이지만, 일원론에 기초하고 있지는 않다. 여래장사상은 뚜렷이 일원론적이지만, 여기에서 종성 구분은 어떤 본질적 함의를 지니고 있는 것으로 여겨지지 않는다. 『현관장엄론석』과 같은 몇몇 문헌들은 일견 기체설의 구조를 보여주지만, 그러한 구조는 종성 이론에 대한 재해석에 의하여 야기된, 일관적이지 않은 경우로 여겨진다(Yamabe 1997a, 203).

내가 이해하는 바에 의하면, 「보살지」 등의 초기 유가행파 전통에서 종성이론은 다음과 같은 구조를 지닌다.

도표 3

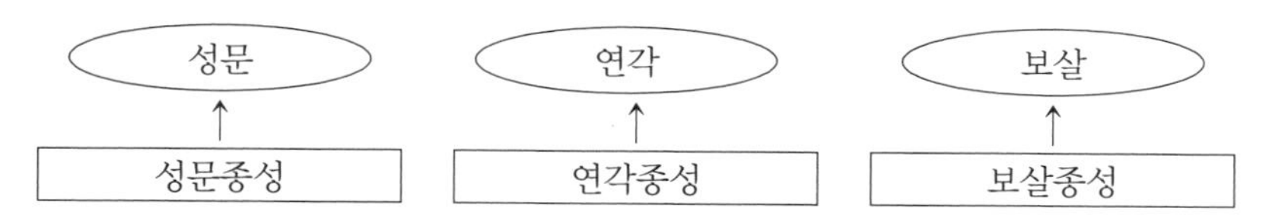

곧, 삼승 각각은 별도의 종성에 기초한다. 이것은 뚜렷하게 다원론

적인 모델이다. 반면에 (『보성론』 등 후대의) 종성 이론은 아래에 제시되는 구조를 지닌다.

도표 4

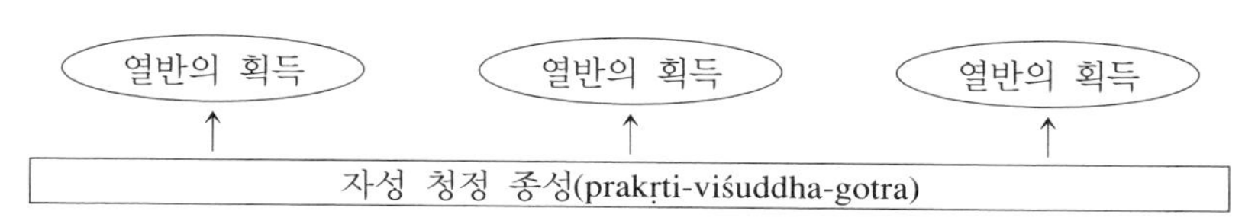

이는 실로 일원론적 모델이지만, 그 획득은 차별적이지 않다.

이러한 교환 뒤에 마츠모토는 나의 주장에 대하여 상세한 답론을 출판하였다(2004). 그 논문 서론에서 그는 다음과 같이 말한다.

> 나는 야마베의 비판 중 일부의 타당성을 인정해야 하겠다. 곧, 적어도 주류 유가행파 체계에서 기체(A)는 발생적 원인(B)이 아니다. 다시 말해서 만물의 근저에 있는 단일한 기체(A)가 아니라 그 기체 위에 놓여 있는 것(B) 곧 종자 또는 종성이라고 불리는 것이 다양한 현상을 발생시키는 원인 … 그럼에도 불구하고 A와 B가 구별되지만 유가행파가 기체(A)의 존재를 수용한다는 사실은 부정할 수 없다. 따라서 유가행파 사상은 기체설의 특수한 형태 … (松本史朗 2004, ii [강조는 필자]

이 논문에서 마츠모토는 두 핵심 단어 곧 본성주종성(本性住種性, prakṛtistha-gotra)과 진여소연연종자(真如所緣緣種子, tathatālambanaprartyaya-bīja)

의 의미에 초점을 맞춘다. 이 둘 가운데 나는 앞서 진여소연연종자의 중요성에 관하여 논한 적이 있다. (山部能宜 1990) 게다가 람버트 슈미트하우젠(Lambert Schmithausen 2014, 569-95)은 최근에 마츠모토(2004)와 하르트무트 부셔(Hartmut Buscher, 2008)에 대한 상세한 응답에서 이 개념을 치밀하게 검토하였다. 이 문제에서 나는 기본적으로 슈미트하우젠에 동의하며, 이 단계에서 내가 덧붙일 수 없는 것은 거의 없다. 따라서 지금 나는 본성주종성에 초점을 맞추어서 마츠모토의 논점 일부에 답하고자 한다.[3]

1. 본성주종성(本性住種性, prakṛtistha-gotra)

본성주종성은 「보살지」(Bodhisattvabhūmi, BBh)의 다음과 같은 단락에서 정의된다.

> samāsato gotraṃ dvividham | prakṛtisthaṃ samudānītañ ca | tatra prakṛtisthaṃ gotraṃ yad bodhisattvānāṃ ṣaḍāyatanaviśeṣaḥ | sa tādṛśaḥ paraṃparāgato ’nādikāliko dharmatāpratilabdhaḥ | tatra samudānītaṃ gotraṃ yat pūrvakuśalamūlābhyāsāt pratilabdham |

3 마츠모토의 답론(2004)은 광범위하며(164쪽에 달한다), 나는 학술대회 논문의 제한된 틀 내에서 그의 모든 논점에 대답할 수 없다. 따라서 마츠모토의 답론이 출간된 이래 여러 해가 지났음에도 불구하고 지금 나의 반론은 다소 성글 수밖에 없다. 이 점에서 나는 마츠모토 교수에게 미리 양해를 구한다. 게다가 여기에서 다루는 것의 일부가 나의 이전의 논문들과 중첩되는 것 또한 피할 수 없었다. 이 점에 대해서 독자 제현의 관용을 바란다.

tad asminn arthe dvividham apy abhipretam | tat punar gotraṃ bījam ity apy ucyate | dhātuḥ prakṛtir ity api | (BBh, Wogihara ed., 3.1-8)

간단히 말하면, 종성(gotra)은 두 가지이다: 즉, 본래 존재하는 (prakṛtistha) [종성]과 계발된 (samudānīta) [종성이다].
본래 존재하는 종성[本性住種姓]은 보살들이 지니는 육처의 특별한 양태[六處殊勝, ṣaḍāyatana-viśeṣa]이다. 그 [특별한 양태]는 시작이 없는 과거에 자연적으로 획득된 것으로서, [현재까지] 그렇게 전해져 온 것이다.
계발된 종성[習所成種性]은 과거[여러 생]에 선근(善根)을 닦음으로써 획득된 것이다.
여기에서는 두 의미를 다 취한다. 또한 이 종성은 종자(種子, bīja), 계(界, dhātu) 그리고 본성(本性, prakṛti)이라고도 불린다(Yamabe 1997a, 195-96 참조).

'prakṛtistha-'를 내가 '본래 존재하는'이라고 번역한 것은 티벳어 번역(Derge edition, Wi 2b4: rang bzhin gyis gnas pa'i rigs)에 의하여 지지된다.[4] 하지만 더 중요하게 나의 해석은 다음과 같은 단락에 기초한다.

---

4 북경 판본에서 상응 어구는 "rang bzhin gyi gnas pa'i rigs"이다(Zhi 3a3, 밑줄에 의한 강조는 필자에 의함).

tatra dhātupuṣṭiḥ katamā | yā prakṛtyā kuśaladharmabījasaṃpadaṃ niśritya pūrvakuśaladharmābhyāsād uttarottarāṇāṃ kuśaladharmabījānāṃ paripuṣṭatarā paripuṣṭatamā utpattiḥ sthitiḥ[5] | idam ucyate dhātupuṣṭiḥ |
(BBh, Paripākapaṭala, Wogihara ed., 80.12-15; Dutt ed., 23-25)

'dhātu'의 고양이란 무엇인가? 선법 종자들의 본성상 존재에 기초하여 선법을 이전에 수행한 까닭에 각각의 순차적 순간에 선법 종자들이 더 고양되고, [그러면서] 최고로 고양된다. 그들이 일어나고 머무른다. 이것이 'dhātu'의 고양이라고 불린다.

내가 이해하는 바에 의하면, "prakṛtyā kuśaladharmabījasampadaṃ"는 "prakṛtisthaṃ gotram"에 상응하고 "pūrvakuśaladharmābhyāsād uttarottarāṇāṃ kuśaladharmabījānām paripuṣṭatarā paripuṣṭatamā utpattiḥ sthitiḥ"는 "samudānītaṃ gotram"에 상응한다. 이처럼 나는 'prakṛtistha-'를 도구격의 의미로 취하는 데에 정당한 근거가 있다고 믿는다.

마츠모토는 나의 견해에 동의하지 않는다. 첫째로 위의 내 번역에서 제시되듯이 「보살지」의 'gotra'에 대한 정의 마지막 행(tat punar gotraṃ bījam ity apy ucyate | dhātuḥ prakṛtir ity api |)에 관련하여 나는 'gotra', 'bīja', 'dhātu' 그리고 'prakṛti'가 서로 상응한다고 이해한다. 이 점에 관하여 마츠모토는 다음과 같이 서술한다.

---

5 Wogihara ed., utpattisthitiḥ. 여기에서 내가 따르는 것은 Dutt. Tib. skye zhing gnas pa(Pek. Zhi 52a2, D. Wi 44a1)이다.

> 그러나 이 네 단어가 전적으로 동의어라면 "prakṛti-sthaṃ gotram" 라는 표현은 무의미하게 되지 않는가? 곧 'prakṛti'와 'gotra'가 여기에서 동의어라면 해당 단어는 "x 안에 존재하는 x"를 의미할 것이고, 또는 우리가 만약 그 복합어에 대한 야마베의 해석을 따른다면 "x에 의하여 존재하는 x"를 의미할 것인데, 양자 모두 어불성설이라 하겠다. 이처럼 "prakṛti-sthaṃ gotram"을 야마베가 하듯이 "prakṛti에 의해 존재하는 gotra"("본래 존재하는 gotra")라고 이해한다고 하더라도 이 표현에서 'prakṛti'와 'gotra'가 동의어일 수는 없는데 왜냐하면 후자가 전자"에 의하여 존재한다"라고 이야기되기 때문이다(松本史朗 2004, 72).

곧 마츠모토의 주장에 의하면, 'gotra'와 'prakṛti'는 같은 것을 지칭할 수 없다. 오히려 그의 견해에서 'prakṛti'는 보편적 기반을 지칭하고 그 위에 이질적인 'gotra'들이 다음과 같은 방식으로 놓이게 된다.

도표 5

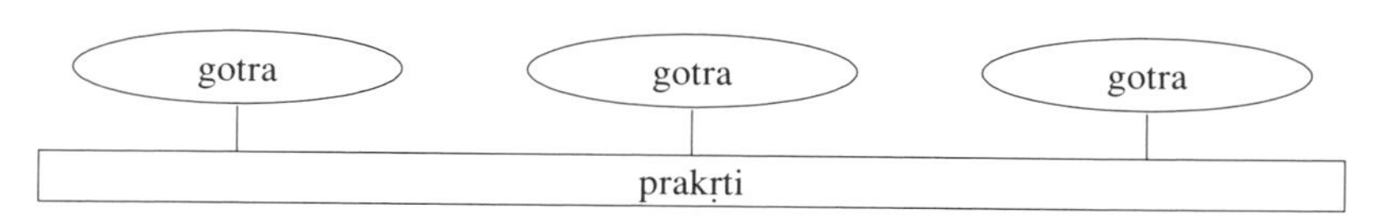

마츠모토가 지적하듯이 「보살지」의 'gotra' 정의와 매우 유사한 서술이 「성문지」(聲聞地, Śrāvakabhūmi)에서 발견된다.[6]

6　이 부분은 오직 티벳 판본과 중국 판본에서만 현존한다.

’o na rigs de’i rang bzhin ji lta bu zhe na | de ni lus las khyad par du gyur pa dang skye mched drug gis zin pa dang chos nyid kyis ’thob pa dang thog ma med pa’i dus nas brgyud de ’ongs pa de lta bu yin de | gang la ’di lta ste | rigs dang sa bon dang khams dang rang bzhin zhes bya ba’i ming gi rnam grangs ’di dag yod pa de ni rigs zhes bya’o ‖ (Shōmonji Kenkyūkai ed., §(I)-A-I, pp. 2-4)

問今此種姓以何爲體. 答附在所依有如是相. 六處所攝. 從無始世展轉傳來法爾所得. 於此立有差別之名. 所謂種姓種子界性. 是名種姓. (T30: 395c24-27)

그러면 ‘gotra’의 독특한 본성은 무엇인가? 그것은 개인적 기반(處)의 특별한 양태(*āśrayaviśeṣa)로서,[7] 육처(六處, *ṣaḍāyatamasaṃgṛhīta)에 포함되며,[8] 저절로 획득되며(*dharmatāpratilabdha),[9] 시작이 없는 과거로부터 연속해서 그 자체로 이어져 오는(*anādikāliko paramparāgato tādṛśaḥ) 것이다.[10] gotra, bīja, dhātu 그리고 prakṛti라는 다양한 명칭

7 티벳어 lus las khyad par는 문자 그대로 “몸과 구분되는”을 뜻하는데, 앞에서 인용하였듯이 「보살지」의 “prakṛtistha-gotra”에 대한 정의에서 발견되는 “ṣaḍāyatanaviśeṣa”를 고려하면 그 기저의 산스크리트어는 *āśrayaviśeṣa라고 믿는다. 반면에 중국어 판본의 상응 부분에는 “附在所依”가 있고, 이는 “*āśrayasaṃniviṣṭa”를 시사한다. 티벳어 판본과 중국어 판본 모두를 설명할 수 있는 산스크리트 표현을 재구성하는 것은 쉽지 않다.

8 다시 이 표현은 「보살지」의 “ṣaḍāyatanaviśeṣa”와 비교되어야 한다.

9 동일한 표현이 「보살지」의 “prakṛtistha-gotra”에 대한 정의에서도 사용된다.

을 지닌 것이 gotra라고 불리는 것이다. (번역은 우선적으로 티벳어 판본에 기초하였다.)

마츠모토는 또한 「성문지」의 다른 유관 단락을 참조하면서 이 본문에서 'bīja', 'dhātu' 그리고 'prakṛti'가 'gotra'와 동의어로 여겨졌음을 인정한다(2004, 81). 반면에 「보살지」의 행(tat punar gotraṃ bījam ity apy ucyate | dhātuḥ prakṛtir ity api |)과 관련하여 그는 자신의 이전 논문에서 다음과 같은 번역을 제안하였다. "그러나 그 'gotra'는 또한 'bīja'라고도 불리고, 'dhātu'는 또한 'prakṛti'라고도 불린다"(1997b, 206). 그는 나에 대한 답론에서 이 번역을 약간 수정하였다. "그러니까 그 'gotra'는 또한 'bīja'라고도 불리며, [그리고] 그것은 또한 'dhātu'와 'prakṛti'라고도 불린다"(2004, 69).[11]

마츠모토의 이해에 의하면, "prakṛtisthaṃ gotraṃ" 개념이 「보살지」의 정의에 도입되었을 때 'prakṛti'와 'gotra' 사이의 동의어성은 부인되었는데 왜냐하면 이 두 단어는 같은 것을 가리킬 수 없기 때문이다.[12] 이것이 확증되는 것은 무성(無性, Asvabhāva)이나 안혜(安慧, Sthiramati) 모두 『대승장엄경론』(大乘莊嚴經論, Mahāyānasūtrālaṃkāra)에 대한 주석에서 'prakṛti'를 'gotra'와 등치시키지 않고 있다는 사실에서이다.[13] 그 이

---

10 티벳어로는 "thog ma med pa'i dus nas brgyud de 'ongs pa de lta bu." 중국어로는 "從無始世展轉傳來法爾所得." 보살지에서 "sa tādṛśaḥ paraṃparāgato 'nādikāliko" 참조. 「성문지」와 「보살지」에서 이러한 유사성은 마츠모토 또한 주목하고 있다(2004, 79-80).

11 "しかるに、その種姓は、種子(bīja)とも言われ、界(dhātu)、本性(prakṛti)とも言われる."

12 앞에서 인용한 마츠모토의 주장(2004, 72)을 보라.

13 Asvabhāva, Mahāyānasūtrālaṃkāraṭikā, Pek. Bi, 53a2-7, D. Bi, 51a3-7; Sthiramati,

유는 마츠모토에 따르면 무성과 안혜 모두 'prakṛti'가 'gotra', 'bīja' 그리고 'dhātu'로부터 구분되어야 함을 알고 있었기 때문이다(2004, 83-84). 그러나 「보살지」와 관련하여 말하자면, 그 저자는 「성문지」의 이전 체계를 전적으로 무시할 수는 없었을 것이며, 'prakṛti'가 그 목록에 포함되어 있었다. 그럼에도 불구하고 'prakṛti'는 「보살지」의 목록에서 'ucyate'의 삽입에 의하여 'gotra'와 분리되어 있었다. 마츠모토의 견해에 따르면 'prakṛti'는 보편적인 "모든 현상에 대한 기반"으로서 여기에 도입되었으며, 'gotra', 'bīja' 그리고 'dhātu'는 "다양한 초기체"(같은 책, 90-91)로 이해하게 되었다. 나는 그의 모델이 다음과 같다고 이해한다.

도표 6

gotra = bīja = dhātu(초기체)

≠ prakṛti(기체)

그러나 이 주장에는 몇 가지 의문시되는 점이 있다. 첫째, 보살지의 원래 단락(tat punar gotraṃ bījam ity apy ucyate | dhātuḥ prakṛtir ity api |)에서 "ity ucyate"가 "gotraṃ bījam"과 "dhātuḥ prakṛtir" 사이에 삽입되어 있다. 마츠모토가 자신의 원래 번역의 기초로 삼은 티벳어 번역은 이와 유사하게 "rigs de ni sa bon zhes kyang bya ‖ khams de ni rang bzhin zhes kyang bya'o ‖"(Pek. Zhi 3a3)["그러나 그 gotra는 또한

Sutrālaṃkāravṛttibhāṣya, Pek. Mi, 46a6-b2; D. Mi, 42b4-7. Hakamaya [1981]2001, 247, n. 23 그리고 n. 25에 참조됨. 관련 본문은 같은 책 p.240에 인용됨.

bīja라고 불리며, dhātu는 또한 prakṛti라고 불린다.")라고 읽힌다. 이처럼 그가 주장하듯이 "ity ucyate"가 중요한 분리적 의미가 있다면 그 모델은 다음과 같아야 한다.

도표 7

gotra = bīja

≠ dhātu = prakṛti(기체)

마츠모토가 이 모델을 수용하지 않는 것은 유가행파 문헌에서 'bīja'와 'dhātu'가 흔히 등치되고 있음을 스스로 알고 있기 때문이다(2004. 71). 그러나 도표 6에서의 모델은 "ity ucyate"의 위치에 관한 그 자신의 주장에 상반되며, 상당히 자의적인 것으로 보인다.

둘째로 마츠모토 자신도 잘 알고 있듯이(같은 책, 73), 『유가사지론』 본지분(本地分) 중 「의지」(意地, Manobhūmi)에 다음과 같은 목록이 발견된다.

> bījaparyāyāḥ punar dhātur gotraṃ prakṛtir hetuḥ satkāyaḥ prapañca ālaya upādānaṃ duḥkhaṃ satkāyadṛṣṭyadhiṣṭānam asmimānādhiṣṭhānaṃ cety evambhāgīyāḥ paryāyā veditavyāḥ |
> (Manobhūmi, Bhattacharya ed., 26.18-19)

그러니 'bīja'의 동의어는 'dhātu', 'gotra', 'prakṛti', 'hetu' (원인), 'satkāya' (곧 다섯 오취온), 'prapañca' (세간적 존재), 'ālaya' (집착되는

것), 'upādāna' (취착되는 것), 'duḥkha' (괴로움), 'satkāyadṛṣṭyadhiṣṭhānam' (자아 관념의 기반) 그리고 'asmimānādhiṣṭhāna' (정체성에 대한 느낌의 기반)이다. 이러한 부류[의 단어]는 ['bīja'의] 동의어로 알려져야 한다.[14]

「의지」(意地, Manobhūmi)의 이 단락에서 'bīja'의 동의어들 가운데 'prakṛti'가 뚜렷하게 언급되는데, 마츠모토 자신은 이것이 「보살지」보다 후대라고 믿는다(2004, 74-75). 「보살지」가 실로 모든 현상에 대한 보편적 기반으로서 'prakṛti'를 도입한 유가행파의 'bīja'모델의 전환점이었다면, 여기에서 우리는 'bīja', 'dhātu' 그리고 'gotra'로부터 'prakṛti'가 다소 구분되는 것을 기대할 수 있을 것이다. 실제에 있어서는 이 단락에서 그러한 구별은 관찰되지 않으며, 따라서 마츠모토의 주장은 설득력이 덜하게 된다.

마지막으로 마츠모토(2004, 72)는 ("prakṛtistha-gotra"에 대한) "본래 존재하는 gotra"라는 나의 번역을 "[실체적인] prakṛti에 의하여 존재하는 gotra"라고 취하여,[15] 'gotra'와 'prakṛti'가 동의어라면 "prakṛti에 의하여 존재하는 gotra"는 어불성설이라고 주장한다. 그러나 이것은 나의 영어 표현에 대한 오해이다. 나의 그 이전 논문에서 나는 다음과 같이 썼다.

---

14 Schmithausen [1987]2007, §3.11.2, §3.11.4.2, 그리고 §7.1B.2.1.2에서의 번역을 참조하고 부분적으로 활용하였다.

15 "Prakṛtiによって存在するgotra."

> 이처럼 나는 여기에서 'prakṛti'와 'dharmatā'가 도구격(부사적인) 의미("by nature")로 사용되고 있으며 어떤 초월적인 것을 지칭하지 않는다고 믿는다(Yamabe 1997b, 217).

"by nature"은 옥스퍼드 영어사전(Oxford English Dictionary)에 다음과 같이 정의되어 있는 영어 숙어이다. "[1] by virtue of the character or essence of a thing or person; [2] inherently, innately."([1] 어떤 사물이나 사람의 성격이나 본질에 의하여; [2] 본질적으로, 내재적으로) 나는 "by nature"를 이러한 의미로 (특히 두 번째 의미로) 사용하였다. 내가 이해하는 바에 의하면, "prakṛti-sthaṃ gotraṃ"이라는 표현에서 'prakṛti'는 실사(實辭)가 아니다. 그러므로 마츠모토가 제기하는 문제는 존재하지 않는다.

2. 'prakṛtistha'에 관하여

내가 이전 논문에서 지적했듯이(1997a, 195), 「보살지」의 'gotra' 정의는 VSg, §III.7.1(Pek., 'i 330a3-6; D. Zi 288b1-3; T30-846c18-23)에서 'dhātu'에 대한 다음과 같은 기술과 뚜렷이 연계되어 있다.[16]

> Ch. 当知諸界略有二種. 一住自性界. 二習增長界.

16 산스크리트 재구성에 관해서는 Yamabe 1987, 26-29 참조.

Tib. mdor bsdu na khams ni gnyis yod de | rang bzhin gyis gnas pa dang | goms pas yongs su brtas pa'o |

Skt. *dhatavaḥ samāsato dvividhaḥ | prakṛtisthāś cābhyāsaparipuṣṭāś ca |

요컨대 'dhātu'(界)들에는 두 가지가 있다. 본래 존재하는 것들과 반복수습에 의하여 증장되는 것들이다.

Ch. 住自性界者. 謂十八界堕自相続. 各各決定差別種子.

Tib. de la rang bzhin gyis gnas pa ni ji ltar khams bco brgyad po 'di dag so sor nges par rgyud la yod pa'i sa bon no |

Skt. *tatra prakṛtisthā dhātavo yathaite 'ṣṭādaśadhātavaḥ svasaṃtānapatitāni pratiniyatāni bījāni |

이것들 가운데, 본래 존재하는 'dhātu'들은 18 'dhātu'들과 같으니, 이것들은 그 각각의 상속에 속하는 차별 종자들이다.

Ch. 習增長界者. 謂則諸法或是善或是不善. 於余生中先日数習. 令彼現行故. 於今時種子強盛依附相続. 由是為因. 暫過小縁. 更能現起. 定不可転.

Tib. de la goms pas yongs su brtas pa'i khams ni dge ba 'am mi dge ba'i chos sngon gyi skye ba gzhan dag tu kun tu brten pa gang yin pa de dag yang dag par grub par bya ba'i phyir | da lta sa bon yongs su brtas pa rten la gnas pa yin te | des na de rkyen chung ngu tsam la yang dmigs nas des bkri zhing des 'gro bar 'gyur ro |

Skt. *tatrābhyāsaparipuṣṭā dhātavo ye dharmāḥ kuśalā vākuśalā vā pūrvam anyajātiṣv āsevitā teṣāṃ samudāgamāya vartamānabījāni paripuṣṭāny [āśraya]saṃniviṣṭāni | tasmāt tāny alpam api pratyayamātram ālambya tena nīyante tena cābhinirvartyante |

이것들 가운데 반복수습에 의하여 증장되는 'dhātu'들은 이전의 생에서 수행된 선하거나 불선한 제법들이 일어나도록 증장하여 [몸에] 머무는 현재의 종자들이다. 따라서 다만 작은 조건에 의지하여서라도 이 [종자들]은 이끌리어 활성화된다.

여기에서 「보살지」의 "prakṛtisthaṃ gotraṃ"에 뚜렷이 상응하는 "*prakṛtisthā dhātavaḥ"는 18 'dhātu'로 정의되고 'bīja'와 등치된다. 이것은 확연히 다원론적 모델이다. 도표 6에서 마츠모토는 'bīja'와 'dhātu'를 등치하는데 그 이유는 그가 이러한 종류의 어법을 알고 있기 때문인 것으로 보인다. (Matsumoto 2004, 86-88)

'prakṛti-stha-'의 정확한 의미를 결정하는 데 중요한 또 하나의 단락은 「보살지」에서 발견된다.

> sa punar dhātupravibhāgaḥ samāsataś catuṣprakāro veditavyaḥ | prakṛtisthaṃ bījaṃ pūrvābhyāsasamutthitaṃ bījaṃ viśodhyaṃ bījaṃ | tadyathā parinirvāṇadharmakāṇām | aviśodhyañ ca bījam | tadyathā aparinirvāṇadharmakāṇām | (BBh, 276.20-23; quoted in Yamabe 1997a, 443, n. 24; Matsumoto 2004, 85)

> 요컨대 'dhātu'의 구분은 네 가지인 것으로 알아야 한다. 본래 존재하는 종자, 이전의 반복수습에 의하여 활성화되는 종자, 정화될 종자 다시 말해서 반열반(parinirvāṇa)의 본성을 지니는 이들의 [종자], 그리고 정화될 수 없는 종자 다시 말해서 반열반의 본성을 지니지 않은 이들의 [종자]이다. (야마베, 같은 곳)

여기에서 "prakṛtisthaṃ bījaṃ"은 티벳 판본(Pek. Zhi 239a3; D. Wi 206b6)에서 "rang bzhin du gnas pa'i sa bon"으로 번역되고, 한문 판본(T30: 573b1)에서 본성주종자(本性住種子)로 번역된다. 'prakṛtistha-'에 관하여 슈미트하우젠(Schmithausen)은 다음과 같이 서술한다.

> 여기에서 'prakṛtistha'의 의미를 논할 계제는 아니지만, 내가 보는 한에서 두 측면이 두드러진다. 1. "내적인, 본질적인" (Tib. rang bzhin gyis gnas pa; cf. BoBhVy D yi 5a7f: rang bzhin gyis gnas pa zhes bya ba ni ngo bo nyid kyis {s}grub pa ste | ma bsgrubs pa …); 2.

"그것의 자연적이고 다듬어지지 않는 상태에 있는" (Tib. rang bzhin du/la gnas pa; cf. BoBhW 331,11f: suvarṇaṁ prakṛtisthaṁ [BoBhD 226,21 °sthitaṁ). (Schmithausen 2014, 119, n. 490)[17]

이전의 경우(1997b, 216-67; 2002, 368-69)에 나는 『유가사지론』에서의 'prakṛtistha-'가 위의 첫 번째 의미로 해석되어야 한다고 주장하였는데, 지금 나는 두 번째 의미("그것의 자연적이고 다듬어지지 않는 상태에 있는")가 전적으로 배제될 수는 없다고 느낀다. 그럼에도 불구하고 사실이 그렇다고 하더라도 나는 여전히 관련된 맥락에서 'prakṛti'가 보편적 요소를 지칭한다고는 생각하지 않는다. 그것은 개별적 요소이다.

3. 'prakṛti'와 'Dharmatā'에 관하여

'prakṛti'의 의미를 이해하기 위하여 우선 『디비야바다나』(Divyāvadāna)의 다음과 같은 단락을 우선 보겠는데, 여기에서는 전통적 불교에서 'prakṛti'의 어법을 보여준다.

atha sa brāhmaṇo 'bhiprasannaḥ | tato 'sya bhagavatā āśayānuśayaṃ dhātuṃ prakṛtiṃ ca jñātvā tādṛśī caturāryasatyasaṃprativedhakī dharmadeśanā kṛtā yāṃ śrutvā brāhmaṇena viṃśatiśikharasamudgataṃ

17 또한 松本史朗 2004, 87-89도 참조.

satkāyadṛṣṭiśailaṃ jñānavajreṇa bhittvā srotaāpattiphalaṃ sākṣātkṛtam | (IV. brāhmaṇadārikāvadānam, Cowell and Neil ed., 71.23-27)

그때 그 바라문은 [붓다에 대한] 신앙을 심화하였다. 그 자리에서 세존은 그 바라문의 의도(āśaya), 성격(anuśaya), 기질(dhātu), 그리고 성품(prakṛti)을 알고 [그 바라문의 인격에] 부합하며 사성제의 통찰로 이끄는 법(法, Dharma)을 가르쳤다. 그것을 듣고 바라문은 지혜의 방망이로 스무 개의 봉우리가 있는 아견(我見)의 바위[산]을 깨뜨리고 예류과를 획득하였다.

여기에서 'prakṛti'는 분명히 개별적 성품이라는 의미로 사용되고 있다. 설령 'prakṛti-stha-'가 처소격의 의미로 이해된다고 하더라도 나는 'prakṛti-'가 개별적 요소인 것으로 받아들여져야 한다고 생각한다.

마츠모토가 「보살지」의 "prakṛtisthaṃ gotraṃ"에서 'prakṛti-'가 보편적이라고 생각하는 이유 가운데 하나는 'dharmatāpratilabdhaḥ'라는 표현이 "prakṛtisthaṃ gotram"의 정의에서 발견된다는 것이다(2004, 96). 이 표현에 기초하여 그는 「보살지」의 'gotra' 이론이 보편적 'dharmatā'를 전제한다고 주장한다. 더 나아가 마츠모토는 다음과 같은 단락에 기초하여 「성문지」에서도 'prakṛti'가 때때로 보편적인 'dharmatā'와 등치된다고 주장한다.

dharmatāyuktiḥ katamā | kena kāraṇena tathābhūtā ete skandhāḥ, tathābhūto lokasaṃniveśaḥ | kena kāraṇena kharalakṣaṇā pṛthivī dravalakṣaṇā āpa uṣṇalakṣaṇaṃ tejaḥ samudīraṇalakṣaṇo vāyuḥ | kena kāraneṇānityāḥ skandhāḥ kena kāraṇena śāntaṃ nirvāṇam iti | tathā kena kāraṇena rūpaṇalakṣaṇaṃ rūpam, anubhavanalakṣaṇā vedanā saṃjānanālakanā saṃjñā, abhisaṃskaraṇalakṣaṇāḥ saṃskārāḥ, vijānanālakṣaṇaṃ vijñānam iti | prakṛtir eṣāṃ dharmāṇām iyam, svabhāva eṣa īdṛśaḥ, dharmataiṣā | yaiva cāsau dharmatā saivātra yuktir yoga upāyaḥ | evaṃ vaitat syāt, anyathā vā, naiva vā syāt, sarvatraiva ca dharmataiva pratisaraṇaṃ dharmataiva yuktiḥ | cittanidhyāpanāya cittasaṃjñāpanāya | iyam ucyate dharmatāyuktiḥ (ŚBh, 聲聞地 硏究會 편, 240.3-13, Wayman 1961, 79, Matsumoto 2004, 92에 인용)[18]

자연스러운 방식(법성, dharmatā)에 기반을 둔 추론이란 무엇인가? 왜 온(蘊)은 이렇게 존재하는가? 왜 세계는 이렇게 배치되어 있는가? 왜 땅은 견고성 특성을, 물은 유체의 특성을, 불은 열의 특성을, 바람은 움직임의 특성을 갖는가? 왜 온(蘊)은 무상하며, 왜 열반은 안온한가? 마찬가지로 왜 물질은 변괴(變壞)의 특성을, 감각은 경험의 특성을, 생각은 식별의 특성을, 의지는 심적 구성의 특성을, 의식은 인식의 특성을 갖는가? 이것은 그 요소들 [각각]의 본성(prakṛti)이다. 그러한 것이 [이 요소들 각각의] 자성(自性, svabhāva)이며 법성(法性, dharmatā)이다. 그 법성 자체가 여기에

18 또한 吉水千鶴子 1996, 132-33 참조.

서 추론(yukti)이자 [인식]의 양태(yoga)이자 방법(upāya)이다. 그것은 이러한 방식일 수도 있고, 다른 방식일 수도 있고, 혹은 전적으로 다를 수도 있는데, 어느 경우에든 법성 그 자체가 마음이 안정되고 인식하기 위한 의지처(pratisaraṇa)이자 추론(yukti)이다. 이것이 법성에 기초한 추론이라고 불린다.[19]

다카사키 지키도의 이 단락에 대한 해석은 다음과 같다.

그러나 법성이 언제나 제법의 진여라는 의미에서 사용되지는 않았다. 몇몇 경우 그 단어는 "어떤 것의 속성"이라는 보다 일반적인 의미에서 사용되었다. 예컨대 『유가사지론』의 「성문지」에서 동일한 'dharmatāyukti'가 땅의 견고한 특성이나 물의 습한 특성 등과 같이 개별적인 특성을 의미하는 것으로 취하여지며, 'prakṛti'나 'svabhāva'와 동의어라고 이야기된다. (高崎直道 1990, 6, 松本史朗 2004, 94에서 인용)

마츠모토는 아래와 같이 이 견해에 이의를 제기한다.

여기에서 "prakṛti=svabhāva=dharmatā"로 언급되는 것은 "개별적 특성들"이 전혀 아니며 제법들이 그 자체가 되게 하는 "영원불변하는 근거 내지 진리"로서, 다시 말해서, 그 각각의 법들이

19 나 자신의 번역인데, Wayman 1961, 79를 참조하고 부분적으로 활용하였다.

> "그렇게"(tathā-bhūta) "있는 그대로" 존재하도록 하며 그 자체의 "개별적 특성들"을 지니도록 하는 것이다. (松本史朗 2004, 94-95)

> 내 생각에 「보살지」의 단락[1]에서, "prakṛti-sthaṃ gotraṃ"이라는 표현에서 'prakṛti'와 'dharmatāpratilabdhaḥ("法性에 의하여 획득된")'라는 표현에서 'dharmatā'는 동의어이다. 더 나아가 이러한 해석의 타당성은 … 어느 정도는 『현관장엄론석』(現觀莊嚴論釋, Abhisamayālaṃkāra-vṛtti)에서의 다음과 같은 서술에서 확증된다. (松本史朗 2004, 96)

여기에서 그는 『현관장엄론석』의 다음 단락을 인용한다.

> tad anena dharma<dhātur evāryadharmāṇāṃ hetutvāt> prakṛtistharṃ gotraṃ pratipattyādhāra ity upadarśayati | . . .
> | ṣaḍāyatanaviśeṣo gotraṃ tad dvividham: pratyayasamudānitaṃ, prakṛtyavasthitaṃ cety apare |
> taiḥ prakṛtisthagotre prakṛtyabhidhānasyārtho vācyaḥ[20] | kāraṇaparyāyaś cet tad api pratyayasamudānītam | iti kim arthaviseṣaḥ | dharmatāparyiāye punar eṣa doṣo nāsti | (Pensa ed., 76.17-77.3; Yamabe 1997a, 202에서 부분적으로 인용)

20 원래의 판본에서는 vacyaḥ. 나는 松本史朗 2004. 96을 따른다.

> 따라서 [『현관장엄론』의 게송 I.5cd는] 법계(法界, dharmadhātu) 그 자체 [다시 말해서], 본래 존재하는 'gotra'가 실천의 기반인 것은 [법계가] … 고귀한 법의 원인이기 때문이라고 가르친다.
> 다른 이들은 'gotra'가 육처의 특별한 양태라고 주장하는데, 여기에는 두 가지가 있으니, 조건에 의하여 계발되는 것과 본래 존재하는 것이다.
> [이 입장은 문제가 있다.] 그들은 'prakṛtistha-gotra'에서 'prakṛti'라는 용어의 의미를 설명해야 한다. 그것이 "원인"에 상응한다면 그것[prakṛtistha-gotra] 또한 조건에 의하여 계발된다. 그렇다면 [그 두 유형의 'gotra' 사이에] 어떤 차이가 있겠는가? 반면에 ['prakṛtistha-gotra'가] 'dharmatā'에 상응한다면 이러한 오류는 존재하지 않는다.[21]

마츠모토는 이러한 해석이 'prakṛti'를 'dharmatā'와 등치시킨다는 점에서 옳다고 믿으며, 「보살지」 자체의 'gotra' 정의에도 적용될 수 있다고 생각한다(2004, 96-97). 그러나 여기에서 'prakṛtistha-gotra'에 대하여 두 가지 해석이 주어지고 있다는 것에 유의해야 한다. 첫째 해석은 'prakṛtistha-gotra'를 법계(dharmadhātu)와 동일시하고, 둘째 해석은 육처의 특별한 양태(ṣaḍāyatana-viśeṣa)와 동일시한다. 위의 인용의 마지막 부분은 뚜렷이 첫째의 관점에서 둘째의 해석에 대한 비판이다('dharmatā'가 'dharmadhātu'에 상응한다는 점에 유의하라). 내가 앞서 지적

21 나 자신의 번역인데, Sparham 2006, 84를 참조하고 부분적으로 활용하였다.

했듯이(1997b, 217), 첫째의 해석은 둘째를 배격함에 의하여 가능해진다. 하지만 둘째의 해석(prakṛtistha-gotra=ṣaḍāyatanaviśeṣa)은 「보살지」 자체의 명시적 서술과 일치하며, 첫째의 입장은 명백히 후대의 재해석이다. 마츠모토의 주장은 여기에서 설득력이 없다.

'dharmatā'의 초기 어법에 대한 논의에서 왈폴라 라훌라(Walpola Rahula)의 「'Dhammatā(Dharmatā)'에 관한 잘못된 관념들」[Wrong Notions of Dhammatā(Dharmatā)]은 빨리 문헌에 주된 초점을 두고 있지만 온전히 주목할 필요가 있다. 그는 'dhamatā'가 "대체로 '자연(nature)', '자연적인(natural)', '길(way)', '습관(habit)', '관습(custom)', '관습적인(customary)', '일상적인(usual)' 등의 의미를 담고 있다"라고 지적한다(1974, 182). 더 나아가 그는 다음과 같이 주장한다.

> 'dhammatā'를 이러한 자연적인 사건들을 이끌거나 야기하는 어떤 신비한 기운 내지 힘으로 간주하는 것은 불교에 이질적인 외부적인 어떤 것에 대한 관념을 도입하는 것이다. 단순한 언어로 말하자면, 'dhammatā'는 "이것은 그러하다(it is so)", "이것은 이렇게 된다(it happens this way)", "이것은 자연적이다(it is natural)"를 뜻한다. 'dhammatā'는 이러한 현상들의 배후에 존재하는 어떤 것 내지 어떤 힘이 아니다. (Rahula 1974, 183-184)

하나의 사례로서 그는 다음과 같은 단락을 인용한다.

> Ath' eko āsīvisapotako <u>attano dhammatāya</u> caranto aññatarassa

> tāpasassaa ssamapadaṃ patto (Jātaka, Fausbøll ed., 1: 245.9-11 [Velukajātaka], 강조는 필자에 의함; Rahula 1974, 182에서 인용)
>
> 그때 한 어린 뱀이 그 습관에 따라(according to its habit) 배회하다가 한 은수자의 오두막에 이르렀다.

이 단락에 관하여 그는 다음과 같이 주장한다.

> 이것은 뱀의 배회 배후에 존재하는 어떤 신비스럽거나 영원한 힘 또는 신비한 관념을 시사하지 않는다. 그 배회는 법성이라고 불리는 어떤 초자연적인 힘에 의하여 야기된 것이 아니니, 그 배회 그 자체가 그 자체의 법성이고 그 자체의 습관이다. (Rahula 1974, 182)

더 나아가 그는 다음과 같은 사례를 언급한다.

> 깨달음 직후에 붓다는 네란자라 강변의 우루벨라에 아직 머무르면서 목동의 반얀 나무(ajapāla-nigrodha) 아래에 앉아 계(戒), 정(定) 그리고 혜(慧)에서 자신보다 더 완벽한 이는 없는데, 자신이 누구를 따르고 경배하면서 살 수 있을지를 생각하다가 법(法, Dhamma), 곧 자신이 방금 깨달은 진실을 공경하고 경배하면서 살겠다고 결심하였다. 이 순간에 범천(梵天, Brahmā Sahampati)이 그 앞에 나타나서 과거의 모든 정등각자와 미래의 모든 정등각자, 그리고

현재의 정등각자 모두가 법을 공경하면서 살았고 살고 있으며 살 것이니, 이것이 그들의 길 곧 "이것이 붓다들의 길"(esā Buddhāna dhammatā)이라고 말하였다. 여기에서 아주 뚜렷하게 법성은 "길", "관행"을 의미한다. (같은 책, 184)

유사한 어법이 디비야바다나(Divyāvadana)라는 산스크리트 텍스트에서 발견된다.

atha Bhagavān anyatarasmin pradeśe smitam akārṣīt | <u>dharmatā</u> khalu yasmin samaye Buddhā Bhagavantaḥ smitaṃ prāviṣkurvanti tasmin samaye nīlapītalohitāvadātāḥ arciṣo mukhān niścārya kāścid adhastād gacchanti, kāścid upariṣṭād gacchanti | . . . (Divyāvadāna, XIX. Jyotiṣkāvadāna, Cowell and Neil ed., 67.15-21 [강조는 필자에 의함]; Hiraoka 2002, 175-78; 2007, 1: 473)

그때에 한 곳에서 세존이 미소를 지으셨다. 붓다, 세존이 미소를 보이실 때, 파랑, 노랑, 빨강 그리고 하양 빛이 그 입에서 나와서 어떤 빛은 아래로 가고 어떤 빛은 위로 가는 것은 <u>자연스러운 사태의 경과</u>이다. …

tato Ratnaśikhinā samyaksaṃbuddhena laukikaṃ cittam utpāditam | <u>dharmatā</u> khalu yadā Buddhā Bhagavanto laukikaṃ cittam utpādayanti tasmin samaye Śakrabrahmādayo devā Bhagavataś

> cetasā cittam ājānanti | (Divyāvadāna, III. Maitreyāvadāna, Cowell and Neil ed., 63.11-14; Hiraoka 2002, 180; 2007, 127)

> 그때에 정등각을 이룬 자나시기불(剌那尸棄佛, Ratnaśikhin)이 세간적인 생각을 내었다. 세존 붓다들이 세간적인 마음을 낼 때에, 그러한 때에는 제석이나 범천과 같은 신들이 [자신들의] 마음으로 세존의 생각을 읽는 것은 자연스러운 사태의 경과이다.

나는 라홀라의 주장이 설득력이 있다고 생각한다. 빨리 문헌과 산스크리트 문헌의 이러한 사례들에서 'dhammatā' 또는 'dharmatā'는 개별적 속성 또는 특정한 상황에서 특정한 유형의 존재에게 사람들이 예상하는 고정된 사태의 경과라는 의미로 사용되고 있다. 이 단락들에서 'dhammatā' 또는 'dharmatā'가 제법의 기저에 있는 보편적 본성 내지 원리를 가리킬 리는 없다.

4. 『유가사지론』에서 견도(Darśanamārga)

「성문지」의 체계에서 보편적 원리로서 'dharmatā' 또는 'dharmadhātu'가 핵심적 역할을 한다면 우리는 「섭결택분」(攝結擇分, Viniścayasaṃgrahaṇī)의 환멸(還滅, nivṛtti) 부분에서와 같이 견도(darśanamārga)의 맥락에서 깨달음의 대상으로 그것이 언급되는 것을 예상할 수 있을 것이다.

§I.5.b)B.2: de'i dang por bden pa mngon par rtogs pa la 'jug par bya ba'i phyir bsgom ste | bden pa ma mthong ba bden pa rnams la mig ma thob pas ni kun gzhi rnam par shes pa sa bon thams cad pa yang rtogs par mi nus pa'i phyir ro || de de ltar zhugs shing nyon thos kyi yang dag pa nyid skyon med pa la zhugs sam | byang chub sems dpa'i yang dag pa nyid skyon med pa la zhugs te chos thams cad kyi chos kyi dbyings rtogs par byed pa na | kun gzhi rnam par shes pa yang rtogs par byed de | (Hakamaya [1979]2001, 405 [강조는 필자])

能入最初聖諦現觀. 非未見諦者於諸諦中. 未得法眼. 便能通達一切種子阿賴耶識. 此未見諦者修如是行已. 或入聲聞正性離生. 或入菩薩正性離生. 達一切法眞法界已. 亦能通達阿賴耶識. (현장, T30: 581b24-29)

初觀諸諦. 若證四諦得眼智明慧. 則能破壞阿羅耶識. 未見四諦則不能破. 何時能見阿羅耶識. 如是進行. 若諸聲聞入不退地. 又諸菩薩入不退地. 得通達法界則能得見. (진제, T30: 1020b2-6)

[선법의 계발은] 성자들의 네가지 지혜의 실현[諦現觀 *satyābhisamaya)에 처음으로 들어가기 위하여 정성(正性)으로 확정되고(*samyaktvanyāma), 실천된다. 그것은 그 진리를 보지 못했거나 그 진리에 대한 눈을 얻지 못한 이들은 아뢰야식(ālayavijñāna) 또한 통찰(*praty-vyadh-)할 수 없기 때문이다. 이처럼 [현관에] 들어선 이는 성문[승](śrāvaka[yāna])

또는 보살[승](bodhisattva[yāna])의 올바른 정성(正性)으로 확정되고 (*samyaktvanyāma),[22] 모든 요소들의 법계(法界, dharmadhātu)를 통찰하며 아뢰야식 또한 통찰한다. (번역은 우선적으로 티벳어 판본에 의거함)

여기에서 법계(法界, dharmadhātu)는 전통적인 성제(聖諦, āryasatya)에 더하여 추가적으로 깨달음의 대상으로서 명시적으로 언급된다. 환멸(還滅, nivṛtti) 부분의 단계에서 (법성 'dharmatā'과 진여 'tathatā'의 동의어인) 법계의 대승적 의미가 전제되고 있음은 명백하다. 하지만 「성문지」와 같은 『유가사지론』의 초기 층에서는 그렇지 않다.

caturbhir ākārair duḥkhasatyasya lakṣaṇaṃ pratisaṃvedayate | tadyathānityākāreṇa, duḥkhākāreṇa, śūnyatākāreṇa,[23] anātmākāreṇa ca | caturbhir ākāraiḥ samudayasatyasya tadyathā hetutaḥ, samudayataḥ, prabhavataḥ, pratyayataś ca [|] caturbhir ākārair nirodhasatyasya lakṣaṇaṃ pratisaṃvedayate[24] | tadyathā nirodhataḥ, śāntataḥ, praṇītato, niḥsaraṇataś ca [|] caturbhir ākārair mārgasatyasya lakṣaṇaṃ pratisaṃvedayate[25] | tadyathā mārgato, nyāyataḥ,

22 정성(samyaktva)은 올바른 목표 곧 열반을 가리킨다.

23 Shukla본은 "śūnyatākāreṇa"를 생략하였지만 Wayman 1961, 130에 기초하여 보완함. D. stong pa'i rnam pa. 중국어로는 空行.

24 Shukla, pratisamvedayate. Wayman을 따라서 "m"을 anusvāra가 있는 것(ṃ)으로 대체함.

25 Shukla, pratisamvedayate. Wayman을 따라서 "m"을 anusvāra가 있는 것(ṃ)으로 대체함.

pratipattito, nairyāṇikataś ca | (Shukla ed., 470.13-21; Wayman 1961, 130; Tib. D. Dzi 177b6-178a2; Ch. T30: 470c18-23

[견도(darśanamārga)에서 수행자는] 네 측면 곧 무상함, 괴로움, 공성 그리고 무아의 측면에서 고제(苦諦)의 특성을 알고, 네 측면 곧 원인, 기원, 원천 그리고 조건의 측면에서 집제(集諦)의 특성을 안다. 그는 네 측면 곧 지멸, 안온, 수승 그리고 출리의 측면에서 멸제(滅諦)의 특성을 안다. 그는 네 측면 곧 길, 방법, 수행 그리고 출리에 용이함이라는 측면에서 도제(道諦)의 특성을 안다.

ābhogasamanantaraṃ yathāpūrvānukramavicāriteṣu[26] satyeṣv anupūrveṇaiva pratyakṣaparokṣeṣu nirvikalpaniścayajñānaṃ[27] pratyakṣajñānam utpadyate | tasyotpādāt traidhātukāvacarāṇāṃ darśanaprahātavyānāṃ kleśānāṃ pakṣyaṃ dauṣṭhulyaṃ āśrayasannniviṣṭaṃ[28] tat prahīyate | tasya prahāṇāt sacet pūrvam

---

26 사본. 그리고 Shukla, yathāpūrvvānukramaḥ vicāriteṣu. 여기에서 그리고 아래에서 -vv-를 -v-로 대체함.

27 사본. nirvikalpapratyakṣaparokṣeṣu niścayajñānaṃ pratyakṣajñānam utpadyate; Shukla, nirvvikalpa-; 티벳어로는 bden pa mngon sum dang lkog tu gyur pa dag la rim gyis rnam par mi rtog pa shin tu nges pa'i ye shes dang | mngon sum gyi ye shes skye par 'gyur ro |; 중국어로는 若是現見若非現見諸聖諦中. 如其次第有無分別決定智現見智生. 내가 보기에 중국어 판본의 "有無分別"에서 "有"는 번역자가 보완한 것이다. (아마도 그가 염두에 두었던 것은 有分別이 非現見諸聖諦에 상응하며 無分別은 現見諸諦에 상응한다는 점이었을 것이다.) 여하튼 有分別은 사본이나 티벳어 판본에 의해서는 지지되지 않는다.

28 사본. 그리고 Shukla, kleśānāṃ pakṣyaṃ dauṣṭhulyasannniśrayasanniviṣṭaṃ. 티벳어로는 nyon mongs pa rnams kyi phyogs su gyur pa'i gnas ngan len lus la gnas shing |

eva kāmebhyo vītarāgo bhavati | saha satyābhisamayāt tasmin samaye 'nāgāmīty ucyate | (MS 126a6-b1 [emphasis added]; Shukla ed., 500.15-501.1; Tib., D. Dzi 190b4-7; T30: 475c27-476a4)

[가행도(prayogamārga)에서의] 노력 직후에 무분별적인 결단의 지혜 곧 직접지각의 지혜가 지각될 수 있는 진리에 대해서든 지각될 수 없는 진리에 대해서든 앞서 성찰된 순서에 따라 연이어서 일어난다. 그 지혜가 일어나기에, 삼계의 영역에 속하고 [진리들을] 보는 것에 의해 끊어지는 번뇌에 속하는 그리고 몸에 달라붙은 추중(麤重, dauṣṭhulya)이 끊어진다. 그것이 단절되기 때문에, 만약 [수행자가] 이전에 [욕계에 있는] 욕망의 대상에 대한 욕망을 떠났다면, 진리를 깨닫는 순간, 그는 불환(不還)이라고 불린다.

여기에서 "무분별적인 결단의 지혜"(nirvikalpaniscayajñana)는 보편적인 진여(tathatā)를 시사할 수도 있다. 그러나 이 단락에서 현관의 대상으로 언급되는 것은 [성]제([聖]諦, [ārya]satya)이다. 다시 말해서 이것은 전통적인 진리의 현관(satyābhisamaya) 모델인 것으로 보인다. 진여(tathatā), 법계(dharmadhātu), 법성(dharmatā) 등에 대한 통찰은 언급되지 않는다.

이처럼 보편적인 원리로서 법성이 「성문지」의 체계에서 전제되고 있었다고 결론내리기는 어렵다.

---

zhen pa gang yin pa; 중국어로는 附屬所依諸煩惱品一切麁重.

5. 결론

마츠모토는 보편적인 원리로서의 'dharmatā'와 'prakṛti'가 『유가사지론』의 매우 초기 부분 곧 「성문지」와 「보살지」에서 이미 핵심적인 역할을 하고 있었다고 믿는다. 그리하여 마츠모토는(변종 형태의)[29] 기체설 모델이 『유가사지론』 전체에 적용될 수 있다고 믿는 것으로 보인다(2004, 112-19).

그러나 사상적 발전의 다양한 단계들이 『유가사지론』의 다양한 부분에서 관찰될 수 있는데, 마츠모토 자신도 이를 인정한다(2004, 81-82). 위에 서술한 근거들로 인하여, 나는 기체설 모델을 적어도 『유가사지론』의 가장 오래된 부분 곧 「성문지」와 「보살지」에 적용하기는 어렵다고 믿는다.

---

29 마츠모토(2002, 117-19)는 표준적인 유가행파 사상에서 기체설의 두 번째 요소("기체"가 "초기체"를 일으킨다)는 적용되지 않음을 지적한다. 그러한 의미에서 이것은 "변종 형태"이다.

참고문헌

袴谷憲昭 Hakamaya Noriaki. [1979]2001. 「*Viniścayasaṃgrahaṇī*におけるアーラヤ識の規定」. 『唯識思想論考』, 362- 445. 東京: 大蔵出版.

______________________. [1981]2001. 「三乗説の一典拠--*Akṣarāśi-sūtra*と*Bahudhātuka-sūtra*--」. 『唯識思想論考』, 236-51.

平岡聡 Hiraoka Satoshi. 2002. 『説話の考古学：インド仏教説話に秘められた思想』. 東京: 大蔵出版.

__________________. 2007. 『ブッダが謎解く三世の物語：「ディヴィヤ・アヴァダーナ」全訳』. 2권. 東京: 大蔵出版.

松本史朗 Matsumoto Shirō. [1986]1989a. 「如来蔵思想は仏教にあらず」. 『縁起と空：如来蔵思想批判』, 1-9. 東京: 大蔵出版.

______________________. [1986]1989b. 「縁起について一私の如来蔵思想批判一」. 『縁起と空：如来蔵思想批判』, 11- 97. 東京: 大蔵出版.

_____________________. 1997a. The Doctrine of *Tathāgata-garbha* Is Not Buddhist. In *Pruning the Bodhi Tree: The Storm Over Critical Buddhism*, edited by Jamie Hubbard and Paul L. Swanson, 165-73. Honolulu: University of Hawai'i Press.

____________________. 1997b. Response. In *Ibid.*, 205-7, 452-53.

____________________. 2004. 「瑜伽行派とdhātu-vāda」. 『仏教思想論』, 1: 55-218.

Rahula, Walpola. 1974. Wrong Notions of *Dhammatā*(*Dharmatā*). In *Buddhist Studies in Honour of I. B. Horner*, edited by L. Cousins, A. Kunst and K. R. Norman, 181-91. Dordrecht and Boston: D. Reidel.

Schmithausen, Lambert. 2014. *The Genesis of Yogācāra-Vijñānavāda: Responses and Reflections*, *Kasuga Lecture Series*, 569-95. Tokyo: The International Institute for Buddhist Studies.

Sparham, Gareth. 2006. *Abhisamayālaṃkāra with Vṛtti and Alokā: Vṛtti by Ārya Vimuktisena Āloka by Haribhadra*. Vol. 1. Fremont, California: Jain Publishing Company.

大正大学綜合佛教研究所声聞地研究会. 1998. 『瑜伽論 声聞地 第一瑜伽処：サンスクリット語テキストと和訳』, 大正大学綜合佛教研究所叢書. 東京: 山喜房佛書林.

高崎直道 Takasaki Jikidō. 1990.『大乗起信論』の「真如」.『仏教学』29, 1-24.

Wayman, Alex. 1961. *Analysis of the Śrāvakabhūmi Manuscript*. Vol. 17, *University of California Publications in Classical Philology*. Berkeley and Los Angeles: University of California Press.

山部能宜 Yamabe Nobuyoshi. 1987.「初期瑜伽行派における界の思想について--Akṣarāśisūtraをめぐって--」.『待兼山論叢哲学篇』, 21, 21-36.

______________________. 1990.「真如所縁縁種子について」.『北畠典生教授還暦記念 日本の仏教と文化』, 京都: 永田文昌堂. 63-87.

______________________. 1997a. The Idea of *Dhātu-vāda* in Yogacara and *Tathāgata-garbha* Texts. In *Pruning the Bodhi Tree: The Storm over Critical Buddhism*, edited by Jamie Hubbard and Paul L. Swanson, 193-204, 441-52. Honolulu: University of Hawai'i Press.

______________________. 1997b. Riposte. In *Ibid.*, 208-19.

______________________. 2002.「(袴谷憲昭) 唯識思想論考」.『宗教研究』(日本宗教学会), 76 (2): 361-69.

吉水千鶴子 Yoshimizu Chizuko. 1996.「SamdhinirmocanasūtraXにおける四種のyuktiについて」.『成田山仏教研究所紀要』19, 123-68.

초기 유식문헌과 『보성론』에 공통된 인용문과 비유

초기 유식문헌과 『보성론』에 공통된 인용문과 비유

안성두
서울대학교

1. 서론

『아비달마대승경』의 유명한 "無始以來界 anādikāloko dhātu"가 『보성론』 RGV I.152에 대한 산문주석(RGVV)에서는 여래장으로, 그리고 MSg I.1에서는 알라야식으로 해석되고 있다는 것은 잘 알려져 있다. 나아가 이 게송을 해석하면서 진제역 『섭대승론석』(攝大乘論釋)(T31: 156c28-157a14)에서는 알라야식과 여래장을 병기해서 해석하고 있듯이, 유식문헌과 여래장사상, 아니 정확히 말해 여래장사상에 대한 최초의 체계적 해설문헌으로서의 RGV의 설명 사이에는 매우 긴밀한 관계가 있다고 생각된다. 이에 대해 다카사키 지키도(高崎直道)는 유식사상과 여래장사상 사이에는 용어상의 일치를 위시한 여러 비슷한 점이 많다고 지적하면서, 양자의 관계에 대해 다음과 같이 서술하고 있다.

여래장사상은 대승경전의 형성기에서는 유가행파의 유식사상에

> 선행해서 그것과 관계없이 전개되었지만, 논서에 의한 학설의 체계화에 있어서는 유가행파의 도움을 받지 않을 수 없었다. 이는 『보성론』에서의 MSA의 인용이나 불신설(佛身說)에 대한 용어 및 그 외의 다른 주요개념과 정의에서 유가행파의 텍스트와 공통된 것이 적지 않다는 것에서 추정된다. … 중략 … 이와 같이 『보성론』은 유가행파의 술어를 사용하고 있지만 그 정의가 반드시 유가행파의 그것과 일치하는 것은 아니다. 오히려 유가행파가 중시한 3성설이나 알라야식 개념은 사용하고 있지 않다. 여기에 『보성론』의 독자성이 보이며 또한 여래장사상의 독립성이 보존되고 있다.[1]

다카사키 지키도(1982: 153-4)는 초기유식문헌에서 여래장이 언급되는 이유를 유식사상이 지향했던 모든 대승적 관념을 포괄하려는 '섭대승(攝大乘)'적 사고방식에서 찾고 있다. '섭대승'이란 용어는 「보살지」 끝부분에서 '보살지'(bodhisattvabhūmi)의 동의어의 하나로 거론되어 있기 때문에 이런 사고방식이 초기단계부터 유식 내부에 존재하고 있었다는 것은 의심할 여지가 없으며, 또한 MSg에 대한 주석서와 MSA에서 여래장이란 술어가 등장하고 있는 것은 다카사키의 해석을 뒷받침해주는 것이지만 「보살지」를 포함한 『유가사지론』에서 여래장이란 술어가 전혀 사용되지 않고 있다는 점은 주의할 필요가 있을 것이다.

---

1 高崎直道 1957, 152.

본고의 목적은 다카사키의 지적에서 출발하여 여래장사상의 체계 구성을 시도하고 있는 『보성론』이 차용하고 있는 유식 용어의 사용 맥락이 유식문헌과 어떤 점에서 차이가 나는지를 몇 가지 경우를 들어 구체적으로 살펴보고자 하는 것이다.

2. RGV I.154-155의 설명에 대한 일반적 고찰

RGV는 범부와 2승이 여래장을 인식하지 못한다는 사실을 설명한 후에 새롭게 대승에 안주한 보살이 여래장을 인식하지 못하는 이유에 대해 그들이 "공성에 대해 산란한 마음을 갖고 있고, 여래장과 관련해 공성의 올바른 의미를 이해하지 못하기 때문"[2]이라고 설명한다. RGV는 공성의 올바른 의미를 이해하지 못하는 보살에게 두 종류가 있다고 말한다. 한편은 실재하는 것의 부정과 파괴가 열반이라고 간주한다는 점에서 공성을 부정적으로 이해하는 자이며, 다른 편은 공성의 지각(śūnyatopalambha)을 통해 물질과 분리된 공성이라는 존재자를 상정하여 그것을 증득하고자 하는 자이다.

여기서 RGV가 논하고 있는 공성에 대한 이들 두 가지 잘못된 해석은 전통적인 손감견과 증익견의 모델에 따른 것이다. 이들 잘못된 이해를 어떤 특정한 학파와 연결시킬 필요는 없지만, 흥미로운 것은 이 설명이 「보살지」 <진실의품>의 설명구조를 차용하고 있다고 보이

2 RGV 75,13-18 참조. 이에 대한 번역은 안성두(역) 2011, 349 참조.

는 점이다. <진실의품>은 불가언설으로서의 진여가 유-무의 양변을 떠나 있다고 하면서, 비존재로서 손감하는 것을 '악취공'이라고 하고, 공성의 부정 속에서도 남아 있는 것을 인정하는 것을 '선취공'이라고 해석하고 있다.[3] 여기서 악취공이란 공성을 부정적인 방식으로 해석하는 것으로서 적어도 당시 용수계열에서 설한 공성에 대한 당시 수행자들의 실천적인 이해 내지 오해를 반영하고 있다고 보인다. 반면 선취공이란 공성의 부정적 사유를 해결하기 위해 유식학파가 『소공경』에 의거해서 창안해낸, 공성에 대한 새로운 해석이다.

그런데 RGV의 상기 설명은 공성에 대한 부정적 이해에 관해서는 <진실의품>의 악취공의 설명을 따르지만, 공성을 다시 존재자로 상정한다는 비판에 대해서는 분명 <진실의품>에서의 선취공의 해석과 다른 시각을 보여준다고 보인다. 왜냐하면 공성이란 사물의 비존재성에 대한 통찰인데, 이런 사물의 비존재성을 다시금 대상으로 삼아 지각(upalambha)하는, 이른바 '공성의 지각(śūnyatā-upalambha)'이 여기서 비판되는 것으로 보이기 때문이다. 여기서 '지각'으로 번역한 "upalambha"는 위의 맥락에서 공성을 대상과 분리해서 존재하는 어떤 형이상학적 원리로서 실체화시키려는 잘못된 이해일 것이다. 이것은 공성이 현상적 사물의 존재를 부정하지만 그러한 존재의 비존재성을 다시금 하나의 실체로서 정립하려는 관점을 가리키고 있다고 보인다. 이것은 대상의 비존재를 인식하면서 마지막에 현상적 존재자들의 공성으로서의 비존재성을 일종의 '묘유(妙有)'로서 인식하고자 했던 유

3 예를 들면 長尾雅人 1978 참조.

식학적 설명이 종종 직면했고 또 오해되었던 난점을 가리킨 것으로 보인다.

만일 이러한 필자의 이해가 옳다면, 이는 RGV가 초기유식의 관점에서 분기하는 지점이 어디인지를 추정케 하는 것이다. 그것은 궁극적인 것을 지각과정과 관련하여 증득하고자 하는 시도 대신에 이를 인식작용이라는 유위적 요소를 배제한 것으로 설명하는 것이다. 이제 이 문제를 공성에 대한 두 가지 잘못된 생각을 버리는 것으로서 설해지고 있는 RGV I.154-155의 두 게송과 그에 대한 주석을 통해 알아보자. 이 게송과 그에 대한 주석은 자성청정심과 객진번뇌염, 소공경의 인용, 『아비달마대승경』의 무시시래계, 무구진여와 유구진여의 구별 등 유식문헌에서 즐겨 사용하는 여러 개념들과 인용문들이 공통적으로 나오기 때문에 양자가 사용하는 맥락상의 차이를 이해하기 위해서는 반드시 필요할 것이다. RGV는 아래 두 게송이 여래장과 공성의 의미를 설명하는 것이라고 말한다.

> 어떠한 것도 감소되어지지 않고 또한 어떠한 것도 증가되어지지 않는다네.
> 진실은 진실의 견지에서 보아야 한다. 진실을 보는 자는 해탈한다네.[4] (I.154)
> [여래]성은 분리를 특징으로 하는 우연적인 요소들의 공이지만,

---

4 RGV I.154: nāpaneyam ataḥ kiṃcid upaneyaṃ na kiṃcana | draṣṭavyaṃ bhūtato bhūtaṃ bhūtadarśī vimucyate ‖ (이하 번역은 안성두(역) 2011, 349 참조)

無上의, 비분리를 특징으로 하는 요소들의 공은 아니라네.[5]

(I.155)

당시 널리 알려져 있던 것으로 보이는[6] RGV I.154는 앞에서 보았듯이, 새롭게 대승에 안주한 보살이 가질 수 있는 공성에 대한 잘못된 이해와 그런 오해를 통해 생겨나는 공성에 대한 증익견과 손감견을 제거하는 맥락에서 설한 것이다. 그리고 I.155는 여래성을 우연적인 요소들의 공이지만 그것과 다른 요소들의 공은 아니라고 말하고 있다. RGVV에서 두 게송의 의미는 다음과 같이 해석되고 있다.

"이것에 의해 무엇이 설명되었는가? 무엇 때문에 어떠한 것도 감소되어지지 않는가 하면 왜냐하면 여래성은 자성청정하기 때문에 [감소되어야 할] 잡염의 원인이 [아니다]. 왜냐하면 그것은 우연적인 때의 공성을 본질로 하기 때문이다. 또한 여기에 증가되어야 할 어떠한 청정의 원인도 없다. 왜냐하면 [그것은] 분리되지 않는 청정한 요소를 본성으로 하기 때문이다. 그러므로 [다음과 같이 『승만경』에서[7]] 설해진다. "여래장은 분리된, [여래의] 지혜와 떨어진 일체의 번뇌의 창고로서의 공이지만, 갠지즈강의

---

5 RGV I.155: śūnya āgantukair dhātuḥ savinirbhāgalakṣaṇaiḥ | aśūnyo 'nuttarair dharmair avinirbhāgalakṣaṇaiḥ ||

6 高崎直道 1989: 334f에 따르면 이 게송은 MAVT(p.29) 이외에도 Saudrananda xiii, 44에도 인용되어 있으며, 『현관장엄론』 AA, V. 21과 유사하다.

7 『승만경』 T12: 221c16-18: 空如來藏 若離若脫若異一切煩惱藏 世尊 不空如來藏 過於恒沙 不離不脫不異不思議佛法.

모래의 수를 뛰어넘는, 분리되지 않은, [여래의] 지혜와 떨어지지 않은, 사량할 수 없는 붓다의 공덕으로서의 공은 아니다.” 이와 같이 어떤 것(B)이 어느 곳(A)에 없을 때 그것(A)은 그것(B)의 공이라고 관찰한다. 그러나 그곳에 남아 있는 것(C), 그것은 여기에 진실로 존재한다고 여실하게 안다. 증익과 손감의 극단을 여의었기 때문에 전도되지 않은 공성의 특징이 이 두 게송에 의해 설명되었다.”[8]

RGV에 따르면 공성과 관련해 증익견의 제거는 여래성이 이미 청정한 요소를 본질로 하기 때문에 수행을 통해 여래성을 청정하게 만들 필요가 없다는 사실을 인식하는 것이다. 즉 여래성의 본래적 청정성의 인식은 증익견으로부터 벗어나게 하는 것이다. 반면 공성과 관련해 손감견의 제거는 여래성에서 때(mala, 垢)라고 하는 번뇌란 사실상 우연적인 요소에 지나지 않음을 인식하는 때 있다. 다시 말해 때를 제거한다고 해도 본질적으로 청정한 여래성을 구성하는 요소가 여래성에서 완전히 소거되는 것이 아니기 때문에 제거되는 것은 본질적인 측면에서 보면 사실상 아무것도 없는 셈이다.

---

8 RGVV 87,5-11: kim anena paridīpitam | yato na kiṃcid apaneyam asty ataḥ prakṛtipariśuddhāt tathāgatadhātoḥ saṃkleśanimittam āgantukamalaśūnyatāprakṛtitvād asya | nāpy atra kiṃcid upaneyam asti vyavadānanimittam avinirbhāgaśuddhadharmaprakṛtitvāt | tata ucyate | śūnyas tathāgatagarbho vinirbhāgair muktajñaiḥ sarvakleśakośaiḥ | aśūnyo gaṅgānadīvālikāvyativṛttair avinirbhāgair amuktajñair acintair buddhadharmair iti | evaṃ yad yatra nāsti tat tena śūnyam iti samanupaśyati | yat punar atrāvaśiṣṭaṃ bhavati tat sad ihāstīti yathābhūtaṃ prajānāti | samāropāpavādāntaparivarjanād *aviparītaṃ* śūnyatālakṣaṇam anena ślokadvayena paridīpitam |

마음에 청정성과 염오성이 동시적으로 병존하고 있다는 설명은 이미 『승만경』에서도 보이기 때문에 RGV의 설을 이런 사유의 연장선으로 받아들일 수 있지만, RGV의 설명에서보다 주목되는 점은 유구진여로서의 여래장이 "즉각적으로 일시에 청정하면서도 염오되었다"[9]는 것으로서 '불가사의'하다고 설명되고 있는 점이다. 이 부분은 수행자에 따른 구분이라는 주제와 연결되어 바로 여래장이 연각들의 인식영역이 아니라고 설한다는 점에서 여래장의 존재성을 '불가사의'한 것으로 설명하는 곳과 맥락상 연결되고 있다. 여래장의 설명을 이들 두 가지 요소와 관련시키는 개소는 RGV I.15에 대한 산문주석이다. "마음이 본성적으로 빛난다는 것과 또 그 [마음]의 수번뇌라고 하는 이 두 사실은 무루의 본질(無漏界)[10]의 경우에 가장 통달하기 어려운 것이다. 왜냐하면 선한 마음과 불선한 마음 양자는 두 번째의 마음과 연결되지 않는다는 방식으로 [항시] 단독으로 작용하기 때문이다."[11]

이와 같이 RGV I.154에서 증익견과 손감견의 제거는 여래성에게 청정성과 염오성이 동시적으로 구비되어 있다는 사실을 보면서, 그럼

---

9 RGV 21,17: tatra samalā tathatā yugapad ekakālaṃ viśuddhā ca saṃkliṣṭhā cety acintyam. 안성두(역) 2011, 269.

10 Schmithausen 1971: 138은 여기서 무루계(amalo dhātuḥ)란 RGV I.122c에서처럼 여래장을 의미하며, 따라서 無垢眞如(nirmalā tathatā)가 아니라 有垢眞如(samalā tathatā)를 가리키고 있고, 나아가 여기서 말하는 무루계는 RGV I.85의 의미에서라고 이해해야 한다고 지적한다. RGV I.85: dharmakāyādiparyāyā veditavyāḥ samāsataḥ | catvāro 'nāsrave dhātau caturarthaprabhedataḥ ‖ ("법신 등의 네 개의 동의어는 요약하면 무루계에 대한 네 개의 의미를 구별하기 위해서라고 알아야 한다네.").

11 RGV 14-15: prakṛti-prabhāsvaratā-darśanāc ca cittasyādi-kṣaya-nirodha-darśanāc ca tad-upakleśasya | tatra yā cittasya prakṛti-prabhāsvaratā yaś ca tad-upakleśa ity etad dvayam anāsrave dhātau kuśalākuśalayoś cittayor ekacaratvād.

에도 염오성이 결코 본질적인 측면에서 청정성을 손상시키지 않는다는 사실을 인식하는 데에서 가능한 것이다.

그런데 RGV는 양자의 병존이 보여주는 불가사의한 측면이 우리의 인식능력을 벗어나며 따라서 이를 이해하기 위해서는 인지적 접근보다는 신(信)을 강조하는 방식을 택한다는 점에서 유식과 차이를 보여준다. 그렇지만 궁극적인 것의 인식에 있어 신(信)의 역할에 대한 강조는 일반적인 대승문헌의 설명방식과 차이를 보여주며, 나아가 우리의 심상 속에 염오성과 청정성이 동시적으로 존재한다는 '불가사의한' 사실을 인식하기 위해서는 신(信)이 필요하다는 주장은 일상의식에 의해 이해 불가능한 실재의 '불가사의한' 측면이 가진 인지적 역동성을 마치 수평적 차원에서 해소하려는 것처럼 보인다. 하지만 애당초 문제되었던 공성의 지각이 이처럼 지각 자체 내에서 해결되지 않고 그것이 단지 우리의 인식능력 밖에 위치해 있다는 이유에서 믿음의 논리로 수렴된다면, 대승불교가 반야경 이래 제안해왔고 유식학이 이를 체계화했듯이 실재는 비록 불가언설이지만 그것을 비동일시하는 방식으로 인지적으로 접근하는 길은 가능하지 않을 것이기 때문이다.[12] 그리고 이는 "upalambha"가 대승불교에서 보여주는 실재성에 대한 역동적 이해에 부합되지 않을 것이다. 이것은 다카사키가 말하듯 정지(正智)의 측면이 유식문헌에서 어떻게 이해되고 있는가의 문제와도 연관될 것이다.

---

12 필자는 이 접근이 대승 일반의 특징이지만, 특히 유식학에서 이를 주제화시켰다고 생각한다. 예를 들면 『유가론』에서 비안립제와 안립제의 구별이나 승의와 세속승의의 구별이 그것이다. 특히 전자의 구별은 『성유식론』에서 중요한 역할을 수행하고 있다.

3. 양변의 제거와 관련된 유식문헌의 설명

『소공경』을 인용되는 몇 가지 유식문헌을 열거하자면, 「보살지」와 MAVBh, ASBh 등이다. 이러한 인용에서 형식적인 면에서 유사성은 RGV와 마찬가지로 「보살지」, MAVBh 등에서 유-무를 떠난 맥락에서 『소공경』이 인용된다는 점이고, 차이점은 RGV와 달리 유식문헌에서 『소공경』의 인용과 자성청정/객진번뇌의 용어 사용이 같은 부분에서 설해지지 않는다는 점이다. 이하에서는 위에서 인용한 RGVV와 관련한 『소공경』과 RGV I.154와 관련하여 이들을 유식의 문헌에서 상세하게 논의하고 있는 「보살지」와 MAVBh의 설명을 중심으로 다룰 것이다.

3.1 「보살지」와 MAVBh에서 소공경의 인용

<진실의품>은 불가언설을 본질로 하는 진여의 여실한 인식을 중도로 보면서, 증익과 손감하는 태도를 떠나야 한다고 말한다. 이 맥락에서 증익적 인식은 존재하는 사태에 언어나 분별 등을 갖고 덧붙이는 것이며, 손감적 인식이란 존재하는 사태에 대해 모두 공하다고 부정하는 것이다. 「보살지」에서 『소공경』의 인용은 <진실의품>에서 소위 '공성 속에 남아 있는 것'과 관련된 '선취공'의 설명 속에서 등장한다. 진여의 여실한 인식이 원래 존재의 부정을 함축하는 단어인 공성과 관련되어 설명되고 있다는 점에서 '악취공'은 손감견의 관점일 것이며, '선취공'은 손감견의 부정으로서의 중도일 것이다. 악취공으로서 간주된 설명은 "모든 것이 존재하지 않는다"는 견해이며, 만일

그렇다면 여기에는 이런 존재부정을 위한 어떤 근거나 토대도 있을 수 없기 때문일 것이다.

어떤 측면에서의 존재방식의 인정이 바로 선취공에서 '남아 있는 것'으로서 표현되고 있다. 선취공은 다음과 같이 설명되고 있다.

> "잘 파악된 공성(善取空)이란 무엇인가? 왜냐하면 어떤 것(B)이 어떤 곳(A)에 없기 때문에 그것(A)은 그것(B)에 대해 공이라고 바르게 본다. 그런데 여기에 남아 있는 것(C) 그것은 여기에 실재한다고 여실하게 인식한다. 이것이 여실하고 전도 없이 공성에 들어감이라고 한다."[13]

이와 같이 선취공이란 어떤 것의 존재성을 모든 방식으로 부정하는 것이 아니라 부정된 후에도 남아 있는 어떤 것의 존재성을 '남아 있는 것'으로서 인정하는 것이다. 이 경우 남아 있는 것이 가능하기 위해서는 공성이 두 가지 부정 중에서 '상대적 부정(paryudāsa-pratiṣedha)'[14]을 의미해야 한다는 것은 당연할 것이다. 이때 <진실의품>의 맥락에서 이 남아 있는 것을 어떻게 이해할 것인가가 다시 문제가 된다. 남아 있는 것이 공성의 부정을 견디어낸 것이라고 볼 때, 그것은 바로 'x-mātra'라는 표현이 가리키는 것으로 보인다. <진실의품>의 앞부분

---

13 BoBh 32,12-14: kathaṃ ca punaḥ sugṛhīta śūnyatā bhavati | yataś ca yad yatra na bhavati | tat tena śūnyam iti samanupaśyati | yat punar atrāvaśiṣṭaṃ bhavati | tat sad ihāstīti yathābhūtaṃ prajānāti | iyam ucyate śūnyatāvakrāntir yathābhūtā aviparītā |

14 두 가지 부정에 대해서는 Kajiyama 1973 참조.

에서(BoBh 28,12) ‘vastu-mātra(唯事)’ 또는 ‘tathatā-mātra(唯眞如)’로 명시된 것이 바로 남아 있는 것을 의미한다고 생각된다. 이렇게 본다면 모든 방식으로 그 존재성이 부정되는 것은 언어와 분별에 의해 증익된 내용이지만, 이런 증익된 것이 부정된 후에 남아 있는 것은 바로 불가언설의 기체로서의 사태 자체거나 또는 진여 자체일 것이다. 더욱 여기서 ‘tathatā-mātra’가 ‘vastu-mātra’의 동의어로서 다시금 나열된 것으로 보이기 때문에 남아 있는 것을 ‘tathatā-mātra’라고 간주할 수도 있을 것이다.

「보살지」에서 삼성설이 아직 설해지지 않기 때문에 ‘남아 있는 것’을 삼성설의 용어로 직접 치환하기 어렵지만, 적어도 이를 ‘vastu-mātra’로 해석한다면 남아 있는 것은 청정분의 의타기성이 될 것이며, 반면 이를 ‘tathatā-mātra’로 해석한다면, 남아 있는 것은 Tr 21cd의 의미에서 원성실성, 즉 의타기성에서 변계소집성을 제외한 것으로서 원성실성[15]을 가리킨다고 말할 수 있을 것이다.

『소공경』을 인용하는 또 다른 중요한 개소는 MAVBh로서, MAV I.1과 관련해 언급되고 있다. MAV I.1은 “허망분별은 있지만, 저 [허망분별]에 양자는 없다. 그러나 공성은 여기에 존재하지만 저 [공성]에도 그 [허망분별]은 존재한다.” MAVBh에 따르면 “양자는 능취와 소취이며, 공성이란 그 허망분별이 소취와 능취의 상태를 여읜 것”이다. 그리고 『소공경』은 허망분별과 능취·소취, 공성의 관계를 보여주

15 TrBh 124,9 “avikārapariniṣpattyā sa pariniṣpannaḥ”는 여기서 “원성실성의 의미는 불변이성의 성취로서”라고 주석하고 있다.

는 것으로 인용되고 있다.[16] MAVBh에서의 인용은 <진실의품>의 선취공의 일부로서 다음과 같다. "A가 B에 없을 때, B는 A의 공이라고 여실하게 이해한다. 그렇지만 여기에 남아 있는 것 그것은 여기에(iha) 존재한다고 여실하게 안다." 이를 MAV I.1과 대비하여 이해한다면 A는 능취와 소취의 양자이며, B는 허망분별일 것이다. "여기에 남아 있는 것"이란 공성 속에 남아 있는 것이며, "iha"는 '허망분별 속에'를 의미할 것이다.

<진실의품>에서 선취공이 손감견을 극복하기 위한 것으로서 제시되었다면 MAVBh에서는 손감견의 인식을 위한 것이라고 명시되고 있지는 않지만 공성이란 단어의 사용에 의해 이를 추정할 뿐이다. 반면 형식적인 면에서 『소공경』의 인용은 MAV I.1의 내용과 매우 잘 합치되는 것처럼 보이며, 이는 특히 pada cd가 공성 속에 남아 있는 것(C)이 여기에(B), 즉 허망분별 속에 존재한다는 『소공경』의 언급과 부합된다는 점에서 그렇다. 하지만 여기서 무엇보다 주목되어야 할 점은 부정되는 것이 바로 능취와 소취 양자(A)라는 사실이다. 즉 부정되는 것은 의식작용과 그 대상이다. 이렇게 볼 때 이 게송의 의도는 우리의 일상적 의식작용인 허망분별에서 의식주체와 의식대상의 이원성을 제거하려는 것이라 보인다. 이를 MAVBh는 이를 "전도되지 않은 공성의 특징"이라고 부른다. MAVBh에서 공성이 불변이성과 비전도성으로 구분된다는 점을 고려할 때, 이는 수행과정에서 이

---

16 MAVT에서 『소공경』의 구절을 언급하지 않으며, 이 맥락에서 다만 밧줄과 뱀의 비유가 나온다.

들 이원성을 제거하려는 것을 의미하고 있다고 보인다.

하지만 제거된 후에 무엇이 남아 있는 것인가는 MAVBh에서는 분명치 않다. 이를 논의하는 것이 본고 IV장에서 허공 등의 비유에 의해 표현된 것이다.

3.2 MAVBh와 MAVT에서 양변의 제거로서 유식성의 증득

RGV I.154의 내용을 스티라마티(Sthiramati)의 『중변분별론석』(MAVT 29,7-8)과 비교해보자. MAVT에서 인용된 게송은 RGV와는 달리 MAV I.7의 입무상방편상(入無相方便相)의 설명에서 소취와 능취의 무상(無相)을 다루는 주석 중에 나온다. 두 극단적인 견해를 지양하려는 것이 이 게송의 목적이라고 본 점에서는 RGV와 같지만, 어떻게 두 극단적인 견해가 극복될 수 있는가 하는 점에서 두 문헌의 설명은 갈라진다. 여기서는 바로 '지각(upalabdhi)'이 실재성 인식의 역동적인 차원에서 문제되고 있다.

> "대상의 비존재에 의해 지각(upalabdhi)은 지각을 자성으로 하는 것으로서 비존재하기 때문에 '자체적으로 그것의 비존재'라고 말한다. 지각은 지각을 본질로 하는 것으로서 제거되거나 또는 무지각을 본질로 하는 것으로서 정립되는 것도 아니다. 어떻게? 그들 양자 모두는 분별하지 않는다는 점에서 평등하다. 따라서 증익과 손감에 의존함이 없이 지각과 무지각 양자를 내적인 증득에 의해 평등성으로서 알아야 한다. 다음과 같이 설한다. <u>어떠한 것도 감소되어지지 않고 또한 어떠한 것도 증가되어지지</u>(prakṣepatavyaṃ) <u>않는</u>

다네. 진실은 진실의 견지에서 보아야 한다네. 진실을 보는 자는 해탈한다네."[17]

위에서 밑줄 친 부분이 약간의 차이는 있지만[18] RGV I.154와 동일한 내용이다. 하지만 위의 번역문이 보여주듯이 이 게송을 인용하는 맥락은 유식성의 증득으로서의 입무상방편상을 내용으로 하고 있다는 점에서 『보성론』의 이해와 많이 다르다고 보인다. 그럼 조금 이 설명의 의미를 구체적으로 보자.

입무상방편상을 설하는 MAV I.6[19]은 주석없이 이해하기 어렵다. 여기서 네 개의 "upalabdhi(지각)" 또는 "nopalabdhi(비지각)"란 단어가 각각의 Pada에서 사용되고 있는데, MAVBh 20,3-5의 설명에 따르면 첫 번째 "upalabdhi"는 유식(vijñaptimātra)의 지각을, 두 번째 "nopalabdhi"는 대상의 비지각을, 세 번째 "nopalabdhi"는 대상의 비지각을, 네 번

---

17 MAVT 29,1-6: arthābhāvād upalabdher upalabdhisvarūpatvenābhāvāt svarūpeṇa tadabhāva ucyate | upalambha upalabdhisvabhāvo nāpanīyate | nāpi anupalabdhisvabhāvaḥ prakṣipyate | kiṃ tarhi samam etad ubhayaṃ nirvikalpatayā | tasmān nopalambhopalambhayoḥ samāropāpavādanirapekṣeṇa pratyātmasamatā jñeyeti | āha ca nāpaneyam ataḥ kiṃcit prakṣepatavyaṃ na kiṃcana | draṣṭavyaṃ bhūtato bhūtaṃ bhūtadarśī vimucyate || (고딕체는 RGV와 동일한 게송임을 표시; 위의 번역은 MAVT의 티벳역 D 203a5-7과 대조하여 수행).

18 여기서 차이는 RGV의 upaneyaṃ라는 단어 대신에 MAVT가 prakṣepatavyaṃ을 사용하고 있다는 점이다. 티벳역은 두 번역의 경우에 거의 비슷하게 번역하고 있어 티벳역자들이 내용상 RGV의 그것과 거의 동일한 의미를 보여주는 것으로 이해하고 있음을 보여준다. 게송 부분만의 티벳역은 다음과 같다. 'di las bsal bya gang yang med || gzhag par bya ba'ang ci yang med || yang dag nyid la yang dag lta || yang dag mthong ba rnam par grol || (MAVT(D) 203a6-7).

19 MAV I.6: upalabdhiṃ samāśritya nopalabdhiḥ prajāyate | nopalabdhiṃ samāśritya nopalabdhiḥ prajāyate ||

째 "nopalabdhi"는 다시 유식 자체의 비지각을 의미한다. 그에 따르면 이 게송의 의미는 "유식의 지각에 의지한 후에 대상의 비지각이 생겨나며, 대상의 비지각에 의지한 후에 유식의 비지각이 생겨난다."는 것이다. 그리고 "이와 같이 소취와 능취의 비존재의 특징을 이해하는 것"이 입무상방편상이다. 이에 의거해서 MAV I.7ab는 "지각이 무지각을 본성으로 하는 것이 증명되었다"고 설한다. 이에 대해 MAVBh 20,7은 "지각되어야 할 대상이 비존재할 때, 지각은 타당하지 않기 때문(upalabhyārthābhāve upalabdhy-ayogāt)"이라고 주석한다. "그러므로 무지각과 지각 양자는 평등하다고 알아야 한다."(MAV I.7cd)는 게송에 대해 "따라서 지각이 허망한 대상의 현현이라는 사실을 통해 지각으로서 증명되지 않았기 때문에 비록 무지각을 본질로 하지만 지각이라고 불리는 것"[20]이라고 주석하고 있다. 위에서 인용한 MAVT 29,1-6은 바로 MAV I.7cd와 MAVBh에 대한 풀이이기 때문에, 이에 의거해서 인용문을 다시 정리해보자.

MAVT에 따르면 입무상방편상에 따른 설명은 유식의 지각을 통해 증익과 손감의 극단적 견해를 벗어나기 위한 것이다. 왜냐하면 유식의 지각은 어떤 것의 지각을 본질로 갖고 있다는 점에서 식의 인식주체적 측면이 아직 제거되지 않기 때문에 이를 손감견의 대치로 간주할 수 있을 것이다. 또한 유식의 지각은 대상의 무지각을 본질로 하는 한에 있어 사물적 방식으로의 지각의 정립을 가리키는 것이 아닐

20 MAVBh 20,9f.: upalabdher upalabdhitvenāsiddhatvād abhūtārtha-pratibhāsatayā tūpalabdhir ity ucyate 'nupalabdhi-svabhāvāpi satī.

것이다. 왜냐하면 식의 지향적 성격을 고려한다면 대상을 떠난 식은 가능하지 않기 때문이다. 따라서 유식의 지각이란 대상이 비존재한다는 인식을 가리키는 것에 지나지 않을 것이며, 이런 점에서 증익을 떠난 것으로 간주할 수 있을 것이다.[21] 만일 이런 해석이 올바르다면, 유식의 지각은 유명한 MAV I.1에서의 공성과 연결될 것이다. 왜냐하면 공성이 허망분별에서 능취와 소취의 존재를 여읜 것이라면, 마찬가지로 유식의 지각은 지각과정에서 손감과 증익을 여읜 것이기 때문이다. 이렇게 볼 때, "어떠한 것도 감소되어지지 않고 또한 어떠한 것도 증가되어지지 않는다네."라는 게송의 의미는 유식의 지각을 통해 손감견을, 대상의 무지각을 통해 증익견을 제거하는 입무상방편상에서의 대상의 비존재와 이를 통한 식의 비존재와 통할 것이다. 그리고 "진실은 진실의 견지에서 보는" 것은 바로 중도일 것이며, 이것이 유식성의 증득과 연결될 수 있을 것이다.

이러한 MAVT의 설명에서 RGV과 대비하여 주목되는 것은 '지각'의 역동적인 측면일 것이다. 이것은 MAVT 29,1ff.에서 유식의 지각과 대상의 무지각과 관련되어 논의되었고, 또한 DhDhV에서도 무분별지를 일으키는 4종 수행으로서 중시되고 있다. 이와 같이 능취-소취의 맥락에서 증익견과 손감견을 부정하는 방식은 RGV에서 신(信)에 의거해 여래장이 가진 불가설의 모순을 해결하려는 것과는 다른 것이다.

---

21 초기 유식학에서 손감과 증익의 양변이 삼성설과 관련되는 것은 분명해 보이지만, 여기서 이를 분명히 구분하기는 어렵다. 만일 위의 양변을 억지로 삼성설과 관련시키자면, 손감견의 대치를 아마 삼성설과 관련해 의타기성 중의 염오분의 제거방식과 연결시킬 수 있을 것이다. 반면 증익견의 제거는 의타기성 중의 청정분의 존재방식을 나타낸 것으로 이해할 수 있을 것이다.

4. RGV와 유식문헌에 공통된 허공과 금, 물의 비유

허공과 금, 물의 비유는 여래장의 열 가지 의미 중에서 자성과 원인의 의미를 설명하는 RGV I.30과 I.31[22]에서 여의보주와 하늘, 물이라는 단어로 나온다.[23] RGVV는 여의보주와 하늘, 물의 세 비유가 "일체 중생은 여래를 본질로 하고 있다(sarvasattvāḥ tathāgatagarbhāḥ)"의 세 가지 의미를 설하는 RGV I.28과 관련하여 각기 여래법신, 진여의 무변이성, 여래의 종성을 자상(自相)의 측면에서 설하는 것이라 설명하고 있다. 그리고 공상(共相)의 측면에서 본질적으로 염오되지 않은 자성청정이 세 가지 비유에 공통된다고 설명한다.[24]

여래장이 가진 세 가지 의미가 자성청정을 공통된 특징으로 한다는 설명은 여래장이 청정한 상태의 근거로서 이해되고 있음을 보여준다. RGV 79,10f. 등에서는 자성청정이 '전의(轉依, āśraya-parivṛtti)'의 맥락에서 사용되고 있음을 보여준다. RGV는 "전의의 자성은 청정"[25]이라고 규정하면서, "청정은 본성청정과 이구청정의 두 종류이다. 본성청정이란 해탈이지만 [번뇌와의] 비결합은 아니며, 이구청정은 해탈이며 [번뇌와의] 비결합이다. 왜냐하면 물 등이 먼지라는 우연적

22 RGV I.30.

23 RGV II.3; II.4 등의 여러 부분에서도 세 비유 중에서 하나 또는 두 가지 비유가 언급되지만 이를 모두 언급하지는 않겠다.

24 RGV I.31에 대한 RGVV의 설명 참조.

25 RGV에서 무구진여는 7종 금강구 중에서 다섯 번째 菩提(bodhi)에 해당한다. 보리는 여래장의 결과로서의 측면인 法身에 해당하고 또 轉依(āśraya-parivṛtti)로서 규정되고 있다. 그리고 전의가 청정을 자성으로 한다는 설명은 『법법성분별론』(*Unterscheidung der Gegebenheiten von ihrem Wahren Wesen*(*Dharmadharmatāvibhāga*), ed. K.-D. Mathes, (Vs) 12-13)에서 전의의 첫 번째 설명과 일치한다.

때 등과 [비결합된 것으로] 빛나는 심의 자성은 남김없이 우연적 때와 분리되었기 때문이다."라고 설명한다.[26]

여기서 자성청정이 전의를 위한 근거라면 이구청정은 전의의 결과 내지 전의를 통한 번뇌와의 비결합을 나타낼 것이다. 흥미로운 것은 이구청정과 관련해서도 물 등의 비유가 언급되고 있다는 점이다.

반면 RGV에 비해 시기적으로 앞선 초기유식문헌에서 허공과 금, 물의 세 가지 비유는 세트로 묶여 사용되고 있으며, 또한 주로 전의나 공성 또는 원성실성을 나타내는 비유로서 사용되고 있다. 예를 들어 『유가론』의 「본지분」과 「섭결택분」, 『법법성분별론』(Dharmadharmatāvibhāga 685-6)에서는 전의의 비유로서 사용되며, MAV I.16과 MAVT에서는 공성의 비유로서, 그리고 MSA XI.13[27]에서는 원성실성의 비유로 사용되고 있다. 이하에서는 『유가론』과 『법법성분별론』 및 MAVBh/MAVT에 나타난 비유의 의미를 다룰 것이다.

4.1 『유가론』에 나타난 세 가지 비유

『유가론』의 여러 부분에서[28] 수계 등의 비유는 주로 '전의(āśraya-

---

26 RGV 80,15-18; 이와 비슷한 방식으로 RGVV 34,12-13에서는 다음과 같이 설명하고 있다. "여래의 법신과 관련해 정바라밀은 두 가지 원인에 의해, 즉 공상으로서는 자성청정에 의해, 개별상으로서는 이구청정에 의해 이해되어야 한다."

27 SABh에서 세 가지 비유는 원성실성의 진실성의 탐구방식으로서 제시되고 있다. "변계소집성이 변지되어야 하고 의타기성이 제거되어야 하는 데 비해, 원성실성으로서의 세 번째 [진실은] 본성적으로 청정하지만 우연적 때로부터 정화되어야 하는 것이다. 본성적으로 청정한 것에 있어 번뇌로부터의 청정이란 허공과 금, 물과 유사한 것이다. 왜냐하면 허공 등은 본성적으로 청정하지 않은 것이 아니지만, 이들이 우연적 때로부터 청정하게 된다는 것을 인정하지 않으면 안 되기 때문이다."

28 Schmithausen 1969, 51ff.과 비교. 이 외에도 수계 등의 비유가 나오는 개소는 다수이

parivṛtti)’ 개념과 관련하여 사용되고 있다. 여기서는 두 부분에 나타나는 세 가지 비유를 간단히 다루어보겠다.

먼저 「섭결택분」의 소위 <오사장(五事章)>에서 전의가 무여의 열반에 들어간 사람에게 존재하는가 하는 물음에 대해 그에게 전의가 존재한다고 말하면서 수계와 금, 허공의 비유가 사용되고 있다. 여기서 무상전의(無上轉依)로서의 무위열반이 법계청정이라고 설하면서 그 의미는 번뇌와 고의 비존재가 아니라 그것의 적정함이라고 설명되고 있다.[29] 즉, 고제와 집제의 성격이 없는 것이지 단순한 소멸이라고 간주해서는 안 된다는 것이다. 왜냐하면 “법계청정이란 정지의 수습에 의거해서 모든 상을 제거함에 의해 [현현하는] 진여”[30]이기 때문이다.[31] 수계와 금, 허공의 비유가 등장하는 것은 바로 번뇌와 고의 소멸의 의미가 아니라는 것을 설명하는 맥락에서이다.[32]

다. 여기서는 중요한 개소로서 VinSg(D) 14b4ff.(= T30: 701b24ff.; Sakuma 1990: VinSg 14 참조)를 들 수 있다.

29 VinSg(D) 14b4ff(T30: 701b24ff.; Sakuma 1990: VinSg 14; Kramer 2005: [3.5.2.4.1]): mya ngan las ’das pa gang zhe na | chos kyi dbyings rnam par dag pa gang yin pa ste | nyon mongs pa dang sdug bsngal nye bar zhi ba’i don gyis yin gyi | med pa’i don gyis ni ma yin no ||

30 VinSg(D) 15a1(= Kramer 2005: [3.5.2.4.1]): chos kyi dbyings rnam par dag pa gang zhe na | yang dag pa’i shes pa bsgom pa la brten nas mtshan ma thams cad bsal bas de bzhin nyid gang yin pa ste |

31 법계청정을 무위열반이라고 설하면서 이를 번뇌와 고통의 소멸이 아니라 적정이라는 설명을 어떻게 이해해야 할 것인가가 문제이다. 이는 전통적 방식으로 열반을 번뇌의 소멸로 해석하는 방식이 아니라, 단지 그것이 현상적으로 작동하지 않음을 나타내는 것이라고 본다면, 보살이 열반을 실현시키지 않아야 한다는 무주처열반의 이념을 근거지우려 한 것이라고도 보인다. 그렇다면 그 근거가 어떤 방식으로 제시될 수 있는가에 대해 MSg II.26에서 제시된 “prakṛti-”, “vaimalya-”, “ālambana-” 그리고 “mārga-viśuddhi”의 4종 청정과 관련시키면 자성청정으로서 주어진 것이라고 보인다.

32 VinSg(D) 14b6-7(= Kramer 2005: [3.5.2.3]): gang gi tshe nyon mongs pa dang sdug

예를 들어 "수계에 관하여 오직 탁함과 분리된 것만이 맑음이지만 탁함과 분리되었기 때문에 맑음이 없는 것이 아니며, 단지 불순물을 여읜 금이 순정한 것이지만 그것을 여읨에 의해 순정함이 없는 것은 아니며, 원래 구름과 안개 등을 여읜 허공이 청정한 것이지만 그것을 여읨에 의해 청정함이 없는 것은 아닌 것과 같은 것이다."[33]

여기서 비유의 맥락은 문장 자체로는 분명하지 않지만, 이어지는 개소에서 상(相, nimitta)의 제거를 통해 진여가 현현하는 것을 법계청정으로 말하는 곳에서 확인될 수 있듯이, 물의 맑음이나 금의 순정함, 허공의 청정함으로 대변되는 법계청정은 결코 탁함이나 불순물의 정화 후에 비로소 나타나는 어떤 새로운 '존재'가 아니라는 점이다. 그것은 물 등에 본연적으로 주어진 것이며, 그것이 물의 정화과정을 통해 새롭게 '창출된' 것이 아니라고 하는 점이다. 물의 맑음은 단지 불순물의 제거와 동시에 자연스럽게 현현하는 것이라는 점이 강조되고 있다. 텍스트가 부연하고 있듯이 여기서 상의 제거와 법계의 현현이 동시적인 것이라는 것은 당연할 것이다. 이 설명은 번뇌의 제거 후에

---

bsngal nye bar zhi ba tsam la mya ngan las 'das pa zhes bya ba'i tshe | ci'i phyir de med pa'i don gyis ma yin zhe na | 여기서 이들 세 가지 비유가 상세히 설해지고 있다는 점에서 후대 다른 인용들의 근거라고 보인다.

33 VinSg(D) 14b7-15a1(= Kramer 2005: [3.5.2.3]): 'di lta ste dper na chu'i khams la rnyog pa dang <bral> ba tsam gsal ba yin yang rnyog pa dang <bral> bar gyur pas gsal ba nyid med pa ma yin pa dang | gser skyon dang bral ba tsam bzang ba nyid yin yang de dang bral bas bzang ba nyid med pa ma yin pa dang | nam mkha' sprin dang khug rna la sogs pa dang bral ba tsam rnam par dag pa nyid yin yang de dang bral bas rnam par dag pa nyid med pa ma yin pa bzhin du | 'di la yang tshul de bzhin du blta bar bya'o ‖ (밑줄친 곳은 필자의 교정; 티벳 판본과 Kramer 교정본은 bral을 빼고 읽지만 뒤따르는 비유문과 비교할 때 보충해야 함).

어떤 새로운 존재론적 진실존재가 생겨나는 것이 아니라는 사실을 물의 깨끗함이나 금의 순정함, 허공의 청명함이 그들에게 본래적으로 갖추어져 있다는 비유로 보여주는 것이다. 여기서 중요한 점은 법계청정을 무위열반이라고 설하면서 이를 번뇌와 고통의 소멸이 아니라 적정이라는 설명을 어떻게 이해해야 할 것인가 하는 것이다. 이는 전통적 방식으로 열반을 번뇌의 소멸로 해석하는 방식이 아니라, 단지 그것이 현상적으로 작동하지 않음을 나타내는 것이라고 본다면, 보살이 열반을 실현시키지 않아야 한다는 무주처열반의 이념을 근거지우려 한 것이라고도 보인다. 그렇다면 그 근거가 어떤 방식으로 제시될 수 있는가에 대해 MSg II.26에서 제시된 "prakṛti-", "vaimalya-", "ālambana-" 그리고 "mārga-viśuddhi"의 4종 청정과 관련시키면 자성청정의 관점에서의 설명일 것이다.

남아 있는 것의 존재론적 성격과 관련하여 이를 삼성설로 설명하자면, 이것은 의타기성 위에 가탁된 변계성의 제거가 곧 원성실성이라는 '표준적인' 방식으로 설명될 수도 있겠지만, 동시에 이런 설명이 TrBh 124,8에서 설명되고 있듯이 바로 불변이성으로서의 원성실성을 보여주는 것이며,[34] 이는 바로 자성청정의 측면으로 치환될 수 있는 것이다. 덧붙여 말하면 번뇌의 사라짐과 동시에 현현하는 법계는 어떤 존재론적인 진실존재로서 긍정적으로 이해될 소지가 많을 것이다.[35]

---

34 TrBh 124,8: avikārapariniṣpattyā sa pariniṣpannaḥ.

35 '남아 있는 것'의 성격과 관련해서 여래장이 어떤 존재론적인 진실존재로서 파악되어야만 한다는 것은 분명할 것이다.

이런 설명에 의거해서 보자면 진여와 여래장은 허공 등의 비슷한 비유를 사용해서 '남아 있는 것'이 수행에 의해 새롭게 산출된 것이 아니라 본래적으로 존재하고 있던 것이 나타나는 것이라는 점을 말하는 점에서는 일치하지만, 여래장사상이 번뇌의 제거와 진실존재의 현현의 과정을 문자 그대로 단순화시켜 우연적 요소로서의 번뇌의 제거 후에 나타나는 진실존재라는 구도 위에 서 있는 반면, 유식에 있어서는 인식작용을 통한 상(nimitta)의 제거를 통해 법계청정이 이루어진다는 점에서 차이점을 보여준다고 말할 수 있다.

4.2 Dharmadharmatāvibhāga/-vṛtti에 나타난 세 비유

허공과 금, 물의 비유는 전의를 설하는 맥락에서 상세히 언급된다.[36] 그런데 DhDhV에서 전의의 설명은 RGV과 밀접히 관련되어 있다고 지적되고 있다. RGV 1장에서 유구진여로서 여래장의 설명 후에 제2장에서 정화된 불성은 무구진여와 동일시되고 있는데, 그 구조는 DhDhV의 설명순서와 같으며, 또한 RGVV와 같이 DhDhVV에서 무구진여는 전의와 동일시되고 있기 때문이다.[37]

DhDhV에서 세 비유의 사용은 바로 MAVT에서처럼 전의에 변화

---

36 DhDhVV(Mathes 1996: 줄번호 681-710)에 상술되어 있다.

37 Mathes 참조. RGVV 79,10-11: tatra yo 'sau dhātur avinirmukta-kleśa-kośas tathāgata-garbha ity ukto bhagavatā | tad-viśuddhir āśraya-parivṛtteḥ svabhāvo veditavyaḥ | "세존께서 여래장이라고 부르신 번뇌의 덮개와 분리되지 못한 요소(dhātu)를 정화된 [상태]에서 전의의 자성이라고 알아야 한다." RGVV에서 전의 개념은 무구진여의 동의어로 사용되고 있는데, 이는 DhDhV에서도 마찬가지이다. DhDhV p.99(Skt. 12-13): svabhāvapraveśas tathatāvaimalyam āgantukamalatathatāprakhyānaprakhyānāya | (= Tib. 329-330). "[전의의] 자성을 이해하는 것은 우연적 때와 진여의 미현현과 현현에 의해서 무구진여이다."

개념을 인정할 수 있는가의 문답형식으로 이루어졌기에 MAVT의 설명은 직접 DhDhV로부터 인용한 것이라고 보인다. 여기서의 논점은 전의(轉依, āśraya-parivṛtti)가 흔히 "Transformation of the Basis"로 번역되는 데에서 나타나듯이 중생의 존재근거(āśraya)의 변화(parivṛtti)를 의미한다면, 전의는 변화하는 성질을 가진 것으로서 유위법에 속하는 것이 되지 않겠는가 하는 것이다. 전의에 궁극적인 것과 과정적인 것이 있다는 설명에서 볼 때, 궁극적 전의에 있어서는 진여라는 무위적인 요소가 완전히 현현한다고 말할 수 있지만, 수행도 상에서 증득된 전의의 경우에는 심신의 변화를 수반하기 때문에 유위적인 것이라고 간주해야 하지 않겠는가 하는 지적일 것이다. 이에 대한 답으로서 전의를 허공과 금, 물 등의 비유를 통해 설명하고 있다."[38] 그럼 첫 번째 예로서 제시되고 있는 허공의 설명을 보자.

> "예를 들어 허공은 자성적으로 단지 청정할 뿐이다. [그것이] 우연적인 안개 등과 결부되기 때문에 그 [청정]에[39] 포함되지 않을 따름이지만, 그것과 분리되기 때문에 청정한 것이다. '청정하지 않은 [허공이] 청정한 [허공]으로 변화된 것이 아니다'라는 말에 의해 [허공의] 청정성이 [새롭게] 생겨난 것은 아니지만, [허공의

38 DhDhV 685-686: gnas yongs su gyur pa'i dpe ni nam mkha' dang | gser dang chu la sogs pa yin no ||

39 Mathes(1996: 96, Seile: 685)는 CDGNP가 모두 gtogs으로 읽고 있음에도 rtogs으로 읽을 것을 제안하지만, 이것은 불필요한 교정일 것이다. 그의 해석에 따르면 이 구절의 의미는 "그것을 알 수 없지만"으로 되지만 그럴 경우 la를 통해 다음 문장과 대비를 준 이유가 없게 된다.

청정성을] 지각하지 않은 [우연적 안개 등의] 원인과 분리됨에 의해 [허공의 청정성이] 지각된 것이다. [허공을] 매우 청정한 것으로 지각한다고 해도, 허공을 변화하는 성질을 가진 것으로 인정해서도 안 된다."[40]

위의 인용문에서 보듯이 전의에 비유되는 허공의 청정성과 염오성은 자성청정과 객진번뇌의 방식으로 설명되고 있으며, 이는 DhDhV가 세 가지 비유를 모두 다룬 후에 이를 공통적으로 자성청정심과 객진번뇌염의 용어를 갖고 "전의에서 자성적으로 청정한 것이 이전에 없던 것이 아니며, 오히려 우연적 장애의 현현에 의해 [청정함이] 나타나지 않는 것"[41]이라고 해석하는 점에서 분명히 드러난다. 세 가지 비유를 자성청정과 객진번뇌와 관련하여 설명한다는 점에서 DhDhV는 MAVBh의 설명을 그대로 따르고 있다.

이런 형식적 대응관계보다 더욱 주목되는 것은 허공의 본래적인 청정성에 대한 지각(*upalabdhi)이 생겨났다고 해도 허공 자체를 비청

40 DhDhV 687-692: dper na nam mkha' rang bzhin gyis dag pa kho na ste | glo bur gyi khug ma la sogs pa dang 'brel ba las de ma gtogs (ed.: rtogs) par zad la | de dang bral ba las ni dag pa yin no ‖ ma dag pa ni dag par 'gyur ba ma yin no zhes bya bas dag pa nyid skye ba ni ma yin gyi | 'on kyang ma dmigs pa'i rgyu dang bral bas dmigs par zad do ‖ rab tu dag par dmigs pas nam mkha' rnam par 'gyur ba'i chos can du khas blang bar bya ba yang ma yin no ‖

41 DhDhV 701-3: de bzhin du gnas yongs su gyur pa la yang rang bzhin gyis 'od gsal ba gang yin pa de sngar med pa ma yin te | 'on kyang glo bur gyi sgrib pa snang bas mi snang bar zad do ‖ ma dag pa dang | bzang ba ma yin pa dang | ma dang ba nyid bzhin no ‖ "그와 같이 전의에서도 본성적으로 빛나는 것은 이전에 없던 것이 아니며, 오히려 우연적인 장애의 현현에 의해 나타나지 않은 것이다. [물의] 맑지 않음과 [금의] 순수하지 않음, [허공의] 청정하지 않음과 같다."

정에서 청정으로 변화하는 것으로서 간주할 수 없다는 점에서 허공은 모든 지각작용을 초월한 어떤 것이라는 설명이다. 여기서 우리는 전의가 더 이상 심신의 청정성으로의 변화를 의미하는 것이 아니라 청정한 진여 자체로서 간주되고 있음을 보게 된다.

그리고 우연적 때라는 개념은 바로 수행론적 맥락에서 이러한 허공의 불변성 또는 허공의 무위적 성격을 이해하기 위해 도입된다. DhDhV는 허공의 본래적 청정성에 대한 지각이 바로 우연적 때의 비지각을 통해 생겨나기 때문이라고 말하기 때문이다. 허공의 본래적 청정성에 대한 지각도 그것이 지각인 한에 있어 Tr 28의 의미에서 궁극적인 인식이 아닌 것으로서 제거되어야 하지만, 여기서는 인식론적 맥락에서의 설명이 아니라 전의의 자성에 대한 설명이기 때문에 그러한 청정성의 존재가 법성의 차원에서 설해지는 것이라고 보인다. DhDhV에서 법성이란 마음의 청정성이 이미 존재하며 이것이 전의에 의해 새롭게 창출된 것이 아니라는 사실을 가리키기 때문이다.

4.3 MAVBh 및 MAVT에 나타난 허공과 금, 물의 비유

허공과 금, 물의 비유가 나오는 곳은 MAV I.16이다. 이 게송은 <공성의 구별(śūnyatā-prabheda)> 항목 아래 세 가지 측면[42]에서 공성을

42 첫 번째 측면은 어떤 상태에서 공성이 염오된 것과 청정한 것으로 구분되는가 하는 것이며, 두 번째는 공성을 염오된 것과 청정한 것으로 나누는 기준이 공성의 有垢(samala) 또는 無垢(nirmala)와 관련된다는 것으로서, 이는 분명 RGV에서 유구진여로서의 여래장과 무구진여로서의 보리로 나누는 방식과 동일한 사고패턴일 것이다. 그리고 세 번째는 사물적 존재가 아닌 공성이 어떻게 청정해지거나 염오될 수 있는가를 다루고 있다.

고찰하고 있다. <공성의 구별> 항목에서 특히 주목되는 것은 세 번째 측면에서의 고찰 중에 나오는 "우연적인 때(āgantuka-mala)"라는 용어와 공성의 "청정은 水界와 금, 허공과 같다고 인정된다."[43]는 비유이다. 이들 용어와 비유는 여래장의 맥락에서도 사용되고 있다는 점에서 여래장사상과의 관련성을 강하게 시사하고 있다고 보인다. MAV(Bh)의 설명은 매우 소략하기 때문에, MAVT(51,7ff; D 214a5ff)에 따라 유식학파에서 이를 어떻게 해석하고 있는지를 보자.

이 비유의 의미에 대해 세친은 상세히 설명하지 않고 다만 "우연적인 때가 제거되었기 때문에 [공성의 청정을 말하지만], 그러나 공성이 자성적으로 다른 것으로 되는 것은 아니다."[44]라고 주석할 뿐이다. 그의 주석의 맥락은 바로 직전의 설명에 있다. 공성이 때를 수반하기도 하고 때를 여의기도 하지만 기본적으로 사물적인 존재가 아니다. 그런데 만일 이런 비사물적 존재인 공성이 청정해지거나 염오되었다고 한다면 이는 공성에게 변화 개념을 부여하는 것이며, 따라서 공성을 사물적 차원의 존재자로 간주하는 것이 될 것이다. 이런 맥락에서 세친은 "만일 [공성이] 유구인 후에 무구가 되었다면, [그것은] 변화하는 속성을 가졌기 때문에 어떻게 무상한 것이 되지 않을 수 있는가?"[45] 하는 반론자의 질문을 예상하고 있다. 이에 대해 안혜

---

43 MAV I.16cd(MAVBh 24,12): abdhātu-kanakākāśa-śuddhivac chuddhir iṣyate ‖

44 MAVBh 24,11-3: yasmād asyāḥ abdhātu-kanakākāśa-śuddhivac chuddhir iṣyate ‖ āgantuka-malāpagamān na tu tasyāḥ svabhāvānyatvaṃ bhavati |

45 MAVBh 24,10f.: yadi samalā bhūtvā nirmalā bhavati kathaṃ vikāradharmmiṇītvād anityā na bhavati | 이와 거의 유사한 문제제기가 DhDhVV(Mathes 1996, 95, 줄번호 682-3)에서 다루어진다. 다만 그 차이는 MAVBh에서는 공성의 유구와 무구가 문제되

는 반론자의 의도를 "변화 없이 상태의 차이는 보이지 않는다. 왜냐하면 변화는 생멸과 연결된 것이다."[46]로 풀이한다. 즉, 공성에 변화가 인정된다면 공성은 유위법으로 될 것이며, 따라서 공성의 인식을 통해 무상성에서 벗어날 수 없지 않은가 하는 반론일 것이다.

안혜는 이런 반론에 대해 공성과 관련해 "어떤 상태에서 다른 것으로 됨(bhūtvā ~bhavati)"의 의미는 유위법의 변화와는 다른 방식으로 이해해야 한다고 지적한다.[47] 그는 "우연적인 때(āgantuka-mala)"의 개념에 의거해서 공성의 '변화'란 "염오된 상태에서 공성의 청정한 상태 속으로 다르게 변화함은 없다. 그렇지만 진실에 주하는 것은 다른 자성으로 떨어지는 것이 아니다. 우연적인 때와 분리되었기 때문이다."로 설명한다.

여기서 주목되는 것은 이와 같은 자성청정심과 객진번뇌염의 맥락에서 세 가지 비유가 해석된다는 점이며, 이에 대해 스티라마티(Sthiramati)는 이에 대해 다음과 같이 상세한 주석을 제공한다.

> "[공성은] 무상한 것으로 되지 않는다. 왜냐하면 마치 수계와 금, 허공이 그것을 본질로 하지 않기 때문에, 때를 본질로 하는 것은 우연적이 때를 가진 때에나 또는 우연적인 때와 분리된 때에도 다른 자성을 획득함이 없이 바로 청정한 것이다. 그와 같이 공성

었다면 DhDhVV에서는 轉依에 대해 제기된다는 점이다.

46 MAVT 52,2-3: yadi samalā bhūtva(ed. syād) iti vistaraḥ | na hy avasthābhedo vikāram antareṇa dṛṣṭaḥ | vikāraś cotpādavināśābhyām anusyūta iti |

47 MAVT 52,4: ata āha kathaṃ vikāradharmiṇītvāt anityā na bhavatīti |

은 우연적인 때에 의해 염오되지만, 무변이성을 본질로 하며, 또 그것과 분리되었기에 청정하다고 하는 것이다. 이전에 염오로 특징지어지다가 후에 청정을 본질로 하는 것으로 확립된 바로 그 존재에게 있어 자성이 변화되었기 때문에 변화의 성질이 소멸된 것은 아니다. 그렇지만 어느 경우에도 그 [염오된 것과 후에 청정하게 된 것] 양자는 우연적인 것이 아니다. 따라서 그것이 변화의 성질을 건드리지 않는다."[48]

이와 같이 공성의 청정이란 유위법의 경우처럼 때와의 분리를 통해 공성이 청정한 상태로 변화되어 생겨나는 것을 의미하지 않는다. 왜냐하면 공성에 염오→청정으로의 변화를 인정한다면 이는 공성을 유위법으로 간주하는 것이기 때문이다. 그렇지만 공성에 염오되었을 때와 염오되지 않았을 때가 있다는 것도 인정되고 있는데, 이 이유에 대해 스티라마티(Sthiramati)는 "실로 허망분별이 잡염이고, 그것이 제거되었을 때 청정이라고 설해진다. [그러나] 염오될 때와 청정하게 될 때조차도, 공성과 분리되지 않기 때문에(śūnyatāvyatirekeṇa)[49] 염오

---

48 MAVT 52,4-17: na hi saṃkliṣṭāvasthātaḥ śūnyatāviśuddhāvasthāyām anyo vikāraḥ | tattvasthititā tu svabhāvāntaram anāpadyamānā | āgantukamalāpagamāt | yasmāt abdhātu-kanakākāśa-śuddhivac chuddhir iṣyate ‖ tasmād anityā na bhavantīti | yathaiva hy abdhātu-kanakākāśānām atatsvabhāvatvān malasvabhāvasyābhavato 'py āgantukamalavaty āgantukamalāpagame ca viśuddhaiva | svabhāvāntarapratipattim antareṇāpi | evaṃ śūnyatāpy āgantukair malaiḥ saṃkliśyate | avikṛtasvarūpāpi tadvigamāc ca viśudhyatīti | yo hi tam eva bhāvaṃ pūrvaṃ saṃkleśalakṣaṇaṃ paścād viśuddhisvabhāvaṃ vyavasthāpayati tasya vikāradharmanivṛttir na bhavati svabhāvavikāratvāt | na tu yatrāpi āgantukaṃ tadubhayaṃ | tasmān nāsau vikāradharmatāṃ spṛśatīti |

49 여기서 "공성과의 비분리에 의해"란 śūnyatāvyatirekeṇa를 śūnyatā-avyatirekeṇa로 풀이

되거나 청정하게 되는 어떤 것은 존재하는 것이 아니다."[50]라고 명확히 주석하고 있다.

이렇게 염오→청정으로 변화한다고 해도 그 변화란 근본적 존재양태나 상태의 변화가 아니라는 점을 보여주려는 것이 본래적 청정성과 우연적 때라는 방식의 설명이다. 만일 때가 공성에게 우연적인 요소에 지나지 않는다면, 그런 우연적인 것이 제거되었다고 해도 공성의 본질에게 하등 달라지는 것은 아무것도 없을 것이다. 공성이 청정한 상태로 변한다는 것을 언어적 의미에 따라 상태의 변화로서 받아들이는 것이 아니라 그것이 비본질적인 요소인 우연적 때와 분리되는 것이라고 한다면, 여기에 어떤 본질적인 상태의 변화가 일어나는 것으로 봐서는 안 된다는 것이다.[51]

스티라마티(Sthiramati)는 이런 공성의 본래적 무변이성을 수계와 금, 허공의 예를 들어 설명한다. 물의 깨끗함이나 금의 순정함, 허공의 청명함은 본래적으로 갖추어져 있는 것처럼, 마찬가지로 번뇌의 제거 후에 생겨난 공성을 어떤 '새로운' 존재론적 진실존재로 간주해서는 안 된다는 것을 말하고 있다.

우리는 공성의 무변이성에 대한 MAVT의 설명이 TrBh에서 무변

한 것이다. 티벳역(D 214a6f.)은 stong pa nyid ma rtogs par("공성을 증득하지 않고", 또는 ma gtogs par?)로 달리 번역하고 있지만 문맥상 산스크리트의 읽기가 타당할 것이다.

50 MAVT 51,9-12: kathaṃ śūnyatāyāḥ prabhedo vijñeya iti | abhūtaparikalpo hi saṃkleśaḥ | tasmin prahīṇe viśuddhir ucyate | saṃkleśaviśuddhikāle ca śūnyatāvyatirikeṇānyan nāsti yat saṃkliśyate viśudhyate vā |

51 이와 관련해서 MAV V.20; V.21 및 MAVBh 참조.

이성으로서의 원성실성에 대한 설명과 완전히 일치하는 것을 보게 된다.[52] 따라서 위의 본래적 청정성으로서의 공성을 TrBh에서 의타기성 위에 가탁된 변계성의 제거가 곧 원성실성이라는 삼성설의 해석과 관련시키면 원성실성 중에서도 불변이성의 측면을 가리키고 있는 것으로 해석할 수 있다. 여기서 MAVT의 우연적 때와 수계 등은 TrBh의 변계소집성과 의타기성에 각기 대응할 것이다.

이렇게 본다면 여기서 자성청정으로서의 진여가 『소공경』의 '남아 있는 것'에 해당될 것이다. 그리고 바로 이런 점에서 스티라마티(Sthiramati)의 공성 해석이 여래장과 비슷한 함축성을 가진 것으로서 『보성론』에서 여래장 개념으로 대체될 수 있었을 것이다. 왜냐하면 여래장 역시 현상사물의 불변하는 근거로서의 측면을 보여주기 때문이다. 그렇지만 우리는 양자 사이에 본질적 차이가 놓여 있음을 간과해서는 안 된다. 그 차이란 TrBh의 맥락을 고려할 때, 바로 의식작용에 어떤 역할을 부여하는가의 여부에 달려있을 것이다.

5. 결론

이상에서 초기 유식문헌과 RGV에 공통된 몇 가지 인용문과 비유를 검토했다. 공통된 인용문은 『소공경』의 소위 '선취공'과 '자성청정

---

52 Tr 21cd(niṣpannas tasya pūrveṇa sadā rahitatā tu yā)의 정의에 따르면 "원성실성은 이것(=의타성)이 전자(=분별성)를 항시 여의고 있는 상태이다." 이에 대해 TrBh 124,8는 여기서 "원성실성은 불변이성의 성취이기 때문에 (avikārapariniṣpattyā sa pariniṣpannaḥ)" 라고 주석하고 있다.

객진번뇌'의 구문, RGV I.154의 게송이다. 그리고 세 가지 공통된 비유란 허공과 금, 물이다. 이들 두 문헌군 사이의 대응관계는 유식사상과 RGV의 여래장사상이 적어도 비슷한 맥락에서 유래했음을 강하게 시사하는 것으로, 본고에서는 RGV의 설명이 어떤 점에서 유식문헌의 맥락과 다른지를 이들 개소들의 검토를 통해 보여주려고 했다.

『소공경』의 '남아 있는 것'과 관련해 <진실의품>이 이를 'vastumātra' 또는 'tathatāmātra'의 두 방식으로 제시하는 데 그친 반면, MAVBh는 능취와 소취 양자의 비존재로서의 공성이 바로 여기에, 즉 허망분별 속에 존재한다고 말함으로써 허망분별과 능취소취, 공성의 비일이비이(非一而非異) 관계를 보여줄 뿐이고 무엇이 남아 있는지는 분명히 말하고 있지 않다. 하지만 MAVBh는 능취와 소취라는 의식작용의 제거가 바로 지각(upalabdhi) 작용의 허망성을 인식하는 데 있다고 말함으로써 진실의 증득이 무엇을 통해 이루어져야 하는지를 분명히 한다.

남아 있는 것의 성격과 관련된 문제는 허공 등의 세 가지 비유에 의해 나타난다. RGV에서 이들 비유는 여래장의 자성청정을 공통적으로 보여주는 것으로 해설되고 있는데, 이에 따라 유식문헌에서 세 비유가 나오는 맥락을 검토했다. 세 가지 비유는 RGV와 『유가론』, 『법법성분별론』에서 전의의 예로, MAVBh/MAVT에서는 공성의 예로 제시되고 있다. 특히 변화 개념과 관련해 전의를 어떻게 이해해야 할 것인가에 대해 『유가론』은 관념상의 제거와 동시에 법계청정이 현현한다고 말함에 의해 변화를 통해 어떤 새로운 상태가 산출되는 것이 아님을 강조하고 있다. 이런 사고는 『법법성분별론』의 설명에서도 '남아 있는 것'이 더 이상 심신의 변화로서의 전의가 아니라 허공과 같이 사물의 근거에 놓여 있는 '불변성'으로서의 법성이 현현한 것이라는 주장에서도 나타난다. 여기서 불변성이란 용어가 자성청정의 맥락에서 사용된 용어임을 고려할 때, 우리는 이런 가능태로서의 자성청정을 바로 여래장 개념으로 대체해도 무방할 것이다. 실제 이는 『보성론』이 유식 용어를 사용해서 설명하고 있는 여래장사상을 설명하는 맥락이기도 하다고 생각된다.

물론 양자 사이의 차이를 간과할 수는 없을 것이다. 그 차이란 요약하면 유식문헌은 RGV와 같이 궁극적인 것의 인식을 단순히 믿음의 문제로 귀결시키는 것이 아니라 이를 인지적 맥락에서 논의하고 있다는 데 있다고 말할 수 있다.

참고문헌

BoBh	Bodhisattvabhūmi. Ed. N. Dutt, 1978.
D	sDe dge 판 서장대장경.
DhDhV	Dharmadharmatāvibhāga, see Mathes 1996.
DhDhVV	Dharmadharmatāvibhāgavyākhyā, see Mathes 1996.
MAV	Madhyānta-vibhāga. see MAVBh
MAVBh	Madhyānta-vibhāga-Bhāṣya, ed. G. Nagao. 1964.
MAVT	Madhyānta-vibhāga-Ṭīkā, ed. S. Yamaguchi. 1934.
MSg	Mahāyānasaṃgraha, see Nagao 1982.
RGV	Ratnagotravibhāga, ed. E. H. Johnston, 1950.
SNS	Saṃdhinirmocana Sūtra. Ed. Étienne Lamotte, Louvain 1935.
T	大正新修大藏經
Tr	see TrBh
TrBh	Triṃśikā-bhāṣya. Ed. Hartmut Buescher, Wien 2007.
VinSg	Viniścayasaṃgrahaṇī Part of the Yogācārabhūmi
YBh	Yogācārabhūmi(ed. Bhattacharya) 1957.

김성철. 2011.「종성의 본질에 대한 유가행파와 여래장 사상의 해석」,『불교학리뷰』 10, 35-68.

김재권. 2008.「『중변분별론』에 있어서 삼성설의 구조적 특징」,『인도철학』 25, 101-119.

안성두. 2009.「진여의 불가언설성과 佛說-초기 유식문헌을 중심으로」,『천태학연구』 10, 229-258.

______. 2014.「『삼무성론』에 나타난 진제의 삼성설 해석의 특징 (II)-유식문헌의 인용과 그 해석상의 차이를 중심으로」,『인도철학』 42, 261-300.

______. 2015.「眞諦(Paramārtha)의 삼성설 해석과 阿摩羅識(amala-vijñāna)」『불교연구』 42, 101-150.

______. 2016.「『보성론』 I.154-155의 공성 해석과 관련된 몇 가지 문제들」,『인도철학』 46, 127-160.

안성두(역). 2011,『보성론』, 서울: 소명출판사.

정호영. 1993, 『여래장 사상: 불성사상의 원류』, 서울: 대원정사.
차상엽(역). 2013, 『옥 로댄쎄랍의 보성론요의 여래장품』, 서울: 씨아이알.

Griffiths, Paul & Keenan, John (eds,). 1990. *Buddha Nature: A Festschrift in Honor of Minoru Kiyota*. Buddhist Book International, Reno.
Hakamaya, Noriaki 袴谷憲昭. 2001. 『唯識思想論考』. 東京: 大蔵出版
Hookham, S. K. 1991. *The Buddha within*, SUNY.
Hopkins, John. 1981. *Meditation on Emptiness*, London.
Kajiyama, Yuichi. 1973. "Three Kinds of Affirmation and Two Kinds of Negation in Buddhist Philosophy", in: *Wiener Zeitschrift für die Kunde Süd- und Ostasiens und Archiv für Indische Philosophie*. Bd. XVIII.
Keenan, J. P. 1982. "Original Purity and the Focus of Early Yogācāra", *JIABS* 5.
Kramer, Jowita. 2005. *Kategorien der Wirklichkeit im frühen Yogācāra*. Wiesbaden.
Mathes, Klaus-Dieter. 1996. *Unterscheidung der Gegebenheiten von ihrem wahren Wesen*, Bonn.
__________________. 2000. "Tāranātha's Presentation of Trisvabhāva in the gŹan stoṅ sñiṅ po", *JIABS* 23.2.
__________________. 2004. "Tibetische Interpretationen der Buddhanatur im Vergleich", in: *Buddhismus in Geschichte und Gegenwart, Facetten des Buddhismus ¬gibt es einen gemeinsamen Kern?, Band IX*. Universität Hamburg.
Nagao, Gajin 長尾雅人. 1978. "What remains in Śūnyatā. A Yogācāra Interpretation of Emptiness." *Mahāyāna Buddhist Meditation* (ed. Kiyota), Hawaii.
__________________. 1982. 『攝大乘論 上』, 東京: 講談社.
Ruegg, David Seyfort 1976. "The Meaning of the Term Gotra and the Textual History of the Ratnagotravibhāga", *Bulletin of the School of Oriental and African Studies* 39, 341-363.
__________________. 1989. *Buddha-nature, Mind and the Problem of Gradualism in a Comparative Perspective*. London.
Sakuma, H. 1990. *Die Āśrayaparivṛtti-Theorie in der Yogācārabhūmi*. Teil I+II. Stuttgart: Franz Steiner Verlag.
Schmithausen, Lambert. 1969. *Der Nirvāṇa-Abschnitt in der Viniścayasaṃgrahaṇī der Yogācārabhūmi*. Wien.
__________________. 1971. "Philologische Bemerkungen zum Ratnagotravibhāga",

Wiener Zeitschrift für die Kunde Südasiens, vol. 15, Wien.

____________________. 1987. *Ālayavijñāna*, Tokyo.

Steinkellner, Ernst. 1992. "Lamotte and the concept of anupalabdhi", *Asiatische Studien* 47.

Takahashi, Koichi 高橋晃一. 2005.『『菩薩地』眞實義品から「攝決擇分中菩薩地」への思想展開』, 東京: 山喜房佛書林.

Takasaki, Jikido. 1982.「如來藏とア-ラヤ識」,『講座大乘佛教 6. 如來藏思想』, 東京: 春秋社.

_____________. 1989.『寶性論(インド 古典叢書)』, 東京: 講談社.

금강승(Vajrayāna)에서 불성(佛性)

- 『초회금강정경』(Sarvatathāgatatattvasaṃgraha)을 중심으로 -

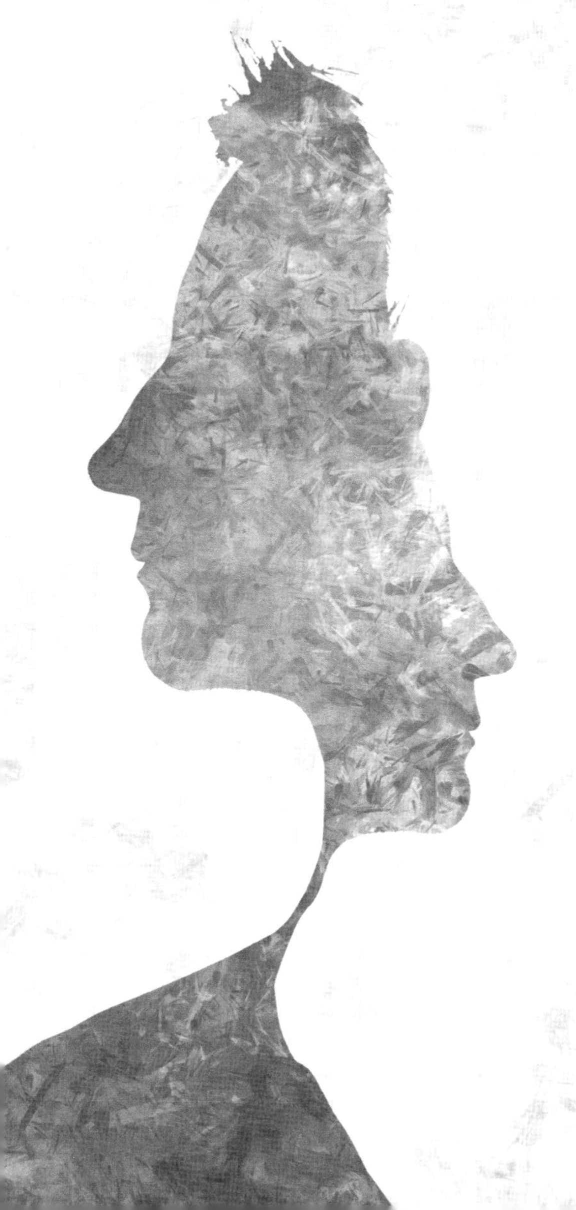

금강승(Vajrayāna)에서 불성(佛性)
-『초회금강정경』(Sarvatathāgatatattvasaṃgraha)을 중심으로-

구라니시 겐이치(倉西憲一)
대정대학

1. 서론

금강승(Vajrayāna)의 역사를 훑어보자면 시기에 따라 초, 중, 후기의 세 단계로 나눌 수 있다[1]. 각 시기의 전환점이 정확히 언제라고 정의하기는 어렵지만, 『대일경』(大日經, Mahāvairocanābhisaṃbodhitantra)[2]과 『초

---

1 근래 금강승 관련 연구 동향은 이 세 가지 시기로 금강승의 발전 단계를 구분하는 것이다. 그러나 후기 인도자료들은 금강승 문헌에 관해 여러 다른 분류 방식을 언급하고 있다. 잘 알려진 분류법 중 하나가 끄리야 딴뜨라(kriyātantra), 짜르야 딴뜨라(caryātantra), 요가 딴뜨라(yogatantra), 요곳따라 딴뜨라(yogottaratantra, 혹은 마하요가 딴뜨라(mahāyogatantra), 요가니룻따라 딴뜨라(yoganiruttaratantra, 혹은 요기니 딴뜨라 yoginītantra)의 다섯 가지로 구분하는 방법이다. 이 다섯 종류로 문헌을 분류하는 방법은 금강승 문헌들의 역사적인 발전사와 거의 일치한다. 만약 우리가 이 다섯 가지 분류를 세 가지 시기 분류에 맞춰 구분하고자 한다면, 가장 첫 번째를 초기, 두 번째와 세 번째를 중기, 그리고 네 번째와 마지막을 후기에 해당하는 것으로 볼 수 있다.

2 비록 『대일경』(Mahāvairocanābhisaṃbodhi[tantra])의 산스크리트 사본이 현재 남아 있진 않지만, 후기 문헌들에서 대일경의 일부가 인용의 형태로 전해진다. 그 '[Mahā] vairocanābhisaṃbodhi'라는 산스크리트 제목 또한 인용에서 언급된다. 예를 들면, 까말라쉴라(Kamalaśīla, c.a. 750)는 자신의 저서인 『수습차제』(Bhāvanākrama)에서 소위 말해 삼구(三句)의 법문(法門)이라고 하는, 가장 중요한 구절을 인용하면서 'Vairocanābhisaṃbodhi'라

회금강정경·진실섭경』(初会金剛頂経·真実摂経, sarvatathāgatatattvasaṃgraha),[3] 『반야이취경』(般若理趣経, Adhyardhaśatikā prajñāpāramitā),[4] 그리고 그와 관련된 문헌들이 편찬되는 시기(6-7세기)를 중기로 볼 수 있다. 이에 따라 중기를 기점으로 그 전후를 초기와 후기로 간주할 수 있다. 세 가지 시기 가운데 중기는 금강승(Vajrayāna)의 움직임을 증진시키고자 한 이들이 대승의 교설들을 그들의 의례와 수행의 틀 안에서 능동적으로 채택·통합하고자 했기에, 금강승 역사에서 가장 중요한 시기라 할 수 있다.[5] 잘 알려진 대승의 교설 가운데, 영어로 종종 'buddha-nature'라고 번역되는 여래장(tathāgatagarbha)은 금강승 발전에 이바지했다고 간주된다.[6] 그럼에도 불구하고 밀교 문헌에서 'tathāgaragarbha'라는 용어는 놀랍게도 'śūnya/-tā'와 같은 다른 대승의 용어와 비교했을 때, 그다지 자주 언급되지 않는다.

어떻게 불성 이론이 금강승에서 채택되었는지에 관한 연구의 중요

고 하는 제명을 언급한다. "vairocanābhisambodhau coktam, tad etat sarvajñajñānaṃ karuṇāmūlaṃ bodhicittahetukam upāyaparyavasānam"(菩提心爲因. 悲爲根本. 方便爲究竟). 더하여, 『Sūtaka』(Caryāmelāpakapradīpa라고도 한다)와 같은 후기 금강승 문헌들에서도 종종 'Mahāvairocanābhisaṃbodhitantra'라는 문헌명이 나온다. 그러므로 우리는 적어도 이 문헌이 수뜨라가 아닌 딴뜨라로서 후기에 알려져 있었다는 점을 추측할 수 있다.

3 『초회금강정경』의 완전한 산스크리트 사본은 현재까지 전해지며 이는 이미 편집되었다(HORIUCHI 1974, 1983).

4 『반야이취경』은 일부분의 산스크리트 사본과 산스크리트-코탄어 두 가지 언어로 쓰인 사본이 전해진다.

5 MATSUNAGA 1980은 이러한 채택과 통합이 아마도 대승 교설의 의례화일 수 있다고 전언한다. 하지만 이와 반대로 TSUDA 1978은 대승의 이타주의와 금강승의 상징체계가 상호 배타적이라고 언급한다.

6 여래장(tathāgatagarbha)의 동의어에는 buddhadhātu, buddhagarbha, *sugatagarbha 등의 용어가 있다.

성에 비해서 필자가 아는 한, 현재까지 그와 관련해 출판된 연구 결과는 소수에 그친다.[7] 그 연구 성과들은 밀교에서 불성의 문제를 특히, 앞서 언급한 중기에 편찬된 문헌들을 중심으로 다루고 있다.

본 소논문의 중요 목적은 밀교 문헌에서 나타나는 불성에 관한 선행 연구, 특히 『초회금강정경』에서 언급하고 있는 불성에 대해서 소개하고자 하는 것이다. 그리고 나아가 결론에서는 금강승의 역사에서 중기 동안에 그 불성의 채택이 담당했던 역할을 왜 명확히 해명해야 할 필요성이 있는지 제시하고자 한다.

2. 『초회금강정경』(Sarvatathāgatatattvasaṃgraha)에서 말하는 불성

앞서 언급한 바와 같이, 금강승에서의 불성에 관한 선행 연구들은 주로 『초회금강정경』(Sarvatathāgatatattvasaṃgraha)과 『반야이취경』(Adhyardhaśatikā prajñāpāramitā)을 다루고 있다. 왜냐하면 불성의 영향을 받은 것으로 여겨지는 두 문헌의 교설적인 부분에서 특히 두 문헌의 밀접한 관련성이 드러나기 때문이다.[8] 이에 대한 세부 사항은 뒤에서 언급할 것

7 INUI 1997, 2000, KANO 2012, MATSUNAGA 1980, NOGUCHI 2000, TAKADA 1982, 1983, TAKAHASHI 2010, TAKASAKI 1974, 1985, SAKAI 1987 등이 있다.

8 SOEDA 1979에 따르면, 『반야이취경』(Adhyardhaśatikā prajñāpāramitā, 제12 「외금강부회품 外金剛部会品」)에서 언급되는 불성 이론은 『초회금강정경』의 내용을 전제로 하고 있다고 본다. 하지만, INUI 2000은 이런 영향 관계에 이의를 제기하고, 두 문헌이 모두 불성 이론에 관한 공통된 기반을 전제로 하고 있다고 제시한다.

이다.

『초회금강정경』(Sarvatathāgatatattvasaṃgraha)은 금강승 문헌들에서 가장 영향력이 컸던 문헌들 중에 하나로 잘 알려져 있다. 후기 금강승 문헌들인 『비밀집회딴뜨라』(Guhyasamājatantra)와 『헤바즈라딴뜨라』(Hevajratantra) 등도 특히 수행도와 관정(abhiṣeka)의 체계들과 관련해서는 이 문헌을 바탕으로 한다. 그러므로 금강승의 교설적 체계의 발전과 관련된 비의(秘意)를 해명하기 위해서 『초회금강정경』(Sarvatathāgatatattvasaṃgraha)의 연구는 피할 수 없는 과제라고 할 수 있다.[9]

선행 연구 중에서 주목할 만한 명저로 이누이 히토시(INUI Hitoshi, 이하 INUI) 교수가 일본어로 저술한 「『初会金剛頂経』の基本にある如来藏思想」(‘초회금강정경의 기본에 있는 여래장사상’, 이하 INUI 2000으로 약칭)[10]을 꼽을 수 있다. 그럼 먼 이 논문 내용을 요약함으로써 어떻게 『초회금강정경』이 불성 이론을 적용하는지를 살펴보자.

2.1 『초회금강정경』(Sarvatathāgatatattvasaṃgraha)에서 불성의 기본 개념

놀랍게도 『초회금강정경』에서 ‘tathāgatagarbha’라는 단어가 나타나지 않는다. 하지만 이 용어 대신 ‘jñānagarbha’, ‘vajragarbha’, ‘ākāśagarbha’

---

9 불성과 후기 금강승 문헌의 다른 개념, 예를 들면 ‘sahaja’의 개념을 비교하고자 시도한 여러 논문들이 있다. 참고. NOGUCHI 2000.

10 INUI 2000의 논문 전에, 그는 1998년에 “『初会金剛頂経』の背景にある大乗仏教—如来藏思想との関係を中心に—」(초회금강정경의 배경에 있어서 대승불교-여래장사상의 관계를 중심으로)”를 발표했다. 이 논문에서는 불성과 연관을 보이는 용어들을 주로 분석하고 있다. 이 논문은 MATSUNAGA 외 1998에서 다시 증쇄되었다.

등과 같은 다른 유사 용어를 찾을 수 있다는 점을 감안해본다면, 이 문헌에서 'garbha'의 개념은 중요할 수밖에 없다. 'tathāgatagarbha'의 동의어로서 여겨지는 'buddhadhātu'(佛性)도 자주 언급된다.[11] 이 'dhātu'라는 개념은 불성 이론의 기본 토대라고 말해진다.[12] 『초회금강정경』에서 또한 이 개념을 'vajradhātu'라고도 언급한다. 'vajradhātu'는 이 문헌에서 가장 중요한 용어이며 또한 근본 만달라의 이름으로서도 알려진다. INUI 1998에서는 [『초회금강정경』에서의] 'dhātu'를 불성으로 이해해야 한다고 말한다. 이러한 경우에만 수행자는 가장 먼저 그의 본성을 모든 여래들과 동일하다고 자각하고 나서, 'vajradhātu'라고 하는 여래 그 자체가 된다는 점을 깨달을 수 있다. 그런 후, 여래가 된 그는 금강계 만달라(Vajradhātumaṇḍala)로써 그 스스로의 자각을 확장한다.[13]

이러한 수행과 관련해, 'dhātu'(즉, 본성)는 여래 발생의 원인과 금강계여래(Vajradhātutathāgata)라는 결과의 동일함을 암시한다. 그러므로 본래의 불성 이론이 모든 중생들이 여래가 되는 원인을 지녔음만을 제시하는 것을 감안할 때, 초회금강정경의 불성 이론은 대승의 원래 개념보다 더 발전된 것이라고 말할 수 있을 것이다.

---

11 여래장(tathāgatagarbha)과 동의어로서 'buddhadhātu'라고 하는 용어는 원래 『대반열반경』(Mahāparinirvāṇasūtra)에서 먼저 언급된다.

12 참고 TAKASAKI 1974, 760

13 오상성신관(五相成身觀, 혹은 오상현등관 五相現等觀 pañcākārābhisaṃbodhi, 다섯 개의 상을 통하여 붓다가 되는 수행과정)으로 알려지는 이 수행은 제일 먼저 『초회금강정경』에서 소개되었고 그 이후 금강승 문헌들에 깊은 영향을 주었다.

2.2 불성과 보현보살(普賢菩薩, Samantabhadra)

『초회금강정경』과 『반야이취경』에서 언급하는 불성은 보현보살(普賢菩薩, Samantabhadra)과 밀접하게 관련되어 있다. 『초회금강정경』과는 다르게, 『반야이취경』은 명확하게 'tathāgatagarbha'라는 용어를 사용한다.

> Adhyardhaśatikā Prajñāpāramitā (Sec. 12. LEUMANN 1912: 97, TOMABECHI 2009: 산스크리트 폴리오 결락)
>
> sarvasattvās tathāgatagarbhāḥ samantabhadramahābodhisattvasarvātmatayā.
>
> 일체 중생은 보현 대보살의 모든 본성으로 이루어져 있기 때문에 여래장(tathāgatagarbha)이다.

이는 마헤쉬바라(Maheśvara: Śiva의 다른 이름 [역자])와 같은 비불교적인 신들을 포함하여 중생에게 가피의 부여(adhiṣṭhāna)를 주로 논하는 열 두번째품인 「외금강회품」(外金剛部会品)에서 기술된다. 이 구절은 대일(大日)의 현신으로서 모든 곳에 편재하는 보현보살이 불성과 마찬가지로 모든 중생의 가슴에 내재한다고 하는 뜻을 함축하고 있다. 더 나아가 이러한 문맥과 관련하여 『초회금강정경』에도 이와 유사한 구절이 찾아진다.

> (1) 『초회금강정경』 1장(Ed. HORIUCHI 1983: 9-22)
>
> atha bhagavān mahāvairocanaḥ … bhagavān mahābodhicittaḥ samantabhadraḥ mahābodhisattvaḥ sarvatathāgatahṛdayeṣu vijahāra.

대보리심을 본성으로 하는 세존 마하보살 보현보살[로서 현시하는] 세존 대일 [법신(dharmakāya)]이 모든 여래의 [일체] 마음에 주하고 있었다.

(2) 『초회금강정경』 1장(Ed. HORIUCHI 1983: 25)

sarvatathāgatahṛdayaṃ te samantabhadraś cittotpādaḥ sāmīcībhūtaḥ.

모든 여래의 마음이자 보현보살인 그대의 발심은 완성되었다.

이 두 구절은 대일(大日, Mahāvairocana)의 본성이라는 동일한 의미를 함축하지만, 서로 다른 관점을 통해서 표현된다. 두 번째 구절이 중생의 관점이라면 첫 번째는 여래의 관점을 보여준다. 또한 이 구절들은 앞서 언급한 바와 같이 원인과 결과 사이의 동일성을 지시한다. 두 경우 모두, 대일(Mahāvairocana=vajradhātu)의 본성과 보현보살(Samantabhadra)을 연결하는 중요한 요소는 보리심이어야 한다.

그렇다면 왜 불성, 보현보살 그리고 보리심이라는 이 세 가지는 서로 연결되는 것인가? 그 답은 불성이 왜 금강승에 채택되었는지를 검토하면서 찾을 수 있다.

2.3 『초회금강정경』에 언급된 불성의 기원을 찾아서

INUI 2000에서는 『초회금강정경』에서 무엇이 불성의 기원이 될 수 있을지를 조사한다. 그의 결론을 먼저 말하자면, 『초회금강정경』에서 불성의 기원은 『간다뷰하』(Gaṇḍavyūha)에서 보현행(普賢行, samantabhadracaryā)이라고 불리는 보살의 행을 기반으로 했다.

여래장 계열의 문헌에서 말하는 불성의 이론에서 보자면, 일반적으로 말해, 여래장은 해탈의 직접적인 원인이며, 보리심은 간접적인 원인이라고 말해진다. 그러나 Tagami 1990에 따르면,[14] 『보성론』(寶性論, Ratnagotravibhāga)과 밀접한 연관이 있는 『대승법계무착별론』(大乘法界無差別論)과 같은 후기 여래장 문헌들에서 다른 관점이 또한 나타난다고 한다. 이 문헌에서 보리심은 여래장과 동일한 것으로 묘사된다. 다시 말해, 보리심이 원인(여래장, tathāgatagarbha)을 결과(법신, dharmakāya)로 발전시키는 마음이므로, 여래장과 보리심은 해탈에 직접적인 원인이다. 더 나아가 『십지경』(十地經, Daśabhūmikasūtra), 『대승장엄경론』(大乘莊嚴經論, Mahāyānasūtrālaṃkāra), 『입보리행론』(入菩提行論, Bodhicaryāvatāra) 등과 같은 다른 대승 문헌에서도 이와 같은 동일한 개념을 찾을 수 있다.[15]

그렇다면 『초회금강정경』의 문맥에서 보리심은 무엇을 말하는가? 각 문헌들의 상호 관계가 어떤 것인지 확실하지 않다 하더라도 『초회금강정경』에서의 보리심 이론은 『대승법계무착별론』과 위에서 언급한 다른 대승의 문헌들에서 말하는 것과 거의 동일하다.[16] 그렇다면 보현보살은 어떻게 보리심과 연결되는가?

『초회금강정경』 이전에 『간다뷰하』에서 우리는 보리심을 보현보살

---

14 Tagami 1990, 401.

15 Tagami 1990, 476-479에 따르면 금강승의 보리심 이론은 아마도 이러한 문헌들에서 영향을 받았을 것이라고 말한다.

16 『초회금강정경』에서 보리심은 해탈의 핵심적인 원인이다. 예를 들면, 『초회금강정경』과 관련된 문헌 중에 하나인 『금강정유가중략출념송경』(金剛頂瑜伽中略出念誦経, Taisho 866, 249a22-24)를 참조: 菩提心者. 從大悲起. 爲成佛正因智慧根本. 能破無明業報. 能摧破魔怨. 汝既能發大菩提心. 또한 이 구절은 앞서 언급한 '삼구(三句)의 법문(法門)'과 유사하게 보인다.

과 연결하는 약간의 증거를 발견할 수 있다.

> Gaṇḍavyūha(VAIDYA 1960: 398)
>
> ataḥ prabhavati sarvabodhisattvacaryāmaṇḍalam. ato niryāti atītānāgatapratyutpannāḥ sarvatathāgatāḥ. tasmāt tarhi kulaputra yena anuttarāyāṃ samyaksaṃbodhau cittam utpāditaṃ so 'pramāṇaguṇasamudito bhavati sarvajñatācittādhyāśayasusaṃgṛhītatvāt.
>
> 이 (보리심)으로부터 모든 보살들의 행들[17]이 일어난다. 그로부터, 모든 과거, 미래 그리고 현재의 여래들이 나타난다. 그 때문에, 그 경우 오 선남자여(kulaputra)! 위없는 완전한 보리에 마음이 일어난 그는 헤아릴 수 없는 공덕을 얻게 된다. 왜냐하면 일체지를 향한 마음의 열의로 가득 찼기 때문이다.

여기에서 보리심이 보살행(samantabhadracaryā)의 원인이라는 점을 『간다뷰하』가 함축하고 있다고 볼 수 있다. 또한 이 구절은 『초회금강정경』에서 오상성신관(五相成身觀)[18]과 만달라의 삼십칠존출생(三十七尊出生)[19]을 설하는 부분과 거의 일치한다. 이 두 부분은 보리심에서부터 여래[법신 dharmakāya]의 출현을 기술한다.

---

17 비록 INUI 2000(과 KAJIYAMA 1994)가 '-maṇḍalam'을 '輪'으로 해석하고 있지만, 여기서 필자는 이를 복수를 지칭하는 접미사(plural marker)로 보았다.

18 HORIUCHI 1983, 24-28.

19 HORIUCHI 1983, 32-101. 삼십칠 세존에는 다섯 여래들, 열여섯 보살들 그리고 열여섯 권속들이 포함된다.

당연히 모든 보살들은 보리심을 일으켜서 이를 유지해야 한다. 비록 『간다뷰하』가 명확하게 보리심과 보현의 관계를 설하고 있지 않다고 하더라도 『초회금강정경』이 『간다뷰하』의 영향 아래에서 이 둘을 밀접하게 연관시켰다고 말할 수도 있다. 요약하자면 『초회금강정경』(과 『반야이취경』)에서 불성을 정립하는 주요한 요인은 보리심의 관점에서 본 불성과 보현(普賢菩薩) 사이의 관계이다.

3. 결론

금강승의 역사에서 중기 단계(6-7세기) 동안 불성론이 금강승에 채택되었음은 명백하다. 그 채택의 이유를 찾기 위해서 우리는 그 당시 인도의 환경을 이해할 필요가 있다. 이때 인도에는 수행자가 그의 본성을 명상하여 그 자신을 절대존재로 깨달음으로써 바로 현생에 해탈하고자 하는 요가 수행이 널리 퍼져 있었다. 불교도 여기에서 예외는 아니었다. 이러한 환경 아래 『초회금강정경』은 오상성신관이라는 수행을 발전시킨다. 이 수행을 위해서는 수행자가 반드시 해탈의 원인을 획득해야 한다. 그러므로 불성의 이론이 이러한 발전 과정에서 주요한 역할을 했었다고 말할 수 있다. 『초회금강정경』은 의도적으로 모든 부처의 지혜의 영역이 'vajradhātu'로 체계화되는 이 불성 이론을 통해서 대승의 경전에서 설해진 모든 교설의 통합을 시도했다고 보인다. 왜냐하면 금강승은 아마도 다른 종교 전통에서 사용되는 유사한 수행 방식들 가운데, 그들의 고유한 방식을 다른 종교의 것들과 차별화해야 할 필요성에 직면했을 것이고, 그에 따라 정통성 있는 교설 토대를 구축했을 것이다.

그러므로 우리에겐 단지 불성뿐만 아니라 다른 불교 교설들을 연구하기 위해서 모든 인도 종교들의 역사적, 문화적 발전이라는 폭넓은 관점이 필요하다고 할 수 있다.

참고문헌

1차 자료

Adhyardhaśatikā Prajñāpāramitā	Leumann 1912, Tomabechi 2009.
Bhāvanākrama	Tucci 1958.
Bodhicaryāvatāra	Vaidya 1960a.
Daśabhūmikasūtra	Kondo 1983.
Gaṇḍavyūha	Vaidya 1960b.
Mahāyānasūtrālaṃkārabhāṣya	Levi 1907.
Mahāvairocanābhisaṃbodhi[tantra]	『大毘盧遮那成佛神變加持経』Taisho 848.
Ratnagotravibhāga	Johnston 1950.
Sarvatathāgatatattvasaṃgraha	Horiuchi 1974, 1983.
Sūtaka(a.k.a. *Caryāmelāpakapradīpa*)	Wedemeyer 2007.
『大乘法界無差別論』	Taisho1626, 堅慧(Sāramati)造.

2차 자료

Horiuchi, Kanjin 堀内寛仁. 1974『初会金剛頂経の研究 梵本校訂篇（下）一遍調伏品·義成就品·教理分一』, 密教文化研究所.

_______________. 1983『初会金剛頂経の研究 梵本校訂篇（上）一金剛界品·降三世品一』, 密教文化研究所.

Inui, Hitoshi 乾仁志. 1997「『初会金剛頂経』の背景にある大乗仏教一如来蔵思想との関係を中心に一」,『高野山大学密教文化研究所紀要』10.

_______________. 2000「『初会金剛頂経』の基本にある如来蔵思想」,『高野山大学密教文化研究所紀要』別冊2.

Johnston, Edword Hamilton. 1950. *Ratnagotravibhāga Mahāyānottaratantraśāstra*, Bihar Research Society Patna.

Kajiyama, Yuichi 梶山雄一. 1994.『さとりへの遍歴』下, 東京: 中央公論社.

Kano, Kazuo 加納和雄. 2012.「インド後期密教における如来蔵への言及とその解釈」,『密教学研究』44.

Kondō, Ryūkō. 1983. *Daśabhūmīśvaro nāma Mahāyānasūtraṃ*, Rinsen Book

Co(reprint).

Leumann, Ernst. 1912. *Zur nordarischen Sprache und Literatur Corbemerkungen und vier Aufsätze mit Glossar*, Straßburg.

Levi, Sylvain. 1907. *Mahāyāna-sūtrālaṃkāra —exposé de la doctrine du grand vehicule selon le systéme Yogācāra—*; Librarie Honore Chapion, Paris.

Matsunaga, Yukei 松長有慶. 1980.『密教経典成立史論』, 京都: 法蔵館.

Matsunaga, Yukei et.al. 松長有慶 編著. 1998.『インド密教の形成と展開』, 京都: 法蔵館.

Noguchi, Keiya 野口圭也. 2000.「密教におけるサハジャ思想の形成」,『高野山大学密教文化研究所紀要』別冊2.

Sakai, Shinten 酒井真典. 1987.「如来蔵思想の密教的展開について」,『密教文化』159.

Soeda, Ryūsho 添田隆昭. 1979.「真実摂経と理趣分」,『密教学研究』11.

Tagami, Taishū. 1990.『菩提心の研究』, 東京: 東京書籍.

Takada, Ninkaku 高田仁覚. 1983.「如来蔵思想と密教」,『講座・大乗仏教6 如来蔵思想』, 東京: 春秋社, 1982.「如来蔵の教学と真言密教—インド・チベットの場合と中国・日本の場合—」,『高野山大学論叢』18.

Takahashi, Hisao. 2010.「般若理趣経の註釈的研究（7）」,『豊山学報』3, 1-28.

Takasaki, Jikido 高崎直道. 1974.『如来蔵思想の形成—インド大乗仏教思想研究—』, 東京: 春秋社.

______________________. 1985.『仏性とは何か』, 京都: 法蔵館.

Tomabechi, Toru 苫米地等流. 2009. *Adhyardhaśatikā Prajñāpāramitā Sanskrit and Tibetan Texts*, China Tibetology Publishing House and Austrian Academy of Sciences Press.

Tsuda, Shin' ichi 津田真一. 1978. *A Critical Tantrism, Memoir of the Research Department of Toyo Bunko*, vol.36.

Tucci, Giuseppe. 1958. *Minor Buddhist Texts, part II, Serie Orientale Roma vol.IX*, Istituto Italiano per il Medio ed Estremo Oriente, Roma.

Vaidya, P.L. 1960a *Gaṇḍavyūhasūtra, Buddhist Sanskrit Texts, No.5*, Darbhanga.

__________. 1960b *Bodhicaryāvatāra of Śāntideva, Buddhist Sanskrit Texts, No.12*, Darbhanga.

Wedemeyer, Christian. 2007. *Āryadeva's Lamp that integrates the Practices. Caryāmelāpakapradīpa. The Gradual Path of Vajrayāna Buddhism According to the Esoteric Community Noble Tradition*, Columbia University Press, New York.

『보성론』 I.27-28 게송에 나타난 여래장의 세 가지 의미

-번역과 주석 전승을 중심으로-

『보성론』 I.27-28 게송에 나타난 여래장의 세 가지 의미
-번역과 주석 전승을 중심으로*-

차상엽
금강대학교

1. 서론

여래장사상은 윤회하는 고통스러운 현실 속에서 모든 중생이 붓다가 될 수 있는 가능성을 내포하고 있는 존재라는 점을 중생이 아닌 바로 붓다의 관점에서 밝히고 있다.

"모든 중생이 붓다의 본질(=여래장)을 지니고 있다"라고 표명하는 여래장사상은 기원후 3세기 후반에 성립했다고 간주되는 『여래장경』(Tathāgatagarbhasūtra)을 효시로 하고 있다.

『여래장경』, 『부증불감경』(Anūnatvāpūrṇatvanirdeśa), 『승만경』(Śrīmālāsūtra)을 위시한 여래장 계통 경전들의 여래장 개념만이 아니라 『다라니자재왕경』(Dhāraṇīśvararājasūtra), 『지광명장엄경』(Jñānālokālaṃkāra) 등과 같

---

* 이 논문은 불교학연구 제48집에 실린 "중국과 티벳불교의 여래장의 세 가지 의미-『보성론』 I.27-28 게송에 대한 늑나마제, 진제, 옥 로댄쎄랍의 이해를 중심으로-"를 일부 수정한 것이다.

은 몇 몇 대승경전의 철학도 수용해서 여래장사상을 체계적인 교리체계로 조직하고 있는 인도 찬술 문헌이 바로 『보성론』(Ratnagotravibhāga [vyākhyā]), 약칭 RGV(V)이다.[1]

『보성론』이 여래장사상을 철학적으로 체계화시킨 문헌임에도 불구하고, 인도불교사 내에서 그 논서가 지니고 있는 위상은 유식과 중관학파의 논서와 비교해보면 상대적으로 미약하다. 왜냐하면 『보성론』은 11세기 이전까지 인도불교사에서 유통된 흔적을 거의 발견할 수 없기 때문이다.

11세기에 이르러서야 마이뜨리굽따(Maitrīgupta, 1007/1010-? 별칭 Maitrīpa, Advayavajra)[2]가 『법법성분별론』과 함께 『보성론』을 불탑에서 재발견하였다는 티벳 전승과 함께 인도불교사에서 『보성론』의 저자와 그 문헌을 직접적으로 언급하는 부분이 비로소 나타난다. 부언하면, 현존하는 티벳역인 라뜨나까라샨띠(Ratnākaraśānti, 10세기 말-11세기 초)와 아바야까라굽따(Abhayākaragupta, 1004-1125) 등의 저작 속에서 『보성론』이 미륵의 저작이라는 사실과 함께 『보성론』의 제명이 언급되고 있는 것이다.[3]

인도에서는 여래장사상이 유식과 중관학파처럼 독자적인 학파를 형성하지 못하였지만, 동아시아불교와 티벳불교사에서 여래장사상이 끼친 영향력은 적지 않다. 동아시아불교사에서 여래장사상은 『불성론』

---

1 『여래장경』, 『부증불감경』, 『승만경』, 『다라니자재왕경』, 『지광명장엄경』 등과 『보성론』과의 관련성에 대한 논의는 高崎直道 1974, 39-126과 604-672 참조.

2 Maitrīgupta의 생몰 연대와 그 생애에 대해서는 Tatz 1987, 695-711 참조.

3 Kano 2006; 加納和雄 2014, 206-247; 가노 가즈오 2015, 203-244. 이 외에도 차상엽 2011, 132-137을 참조.

과 『대승기신론』을 중심으로 심원한 불교교리철학 중의 하나로 강력하게 전개되었다. 『불성론』과 『대승기신론』에 반해 『보성론』의 역할은 상대적으로 미미하였다고 할 수 있다. 이에 반해 티벳에서는 『보성론』에 대한 티벳인들의 주석이 방대하게 이루어졌음을 통해,[4] 여래장사상이 중관사상과 더불어 중요한 교리철학 중의 하나로 자리매김하고 있음을 알 수 있다. 어떤 측면에서 본다면, 티벳불교사상은 중관사상과 여래장사상 사이의 미묘한 긴장 관계를 통합시키거나 재해석하는 일련의 과정의 연속선상에 있었다고도 말할 수 있을 것이다.[5]

본고에서는 인도와 티벳, 그리고 중국불교에서 여래장사상을 이해하고 해석하는 방식의 유사성과 차이점을 소개하고자 한다. 이를 위해 『보성론』 I.27과 28 게송에 나타나는 법신(dharmakāya), 진여(tathatā), 종성(gotra)이라는 여래장의 세 가지 의미를 중심으로 살펴볼 계획이다.

먼저 이와 관련된 『보성론』 I.27과 28 게송을 중심으로 여래장의 세 가지 의미에 대한 범본과 티벳역본, 그리고 한역본이라는 세 전승 사이의 차이점을 살펴볼 예정이다. 이를 통해 『보성론』 전승과 관련해서 인도와 티벳불교의 전승과 차이가 나는 중국불교의 특징적인 측면을 일정 부분이나마 밝히고자 한다.

두 번째, 『보성론』에 대한 티벳 최초의 주석서를 남긴 옥 로댄쎄랍(rNgog Blo ldan shes rab, 1059-1109)이 여래장의 세 가지 의미에 대해 어떻게 기술하고 있는지를 살펴볼 예정이다. 이러한 고찰을 통해 『보

---

4 『보성론』에 대한 티벳인들의 주석서에 대한 잠정적 리스트로는 Burchardi 2006 참조.
5 비판불교의 입장에서 여래장사상을 비판한 松本史郎 1997 참조.

성론』의 여래장사상에 대한 그의 철학적 입장을 일정 부분이나마 고찰할 수 있을 것이다.

세 번째, 전통적으로 진제(Paramārtha, 499-569)의 번역이라고 언급되는 『불성론』에 나타난 여래장의 세 가지 의미를 살펴보고자 한다.

이러한 고찰 과정을 통해 『보성론』에 나타난 여래장의 세 가지 의미가 중국불교사와 티벳불교사에서 최초에 어떻게 이해되고 수용되었는지에 대한 사상적 차이의 단편을 고찰할 수 있을 것이다.

2. 『보성론』 I.27-28 게송의 여래장의 세 가지 의미

범본 및 티벳역본 『보성론』에서는 I.27과 28 게송[6]을 시작하기 이전에 『여래장경』의 "모든 중생이 여래의 본질(=여래장)을 지니고 있다(sarvasattvās tathāgatagarbhāḥ)"라는 구절을 인용하면서,[7] 염오를 지닌 진여(有垢眞如, samalā tathatā)의 측면에서 여래장을 설한다는 점을 명시하고 있다. 『보성론』 I.27 게송 내용은 다음과 같다.

> 범본·티벳역본 게송: "① 붓다의 지혜(buddhajñāna)가 중생의 무리에 [깊이 스며들어 퍼져] 있기 때문에, ② 그 [중생의 무리의]

---

6 범본 『보성론』에서는 상기의 두 게송이 第27과 第28(RGV 26.1-6)로 언급되지만, 한역본(T31, 828a28-29와 828b8-9)과 티벳역본(RGV(Tib.) 49.5-6과 9-10)에서는 그 게송 순서가 정반대이다.

7 Zimmermann 2002. 특히 'tathāgatagarbha'라는 복합어에서 '-garbha'의 의미에 대해서는 Zimmermann 2002, 39-46 참조.

염오가 없는 상태(nairmalya)가 본질적으로 [붓다와] 분리될 수 없기 때문에, ③ 붓다의 종성(gotra)에 대해 그 결과(=붓다)를 은유적으로 시설(upacāra, nyer btags)하기 때문에, 모든 신체를 지닌 이(=중생)는 붓다의 본질(buddhagarbha)을 지닌다고 [붓다에 의해] 설하여졌다네."[8] [밑줄은 필자 강조]

위 게송에서는 '모든 중생이 여래장을 지니고 있다'는 붓다의 선언을 ① 붓다의 지혜(buddhajñāna), ② 무구(無垢, nairmalya) 그리고 ③ 종성(gotra)이라는 여래장의 세 가지 의미로 설명하고 있다.

① 먼저 미혹한 중생이 아닌 깨달은 이의 입장에서 본다면, 붓다의 지혜광명이 이미 중생들에게 존재한다는 것이다. 그러므로 정각자의 입장에서는 누구나 예외 없이 다 붓다라고 선언할 수 있는 것이다. ② 이어서 붓다와 중생은 완전히 같기 때문에 별도의 수행이 요구되지 않는다고 주장하지 않는다. 단지 붓다와 중생은 격리된 관계가 아니라 떼려야 뗄 수 없는 불가분의 관계임을 밝히고 있다. 다름 아닌 붓다의 입장에서 본다면, 중생이 염오로부터 벗어날 경우 무구라는 측면에서 중생과 붓다가 나뉠 수가 없다는 점을 명기하고 있는 것이다. ③ 마지막으로 일반 범부의 입장에서 본다면, 중생이 지니고 있

---

8 RGV 26.1-4: "buddhajñānāntargamāt sattvarāśes tannairmalyasyādvayatvāt prakṛtyā | bauddhe gotre tatphalasyopacārād uktāḥ sarve dehino buddhagarbhāḥ ‖ 27 ‖"
RGV(Tib.) 49.9-10: "sangs rgyas ye shes sems can tshogs zhugs phyir ‖ rang bzhin dri med de ni gnyis med de ‖ sangs rgyas rigs la de 'bras nyer btags phyir ‖ 'gro kun sangs rgyas snying po can du gsungs ‖ 28 ‖" 이하 『보성론』 원문 내용은 高崎直道 1989와 안성두 2011을 참조해서 번역하였다.

는 깨달음의 원천 혹은 원인(gotra)과 깨달음의 결과(phala)에는 분명히 간극이 존재하는 것처럼 보인다. 하지만 정각자의 입장에서 본다면, 결과적으로 중생은 깨달음을 성취하게 되는 존재, 즉 붓다와 다름없다(下田正弘, 2014).[9]

한편 한역본 『보성론』과 현존하는 범본·티벳역본 『보성론』의 상기 게송을 상호 비교해보면 내용상의 차이점이 발견된다.[10]

> "① 모든 중생의 무리는 붓다들의 지혜와 분리될 수 없다[不離]. 왜냐하면 그 [중생의 무리의] 청정하고 염오가 없는 상태가 본성적으로 [붓다와] 둘이 아니기[不二] 때문이다. ② 모든 붓다들[이 지니고 있는] 평등한 법성신(法性身, *dharmatākāya) 때문에, 모든 중생이 모두 여래의 본질(如來藏, *buddhagarbha)을 지니고 있다고 알 수 있다."[11]

첫 번째 차이점은 한역본 게송에서 "모든 중생이 여래장을 지니고 있다(=A)"는 붓다의 선언을 앞에서 살펴본 여래장의 세 가지 의미가 아닌 두 가지 이유 구문으로 설명하고 있다.[12]

---

9 여래장사상이 중생의 입장이 아닌, 붓다의 시점에서 밝혀낸 사상이라는 점을 下田正弘는 강조하고 있다. 필자는 그의 입장에 전적으로 동의한다.

10 한역본 『보성론』에서는 티벳역본 『보성론』과 마찬가지로 범본 『보성론』 I.27 게송을 28번째로 나열하고 있다.

11 『究竟一乘寶性論』(T31, 813c25-28; 828b8-11): "一切衆生界 不離諸佛智 以彼淨無垢 性體不二故 依一切諸佛 平等法性身 知一切衆生 皆有如來藏".

12 RGV 26.1-4: "buddhajñānāntargamāt sattvarāśes tannairmalyasyādvayatvāt prakṛtyā | bauddhe gotre tatphalasyopacārād uktāḥ sarve dehino buddhagarbhāḥ ‖ 27 ‖" 현존하는

① 첫 번째, 깨달은 이의 A선언은 모든 중생들이 붓다의 지혜와 불가분의 관계에 있다는 의미로 해석할 수 있다. 그 이유로는 중생이 청정하고 염오가 없는 상태에 이르렀을 때 붓다의 지혜와 차별이 없기 때문이다. 이것이 의미하는 내용은 중생이 번뇌로 염오된 상태가 아닌, 중생이 염오로부터 벗어나서 청정한 상태가 되었을 때 그 결과로서 붓다의 지혜를 구족한다는 것이다.

② 두 번째로 붓다의 관점에서 본다면, 붓다의 지혜와 결과로 취해질 중생의 지혜 사이에는 구별이 없다. 그러므로 붓다의 지위에 오를 중생을 포함한 모든 붓다들이 법성신을 구족하고 있기 때문에 깨달은 이가 A를 선언하는 것이다.

두 번째 차이점은 범본 및 티벳역본 게송에 나타나는 여래장의 세 가지 의미 중 세 번째인 종성(gotra)과 '은유적 시설'이라는 의미의 'upacāra (nyer btags)'에 상응하는 구문이 한역본 게송에서는 결락되어 있다는 점이다. 이를 통해서 우리는 Ratnamati(勒那摩提)가 『보성론』을 한역할 당시인 6세기 초에[13] 그가 이용한 범어사본이 현존하는 범본과 달랐

범어 문장에서 '중생의 무리(sattvarāsi)'를 속격(Genetive case)이 아닌 탈격(Ablative case)으로 볼 경우, 한역본과 같이 두 가지 이유 구문으로 해석할 가능성도 있을지 모른다. 하지만 'bauddhe gotre …' 이하의 구문이 한역본과 일치하지 않는다는 점은 Ratnamati가 번역 당시에 소지한 범본 『보성론』 사본이 현존하는 범본과 달랐을 가능성을 어느 정도 입증할 수 있을지도 모른다.

13 高崎直道(1966, 7)는 Ratnamati(Lènàmótí 勒那摩提, 508년 北魏의 수도인 洛陽 입국)가 511년경에 낙양(Luòyáng 洛陽)에서 『보성론』을 번역하였을 것이라고 추측하고 있다. 한편 宇井伯壽(1959, 21)는 Ratnamati가 511-515년 사이에 『보성론』을 역출하였을 것이라고 추정한다.

을 가능성을 완전히 배제할 수는 없을지도 모른다.[14]

그럼에도 불구하고 여기서 언급할 수 있는 『보성론』 한역본의 특징은 붓다(혹은 붓다의 지혜)와 중생 사이에 '분리될 수 없음[不離]'과 '둘이 아님[不二]'이라는 측면이 강조되고 있다는 점이다. 어쩌면 문헌 전승의 차이로 인해 중국불교에서는 중생이 살고 있는 현상세계와 붓다의 깨달음이라는 초월적 세계가 '不離', '不二'라고 하는 중국적 사유체계의 틀 속에서 여래장사상을 재해석하고 수용한 것일지도 모른다.

여래장의 세 가지 의미와 관련한 또 다른 상이한 번역의 실례로 『보성론』 I.28 게송을 언급하고 싶다.

> 범본 및 티벳역본 게송: "① [모든 중생에게] 정각자의 신체(saṃbuddhakāya)가 편재(spharaṇa)하기 때문에, ② [여래의] 진여(tathatā)가 [중생과] 무차별(avyatibheda)이기 때문에, ③[여래의] 종성(gotra)[이 존재한다는 의미] 때문에,[15] 모든 신체를 지닌 이(=중

---

14 용수(Nāgārjuna)의 『경집론』(Sūtrasamuccaya)에 대한 라뜨나까라쌴띠(Ratnākaraśānti)의 주석서인 『보석과 같이 빛나는 장엄이라고 불리는 경집론에 대한 주석(mDo kun las btus pa'i bshad pa rin po che snang ba'i rgyan ces bya ba, 약칭 경집론주석)』에서 범본 『보성론』의 I.28 게송을 인용하고 있는데, 현존하는 범본과 티벳역본의 내용과는 상이하다. 이에 대해서는 Kano 2006 참조. 이러한 상황을 종합적으로 정리해보면, 현존하는 범본과 전승을 달리하는 범본 『보성론』이 존재했을 가능성을 완전히 배제할 수는 없을지도 모른다. 그리고 Ruegg 1977, 296-297과 309의 각주 100의 『보성론』 게송 관련 또 다른 티벳어 번역도 참조.

15 RGVV 26.8-9: "sarvasattveṣu tathāgatadharmakāyaparispharaṇārthena tathāgatatathatāvyatibhedārthena tathāgatagotrasadbhavārthena ca"이라는 산문주석(ślokārthavyākhyāna)에 의거해서 이 게송을 번역하였다. '-saṃbhavārthena'를 Schmithausen 1971, 141과 안성두 2011, 102의 제안에 따라 '-sadbhavārthena'로 교정하였다.

생)는 항상 붓다의 본질(buddhagarbha)을 지닌다네."[16]

앞부분에 인용된 게송 내용 중 ① '붓다의 지혜'라는 구절이 '정각자의 신체'로 변경되었으며, '편재하다'는 서술어가 명기되어 있다는 점이 약간의 차이점이라고 할 수 있다. 하지만 나머지 ② 진여라는 측면에서 여래와 중생의 무차별, 그리고 ③ 종성(gotra)이라는 측면을 언급한다는 점에서 앞의 게송과 이 게송은 여래장의 세 가지 의미를 거의 동일하게 지시한다고 할 수 있을 것이다.

이 게송에 상응하는 한역본의 번역은 일부 구문에 있어서 상이한 점이 발견된다.

> 한역본 게송: "① 붓다의 법신이 편만하기 때문에, ② [여래의] 진여가 [중생과] 차별이 없기 때문에, ③ [중생은] 모두 진실로 불성(佛性)을 가진다(皆實有佛性). 그러므로 중생은 모두 항상 여래장을 지니고 있다."[17]

늑나마제(勒那摩提)의 『보성론』 한역본에서는 여래장의 세 가지 의미 중[18] 세 번째인 'gotrataś(Tib. rigs yod phyir na)'에 해당하는 게송 구

16 RGV 26.5-6: "saṃbuddhakāyaspharaṇāt tathatāvyatibhedataḥ | gotrataś ca sadā sarve buddhagarbhāḥ śarīriṇaḥ ‖ 28 ‖" RGV(Tib.) 49.5-6: "rdzogs sangs sku ni 'phro phyir dang ‖ de bzhin nyid dbyer med phyir dang ‖ rigs yod phyir na lus can kun ‖ rtag tu sangs rgyas snying po can ‖ 27 ‖"

17 『究竟一乘寶性論』(T31, 828a28-29): "佛法身遍滿 眞如無差別 皆實有佛性 是故說常有[衆生俱有常有如來藏]."

문이 '진실로 모두 불성을 지니고 있다(皆實有佛性)'로 번역되어 있다.[19] 이어서 게송 구문인 '종성[이 존재한다는 의미] 때문에(gotrataś)'에 대한 산문주석인 "tathāgatagotrasadbhavārthena(de bzhin gshegs pa'i rigs yod pa'i don gyis)"에 해당하는 문장[20]이 한역본에서는 "모든 중생이 다 진여(tathatā)로서의 불성을 지니고 있다(一切衆生皆悉實有眞如佛性)"로 번역되어 있다는 점이 흥미로운 사항이다.[21]

늑나마제는 현존하는 범본 『보성론』 I.27-28 게송과 산문주석의 '종성(gotra/rigs)'과 연관된 부분을 한역본 『보성론』에서 각각 '평등한 법성신'과 '佛性' 그리고 '진여불성'[22]이라는 서로 다른 용어로 번역하고 있다. 무엇 때문에 '종성(gotra)'과 연관된 부분이 한역에서는 '평등한 법성신'과 '불성' 그리고 '진여불성'이라는 용어로 번역된 것일까. 번역상의 차이와 관련해서 필자는 두 가지 가능성을 조심스럽게 제시하고자 한다.

첫 번째는 늑나마제가 한역할 때 수지했던 『보성론』 범어사본이 E.H. Johnston이 『보성론』을 편집할 때 사용한 사본들과 달랐을 가능

18 여래장의 세 가지 의미, 즉 ① 법신과 같이 광대함(dharmakāyāvipulas), ② 붓다와 중생의 진여가 분리되지 않음(tathatāsaṃbhinna), ③ 결정된 종성(niyatagotra)으로 설명하는 구절로는 RGVV 73, 9-10; RGVV(Tib.) 143.8-9; T31, 839b6-7이 있다.

19 여래장(tathāgatagarbha)을 '如來性(tathāgatadhātu)'과 '佛性(*buddhadhātu)'이라는 술어로 서술하는 『보성론』의 입장에 대해서는 高崎直道 1989, 250-251 참조. 한역어 '佛性'의 원어에 대한 논의와 함께 범본과 한역본 『보성론』에 나타나는 '-dhātu, -garbha, -gotra'의 다양한 용례를 비교해서 분석한 것으로는 高崎直道 1982, 48-61; 小川一乘 2004, 54-81 참조.

20 RGVV 26.8-9; RGVV(Tib.) 49.13-14.

21 『究竟一乘寶性論』(T31, 828b5)

22 『보성론』의 '진여불성'의 용례를 언급한 선행연구로는 大竹晋 2011, 279; 김성철 2013, 75-77이 있다.

성이다. 하지만 한역본 『보성론』에 상응하는 사본이 새롭게 발견되지 않는 한, 현재로서는 이 가능성에 대해 조심스러운 접근이 필요하다고 할 수 있다.

두 번째는 늑나마제 혹은 그 제자 그룹들이 어떤 의도를 가지고 번역한 것일 수 있다는 것이다. 한역본 『보성론』 게송의 '평등한 법성신'이란 완성된 형태로서의 '법신', 즉 '결과'를 가리킨다. 중생의 측면에서 붓다가 될 수 있는 '가능성'이라는 '원인'에 방점을 찍는 것이 아니다. 결과적 측면인 깨달음을 완전히 구족한 법신의 상태를 상정하고 있는 것이다.

그렇다면 '종성(gotra)'의 번역어인 한역본 『보성론』 게송의 '불성'과 이를 풀이하는 산문주석의 '진여로서의 불성(=진여 즉 불성)'은 어떤 의미를 함의하고 있는 것인가.

I.24 게송에 대한 산문주석에서도 진여불성이 언급된다.

> "tatra samalā tathatā yo dhātur(Tib. khams) avinirmuktakleśakośas tathāgatagarbha ity ucyate/ nirmalātathatā sa eva buddhabhūmāv āśrayaparivṛttilakṣano yas tathāgatadharmakāya ity ucyate."(RGVV 21.8-10; RGVV(Tib) 39.12-14)
>
> "此偈明何義? 眞如有雜垢者, 謂眞如佛性, 未離諸煩惱所纏如來藏故. 及遠離諸垢者, 即彼如來藏轉身到佛地得證法身, 名如來法身故."(T31, 827a1-4)

이 인용문에서는 '진여(tathatā)로서의 불성'이라는 용어가 '원인'이라는 의미의 'dhātu(Tib. khams)'에 상응하는 용어임을 알 수 있다. I.28 게송의 'gotra'와 I.24 산문주석의 'dhātu'가 동일한 의미인 '원인'으로 사용됨을 알 수 있다. '진여(tathatā)로서의 불성'은 '여래장'이라고 하는 '유구진여(samalā tathatā)'로서의 '佛性(buddhadhātu)',[23] 즉 '자성청정(prakṛtipariśuddhi)/자성청정심(prakṛtiprabhāsvaracitta)'에 다름 아니다. '진여로서의 불성'은 '무구진여(nirmalā tathatā)', '법신(dharmakāya)', 그리고 '이구청정(vaimalyaviśuddhi)'과 대비되는 늑나마제의 특징적인 번역술어 중 하나라고 할 수 있을 것이다.[24]

결론적으로 말하자면, Ratnamati 혹은 그를 따르는 일군의 제자들이 '결과'로서의 '법신'과 대비되는 '원인'으로서의 '자성청정심'인 '여래장'을 강조하기 위해 '불성', '진여로서의 불성'이라는 용어를 의도적으로 선택하였을 가능성도 있다.

---

23 下田正弘 Shimoda 1997는 붓다의 사리신앙에서 출발한 'tathāgatadhātugarbha'라는 용어가 'buddhadhātu'라는 술어로 어떤 과정을 통해서 발달하게 되었는지를 논증하고 있다.

24 '진여로서의 불성(zhēnrú fóxìng 眞如佛性)'과 '여래장', '유구진여', '자성청정심'과의 관련성에 대해서는 T31, 827a1-4, 838c12-24, 841b17-24; RGVV 21.8-10, 71.6-15, 80.15-19; RGVV(Tib.) 39.12-14, 139.6-18,157.19-159.1 등 참조. SAT大正新脩大藏經テキストデータベース(http://21dzk.l.u-tokyo.ac.jp/SAT/)에 의하면, '진여불성'은 『金剛仙論』(Jīngāng xiānlùn)이 15회, 한역본 『보성론』이 9회로 가장 많이 등장한다. 菩提流支의 『金剛仙論』과 한역본 『보성론』에 나타나는 '진여로서의 불성' 등과 관련한 용어를 통해 두 문헌 간의 번역용어가 상호 밀접한 관계에 있다는 점을 알 수 있다. 『金剛仙論』이 보리유지의 강의록(般山徹 2002, 21-22)을 복수의 중국인 제자들이 필기·편찬한 것이라면(大竹晉 2003, 26), 한역본 『보성론』에서 사용했던 '진여로서의 불성'이라는 용어를 보리유지의 중국인 제자들이 차용했을 가능성도 있을 것이다. '진여불성'과 관련해서 이케다 마사노리(Masanori Ikeda) 선생으로부터 자료적 도움을 받았다. 이에 감사의 뜻을 표하고 싶다.

3. 여래장의 세 가지 의미에 대한 『보성론요의』(Theg pa chen po rgyud bla ma'i bstan bcos kyi don bsdus pa)의 해석

『보성론』을 삿자나(Sajjana, 11세기 후반기 활동)[25]와 함께 티벳어로 공동 번역하고, 이에 대한 티벳 최초의 주석서인 『보성론요의』(Theg pa chen po rgyud bla ma'i bstan bcos kyi don bsdus pa, 이하 『요의』(Don bsdus)[26]를 저작한 옥 로짜와 로댄쎄랍(rNgog Lo tsā ba Blo ldan shes rab, 1059-1109 이하 옥 로댄쎄랍)[27]은 미륵오법(Mílè wǔfǎ 彌勒五法)[28] 중 『보성론』만을 '확정된 의미(liǎoyì 了義, nitārtha)'와 연관된 논서로 정의하고 있다.

옥 로댄쎄랍은 『보성론』의 산문주석에 입각해서[29] 공성(śūnyatā)과 무상(animitta)과 무원(apraṇihita)의 가르침을 표방하는 반야경전들(Prajñāpāramitāsūtras)의 가르침이 두 번째 전법륜에 속하는 가르침이라고 설명한다.

이에 반해 여래장을 설하는 『보성론』의 가르침은 성문(śrāvaka), 연각(pratyekabuddha), 보살(bodhisattva)이라는 각각의 깨달음과 지혜를 초래하는 삼승(triyāna)의 가르침이 아니라, 정각자의 깨달음([saṃ]bodhi)과 지혜(jñāna)로 인도하는 오직 일승(ekayāna=ekanayadharmadhātu)의 가르침이며, 이 가르침이야말로 대승의 진실한 의미를 담고 있는 가르

---

25 삿자나의 간략한 일대기에 대해서는 Kano 2006 참조.

26 『요의』(Don bsdus) 주석서들의 두 가지 상이한 유형들에 대해서는 Kano 2008, 136-139 참조.

27 옥 로댄쎄랍의 전기에 대해서는 Dul 2004, Kramer 2007 참조.

28 미륵오법에 대한 상세한 논의로는 袴谷憲昭 1986, 235-268 참조.

29 옥 로댄쎄랍의 철학적 입장과 연관된 『보성론』의 산문주석 내용에 대해서는 RGVV 6.1-7, 77.2-4; RGVV(Tib.) 9.3-11, 151.6-9; T31.822a13-21, 840a9-12 등을 참조.

침이고, 세 번째 전법륜, 즉 불퇴전의 법륜(avivartyadharmacakra)에 배대되는 가르침이라고 주석하고 있다.[30]

옥 로댄쎄랍은 범본 『보성론』 I.28 게송에 나타나는 여래장의 세 가지 의미, 즉 ① 법신(dharmakāya)과 ② 진여(tathatā)와 ③ 종성(gotra)을 각각 Ⓐ 결과(phala)와 Ⓑ 자성(svabhāva)과 Ⓒ 원인(hetu)이라는 세 가지 측면에 배대한 후, 이에 대한 상세한 주석을 달고 있다.[31]

옥 로댄쎄랍은 『보성론』 I.28 게송의 법신에 대한 정의가 무구진여(nirmalā tathatā)와 연결되는 개념이라고 다시 한번 강조한다. 그리고 예외 없이 모든 중생들은 누구나 다 법신을 성취할 수 있기 때문에 법신이 중생 속에 편재하다고 정의한다.

옥 로댄쎄랍은 법신을 다시 여래(tathāgata)의 측면과 중생(sattva)의 측면으로 나누어서 설명하고 있다. 그는 "모든 중생들이 여래장을 지니고 있다"라는 『여래장경』의 선언은 중생들의 측면에서 본다면, 이

---

30 A 1b1-2; B 1b2-4: "bcom ldan 'das byams pas bde bar gshegs pa'i bka'i dgongs pa phyin ci ma log par gsal bar mdzad pa na | nges pa'i don gyi (A: gi) mdo sde rin po che | (B omits gcig shad) phyir mi ldog pa'i chos kyi 'khor lo | (B 1b3) chos kyi dbyings tshul gcig (A: cig) tu (A: du) (A 1b2) ston pa | shin tu rnam par dag pa gdon mi (A: myi) za ba'i chos kyi rnam grangs (A inserts khams) thams cad kyi don rab tu (A: du) ston pa | theg pa chen po rgyud bla ma'i bstan bcos (A: chos) 'di mdzad pas | (B 1b4) theg pa chen po'i don gyi (A: gi) de kho na rnam par gzhag pa yin no ‖" 번역은 Kano 2006, 2009, 117-118, Mathes 2008, 26-27, 차상엽 2013, 240-242 참조.

31 A 18b5; B 29a3-4: "rdzogs sangs sku ni 'phro phyir dang | zhes bya ba la sogs pa la | 'bras bu dang | rang bzhin dang | rgyu'i snying po can yin pa'i (B 29a4) phyir | de bzhin gshegs pa'i snyng po can du dgongs pa'o ‖" 번역은 Kano 2006, Mathes 2008, 28, 차상엽 2013, 364 참조. 『까담전서』에 수록된 옥 로댄쎄랍의 아홉 가지 저작들과 그 개관에 대해서는 加納和雄 2007, 3-5 참조. 『까담전서』에 대한 좀 더 세부적인 내용에 대해서는 井内 2006, 加納和雄 2007, 1-3 참조.

미 정각자의 법신을 결과(phala)적으로 온전하게 구족하고 있어서 수행도의 실천이 무용하다는 의미를 나타내는 것이 아니라는 점을 상기시키고 있다. 이를 위해 옥 로댄쎄랍은 중생들이 정각자의 법신을 성취할 수 있는 '가능성' 즉 '잠재적인 능력'으로서의 '여래장'을 지니고 있다는 점을 부각시키기 위해 '가능성(톱뚜룽 thob tu rung)'이라는 용어를 사용한다. 즉, 그는 중생이 수행도의 실천을 통해 붓다의 상태를 성취할 수 있는 원인(hetu)으로서 '여래장'을 지니고 있다는 점을 강조하고 있는 것이다. 그래서 그는 중생의 측면에서 본다면, 이 여래장이란 깨달음을 초래할 수 있는 가능성 즉, 원인(hetu) 혹은 종자(bīja)라는 것이다. '여래장'이란 중생의 입장에서 본다면 단지 '은유적으로 시설한 것(upacāra, btags pa)'일 뿐이라는 것이다.

이러한 그의 주석방식은 범본 『보성론』 I.27 게송에 언급되고 있는 '은유적 시설(upacāra, btags pa)'[32]을 『보성론』 I.28 게송과 연결해서 해석하고 있는 그의 여래장 이해와 관련한 철학적 입장이라고 할 수 있을 것이다.

이에 반해 그는 '여래'에게 여래장은 가능성이 아니라는 점을 언급하고 있다. 그는 정각자의 깨달음을 이미 완전히 구족한 법신, 혹은 그 지혜가 중생들 속에 침투해 있기 때문에(spharaṇāt), 이러한 작용은 실재(dngos po)한다는 점을 강조하고 있다. 결국 모든 중생에게 있어서, 여래장의 의미는 수행도의 실천을 통해 붓다가 될 수 있는 원인,

---

32 RGV 26.1-4; RGV(Tib.) 49.9-10. 앞에서 논의한 것처럼, 한역본(T31, 813c25-28; 828b8-11)에서는 이 부분을 누락하고 있다는 점을 상기할 것.

혹은 성불의 가능성일 뿐이라는 점을 그는 함축하고 있다.[33]

아울러 옥 로댄쎄랍은 법신(dharmakāya)이 바로 공성(śūnyatā)이며, 이러한 공성이 모든 중생에게 존재한다고 부언 설명하고 있다.[34] 『보성론』에서는 법신을 공성과 정확하게 일치시키지 않고, 상(nitya)·락(sukha)·아(ātma)·정(śubha)의 네 가지 바라밀(pāramitā)과 불변이성, 적정 등의 속성에 배대함에 반해[35] 옥 로댄쎄랍은 그의 주석에서 법신을 공성과 일치시킨다는 점은 그의 해석학적 특징 중 하나라고 할 수 있을 것이다.

진여(tathatā)라는 측면에서 본다면, 여래와 여래장을 지니고 있는 중생에게는 차별 없이 진여가 실재로 존재(dngos)한다고 옥 로댄쎄랍은 주석하고 있다. 그 이유로는 본질적으로 염오가 없는 진여, 즉 무구진여(nirmalā tathatā)로서의 법신(dharmakāya)이 설령 비본질적인 장애(客塵煩惱, *āgantukāvaraṇa/āgantukakleśa)로 덮여 있다고 하더라도, 붓다의 자성(svabhāva)에 다름 아니기 때문이다. 그리고 중생의 상속 속에 이러한 진여가 명백하게 머무르기 때문에 여래와 중생에게는 진여가

33 A 18b5-6; B 29a4-5: "de la rnam par dag pa'i de (A 18b6) bzhin nyid ni | (B omits ni and gcig shad) rdzogs pa'i sangs rgyas kyi chos kyi (B omits chos kyi) sku yin la | de 'phro ba ni des khyab pas (B: pa) te (em. ste AB) | sems can thams cad kyis thob tu rung ba'i phyir khyab pa yin no ‖ phyogs 'di la (B 29a5) ni de bzhin gshegs pa ni dngos po yin la | sems can de'i (B: 'di'i) snying po can du ni btags pa yin te | de thob pa'i skal ba yod pa la des khyab par btags pa'i phyir ro ‖" 번역은 Kano 2006, 차상엽 2013, 364-365 참조. 상이한 번역으로는 Mathes 2008, 28 참조.

34 A 26a2; B 41b1: "chos sku de nyid (A: ni) stong pa nyid yin la | stong pa nyid kyang sems can thams cad (B omits thams cad) la yod pa'i phyir ro ‖" 번역은 Kano 2006, 차상엽 2013, 425 참조

35 RGVV 31.3-4; RGVV(Tib.) 59.12-14, RGVV 54.12-15; RGVV(Tib.) 107.8-11 등 참조.

똑같이 실재하고 있다는 점을 그는 강조하고 있다.[36]

이러한 옥 로댄쎄랍의 주석은 실체가 없는 비본질적인 장애의 유무로 인해 유구진여와 무구진여로 나눌 뿐이라는 점을 함의하고 있다. 아울러 그는 법신과 공성을 일치시키듯이, 진여와 공성도 일치시키고 있다.[37] 이러한 그의 철학적 입장은 『보성론』의 원 맥락과는 정확하게 일치하지 않는다.

종성(gotra)이라는 측면에서 본다면, 청정한 진여(tathatā)의 상태가 성취되는 원인인 선한 습기, 즉 반야(prajñā)와 연민(karuṇā)의 종자(bīja)야말로 여래의 원인(hetu)이기 때문에 여래(tathāgata)라고 은유적으로 시설한 것(btags pa)이며, 중생의 본질은 은유적 시설이 아닌 실재(dngos po)라고 옥 로댄쎄랍은 주석하고 있다.[38]

정신적인 성향이나 경향의 의미를 지니는 원인(hetu)으로서의 종성(gotra)은 오직 중생에게만 실재(dngos po)하는 것이다. 반야와 연민이 여래를 성취시킬 수 있는 원인이기 때문에 '모든 중생들이 여래장을

---

36 A 18b6-7; B 29a5-6: "de bzhin (A 18b7) nyid dbyer med (A: myed) phyir dang | (A omits gcig shad) zhes bya ba ni | de bzhin gshegs pa dang | (B 29a6) sems can de'i snying po can gnyis ka (A: go) dngos su yin te | de bzhin nyid dri ma (A: dri mas) rang bzhin gyis dben pa ni glo bur gyi sgrib pa dang bcas pa'i tshe yang | sangs rgyas kyi (A: gyi) rang bzhin yin pa dang | sems can gyi (A: kyi) rgyud la nges par gnas pa'i phyir ro ‖" 번역은 Kano 2006, 차상엽 2013, 366 참조.

37 A 26a3-4; B 41b2-4. 번역은 Kano 2006, 차상엽 2013, 425-426 참조.

38 A 18b7-19a1; B 29a6-b2: "rigs yod phyir na | (B 29b1) zhes bya ba ni | de bzhin nyid rnam par dag (A 19a1) pa'i gnas skabs thob (A: 'thob) pa'i rgyu dge ba'i bag chags shes rab dang snying rje'i sa bon ni de bzhin gshegs pa'i rgyu yin pas de bzhin gshegs pa zhes btags pa yin la | sems can gyi snying po ni (B 29b2) dngos po (A omits po) kho na yin no ‖" 번역은 Kano 2006, 차상엽 2013, 366 참조. 상이한 번역으로는 Mathes 2008, 28 참조.

지니고 있다'라고 중생들에게 선언하는 것이지, 중생이 바로 여래라는 것은 아니라는 점을 다시 한번 옥 로댄쎄랍은 강조하고 있다.

일체 중생(A)이 결과적인 측면인 정각자의 법신(B)을 완전하게 구비하고 있다는 것이 아니라(A≠B), 일체 중생(A)이 정각자의 법신(B)으로 나아갈 수 있는(A⇒B) 원인이 존재한다는 것이다. 그래서 옥 로댄쎄랍은 '성불의 가능성'을 부각시키는 표현으로 앞에서 언급한 '가능성(thob tu rung)'이라는 용어를 사용한 것이다. 그리고 옥 로댄쎄랍은 원인(hetu)으로서의 종성(gotra)이 바로 공성(śūnyatā)이라고 설명하고 있다.[39]

옥 로댄쎄랍은 여래장의 세 가지 의미인 법신, 진여 그리고 종성을 다름 아닌 공성으로 해석하고 있다. 여래장과 공성을 일치시키는 그의 이해는 『보성론』의 원 맥락과는 정확하게 일치하지 않는다.[40]

『보성론』에서는 여래장 그 자체가 비존재가 아니라, 비본질적인 객진번뇌(āgantukakleśa)가 바로 공성(śūnyatā)이라는 점을 강조하고 있기 때문이다.

그리고 『보성론』에서는, 현존하지 않는 『대승아비달마경』(Abhidharmasūtra)에 나오는 유명한 게송 구절을 인용하고 있다.

이 게송 구절은 다름 아닌 『섭대승론』(Mahāyānasaṃgraha)에 등장하는 '시작이 없는 때부터(無始以來) 계(dhātu) …'라는 구문이다. 『섭대승론』에서 언급하고 있는 '계(dhātu)'란 다름 아닌 '알라야식(ālayavijñāna)'을 지칭

---

39 A 26a7; B 42a1. 번역은 Kano 2006, 차상엽 2013, 427 참조.

40 RGVV 55.14-15; RGVV(Tib.) 109.3-5, RGVV 75.17-76.12; RGVV(Tib.) 147.17-149.13 등을 참조.

하는 것이다. 그러나 『보성론』에서는 '시작이 없는 때부터(無始以來) 계(dhātu)'란 '여래장(tathāgatagarbha)'을 가리키는 것으로 설명한다. 그런데 『보성론』에서는 '계(dhātu)'='여래장(tathāgatagarbha)'으로 언급하고 있을 뿐, 여래장을 알라야식과 일치시키지는 않는다.[41] 이에 반해 옥 로댄 쎄랍은 여래장과 알라야식(ālayavijñāna)을 일치시키는 주석을 남기고 있다.[42]

『보성론』의 여래장사상과 관련한 옥 로댄쎄랍의 철학적 혹은 해석학적 입장은 티벳불교사상사에서 중요한 의미를 지닌다고 할 수 있다. 왜냐하면 티벳 최초로 『보성론』에 대한 주석서를 남긴 그가 『보성론』의 여래장사상을 어떻게 이해하고 해석했는지를 지성사적인 맥락에서 우리는 검토해볼 수 있기 때문이다.

한편으로 그의 『보성론』 이해는 티벳 최초기에 『보성론』이 어떻게 티벳에서 수용되었는지를 살펴볼 수 있는 훌륭한 시금석이 된다고도 할 수 있을 것이다.

4. 여래장의 세 가지 의미에 대한 『불성론』의 해석

동아시아불교도들은 여래장(如來藏, tathāgatagarba)이라는 용어보다 불성(佛性, *buddhadhātu)이라는 표현에 보다 더 친숙하다. 왜냐하면 한역 경전에서 '모든 중생이 붓다의 본질(=여래장, tathāgatagarbha)을 지니고

---

41 RGVV 72.13-73.1; RGVV(Tib.) 141.14-19. 안성두 2011, 344의 각주 173 참조.

42 A 26b1-3; B 42a4-6. 번역은 Kano 2006, 차상엽 2013, 428 참조.

있다'라는 의미로 사용되는 표현으로 '一切衆生有如來藏'보다 '一切衆生悉有佛性'을 빈번하게 사용해왔기 때문이다.[43]

동아시아불교의 불성 사상은 『불성론』과 『대승기신론』을 기반으로 하고 있다.

여기에서는 전통적으로 진제(Paramārtha, 499-569)[44]의 번역이라고 언급되는[45] 『불성론』[46]에 기술되고 있는 여래장의 세 가지 의미를 살펴보고자 한다.

『불성론』에서는 『보성론』 I.27-28 게송에서 언급한 ① 법신, ② 진여 그리고 ③ 종성이라는 '여래장의 세 가지 의미'를 늑나마제의 한

---

43 SAT大正新脩大藏經텍스트데이터베이스(SAT Daizōkyō Text Database)를 검색해보면, '一切衆生有如來藏'이라는 문장이 25회 등장한다. 그중 한역본 『보성론』에서는 이 표현이 모두 10회 나타난다. '一切衆生悉有佛性'이라는 문장이 383회 등장한다. 그중 曇無讖(Dharmakṣema, 385-433)과 慧嚴(Huìyán, 363-443)의 『대반열반경』(No. 374, 375)에서 61회, 『大般涅槃經集解』(No. 1763)에서 9회 등장한다. 우리는 한역경전에서 '一切衆生悉有佛性'이 압도적인 영향력을 행사하고 있다는 사실을 확인할 수 있다.

44 진제의 활동과 저작의 기본적 특징에 대해서는 般山徹 2012, 1-86 참조.

45 般山徹 2002, 19-23는 중국으로 건너온 외국인 승려에 의한 강의록의 실례를 다섯 가지로 언급하고 있는데, 그중 다섯 번째가 진제의 번역이라고 전해지는 경론에 대한 주소를 언급하고 있다. 그의 분류 방식에 따른다면, 『불성론』도 중국도래 승려의 강의록에 포함된다고 할 수 있을 것이다. 그리고 般山徹 2012, 58-65는 진제의 강의를 듣고 필기하였던 중국인 제자들의 역할에 주목하였다. 그의 지적에 따르면 진제의 주장에 대해 주석을 단 것은 실제로 진제 자신이 아니었음을 언급하며, 한걸음 더 나아가 진제의 입장을 바탕으로 하고 있더라도 애초부터 진제의 제자들에 의해 쓰였음을 지적하고 있다.

46 高崎直道 2005, 19-31. 특히 p.30 참조의 『불성론』 연구사 검토에 따르면, 그는 『불성론』의 입장을 '직접 어떤 의도를 가지고 『보성론』을 개작한 것'이고, '유가행파의 기본교리에 아주 친숙하기 때문에 어쩌면 세친(Vasubandhu)의 이름을 가차한 유가행파 내의 한 그룹이 창작했을 가능성'도 언급하고 있다. 하지만 진제 자신이 주석을 삽입한 흔적도 보이기 때문에 어쩌면 진제 자신의 작품이 아닐까라고 조심스럽게 추정하고 있다. 그리고 服部正明(高崎直道 2005, 25-26)는 『불성론』이 「여래장품」의 내용을 골자로 하고 있음을 밝혔다.

역을 사용하지 않고, 각각 Ⓐ '포섭되는 것'이라는 의미로서의 장(所攝藏), Ⓑ '숨어서 드러나지 않음'이라는 의미로서의 장(隱覆藏), Ⓒ '가능성으로서 본래 갖추고 있음'이라는 의미로서의 장(能攝藏)으로 풀이하고 있다. 그리고 진여(tathatā)에 갖추어져 있는 '세 가지 불성', 즉 ⓐ 본래 갖추어져 있는 불성(住自性性), ⓑ 계발된 불성(引出性), ⓒ 佛果를 획득한 불성(至得性)이라는 '중국화'된 독특한 용어로 설명하고 있다.[47]

먼저 ① 포섭되는 것을 장(所攝藏)이라고 명명하는 이유를 『불성론』에서는 다음과 같이 설명한다.

붓다가 '본래 갖추어져 있는 [불성](住自性), 즉 如如(tathatā)'에 의거해서 "모든 중생들이 여래장이다"라고 선언하였다는 것이다.[48]

이 구절에 상응하는 범본 『보성론』 구문에서는 단지 유구진여의 측면에서(samalāṃ tathatām adhikṛtya), "모든 중생들이 여래장을 지니고 있다(sarvasattvās tathāgatagarbhā)"고 선언하고 있다.[49]

범본 『보성론』의 '유구진여(samalā tathatā)'에 해당하는 부분이 『불성론』에서는 '본래 갖추어져 있는 불성(住自性性), 즉 진여(tathatā)'로 치환된 것이다.

『불성론』에서 언급하는 '본래 갖추어져 있는 불성(住自性性)'이란 『보성론』 I.149에서 언급하고 있는 두 가지 종성[50] 중 첫 번째인 '본성주

---

47 '중국화'에 대한 예로 般山徹 2002, 22-23과 2012, 58-66 참조. 그리고 진제의 독특한 용어 및 해설에 대해서는 이미 高崎直道 2005, 284도 지적하였다.

48 『불성론』(T31.795c24-25): "一所攝名藏者 佛說約住自性如如 一切衆生是如來藏." 번역은 高崎直道 2005, 135 참조. 아울러 『보성론』과 『불성론』의 여래장의 세 가지 의미를 비교한 高崎直道 1989, 326-327도 참조.

49 RGVV 25.18; RGVV(Tib.) 49.3-4.

종성(prakṛtisthagotra)'과 연계된다.[51]

『보성론』은 '진여(tathatā)'의 '염오적인 측면'이 바로 '여래장'이라는 점을 언급하고 있다. 하지만 『불성론』에서는 '염오의 측면'이 아닌, '중생들이 본래 구비하고 있는 불성으로서의 진여'라고 하는 보다 더 긍정적인 측면으로서의 '불성', 즉 '진여'(불성=진여)를 강조하고 있다.

진제가 『불성론』에서 언급하고 있는 '중생들이 본래 구비하고 있는 불성, 즉 진여'란 Ratnamati가 한역 『보성론』에서 사용하고 있는 그의 특징적 술어 중 하나인 '진여(tathatā)로서의 불성[眞如佛性]'이다. 이 어휘는 '자성청정(prakṛtipariśuddhi)/자성청정심(prakṛtiprabhāsvaracitta)'이라는 용어들[52]과 어느 정도의 연관성이 엿보인다.

진제(Paramārtha)는 '본래 갖추어져 있는 불성(佛性)'이란 바로 '진여(tathatā)'이며, 한걸음 더 나아가 발보리심을 일으키기 이전의 '범부(pṛthagjana)의 상태'에서 지니고 있는 불성이야말로[53] '본래 갖추어져 있는 불성'이라고 말하고 있다.

앞에서도 언급했듯이, 진제는 『불성론』(T31.794a21-24)[54]에서 진여에 갖추어져 있는 세 가지 불성이라는 독특한 용어를 언급한다.

---

50 유가행파(Yogācāra) 문헌인 「보살지」(Bodhisattvabhūmi) 등에 나타난 종성(gocara)의 개념과 『보성론』에 나타난 종성의 개념의 차이점에 대해서는 高崎直道 1989, 326-327 참조.

51 RGV 71.18-19; RGVV(Tib.) 139.21-141.1.

52 각주 21 참조.

53 『불성론』(T31.794a21-24)

54 세 가지 불성에 대한 원문 해석은 高崎直道 1989, 326-327과 高崎直道 2005, 120-121, 280, 284-285와 김성철 2013, 96-97 참조.

진제가 말하는 진여에 갖추어져 있는 세 가지 불성이란 ① 본래 갖추어져 있는 불성(住自性性⇐prakṛtisthagotra), ② 계발된 불성(引出性⇐samudānītagotra), ③ 불과(佛果)를 획득한 불성(至得性⇐paripuṣṭagotra?)을 지칭하는데, 그는 이를 각각 '범부', '보리심(bodhicitta)을 일으키고서 궁극적인 깨달음을 얻기 이전까지의 보살', '완전한 깨달음을 성취한 무학(aśaikṣa)의 성자(ārya)'라는 수행계위와 연결시키고 있다.

『보성론』에서는 세 가지 불신(buddhakāya)이 일어나는 원인(hetu=gotra)이 두 가지 종성, 즉 본성주종성(prakṛtisthagotra)과 습소성종성(samudānītagotra)이라고 설명하고 있다.[55] 그런데 『불성론』에서는 두 가지 종성을 세 가지 불성으로 치환하고, 이들 각각의 불성을 수행계위와 연계시키고 있다는 점이 진제의 『불성론』에 나타난 독특한 특징이다.

티벳에서 최초로 『보성론』에 대한 주석을 남긴 옥 로댄쎄랍은 그의 주석서에서 '본성주종성(prakṛtisthagotra)'을 '공성(śūnyatā)', '진여(tathatā)'라고 기술하고 있다.[56]

이에 반해 진제의 『불성론』에서는 『보성론』에 나오는 '본성주종성(prakṛtisthagotra)'과 '습소성종성(samudānītagotra)'이라는 두 가지 종성을 '본래 갖추어진 불성(住自性性)'과 '계발된 불성(引出性)', '佛果를 획득한 불성(至得性)'이라는 세 가지 불성으로 치환한 후, 이를 바로 '진여

---

55 RGV 71.18-72.2; RGV(Tib.) 139.21-141.3.

56 A 29b8-30a1; B 48a6-b1. 번역은 Kano 2006 참조. Ruegg(1977)과 Kano(2006)가 지적하고 있는 것처럼, 옥 로댄쎄랍이 '본성주종성(prakṛtisthagotra)'과 '공성(śūnyatā)'을 일치시켜버리는 이러한 해석방식은 하리바드라(Haribhadra)의 『현관장엄론』(Abhisamayālaṃkāra) I.39에 대한 주석에서 기인한 것이다.

(tathatā)' 및 인무아(pudgalanairātmya)와 법무아(dharmanairātmya)라고 하는 두 가지 공성(śūnyatā)[57]과 연계해서 설명하고 있다. 진제의 이러한 주석방식은 『보성론』의 맥락과 차이가 나는 그만의 독특한 설명 방식이라고 할 수 있다.

> "['如來藏(tathāgatagarbha)'의 '如來(tathāgata)'라는 말 중] '如(tathā)'란 두 가지 의미가 있다. … 전도가 없기(aviparīta) 때문에 '如如(tathatā)'라고 이름 붙인다. ['如來(tathāgata)'라는 말 중] '來(āgata)'란 [세 가지 불성 중] ① 본래 갖추어진 불성으로부터 와서 [③ 佛果를] 획득한 [불성]에 도달함(āgata)이라는 측면에서(adhikṛtya) 이를 '如來(tathāgata)'라고 이름 붙인다."[58] [밑줄은 필자 강조]

진제의 여래(tathatāgata)라는 용어의 어의분석과 유사한 니룩따(Nirukta) 방식이 『8,000송 반야경』(Aṣṭasāhasrikā Prajñāpāramitā)과 『文殊菩薩真實名義經』(Nāmasaṃgīti)의 몇몇 구문에서도 기술되고 있다.

『8,000송 반야경』에서는 본래 '그와 같이 가다'라는 의미의 '여래(tathāgata)'를 '진여(tathatā)를 깨달은 이(abhisaṃbuddha=gata)'로 해석하고 있다. 그리고 『문수보살진실명의경』에서는 진여(tathatā), 즉 공성(śūnyatā)을 획득하기 때문에 '여래'라고 칭하고 있다.[59]

---

57 '불성'과 '두 가지 공성(śūnyatā)'의 연계에 대해서는 『불성론』(T31.797b4-8)을 참조.

58 『불성론』(T31.795c25-28): "言如者 有二義 … 並不倒故名如如 言來者 約從自性來 來至至得是名如來." 번역은 高崎直道 2005, 136과 김성철 2013, 112-113 참조.

59 Aṣṭa 272.7-8: "evañ ca subhūte tathāgatas tathatām abhisaṃbuddhaḥ saṃs tathāgata

이에 반해 진제는, 앞의 인용문에서처럼, '그와 같이 가다'라는 의미의 '여래(tathāgata)'를 진여(tathatā)에 갖추어져 있는 '세 가지 불성'이라는 측면에서 '여래'와 관련한 어의 분석을 새롭게 시도하고 있다. 즉, 범부(pṛthagjana)가 각각의 모든 중생에게 편만한 '자성청정심'으로서의 '진여불성(眞如佛性)'을 구비하고 있지만, 이를 자각하지 못하고 단지 범부의 상태로만 머무르고 있는 것이다. 이것이 바로 '① 본래 갖추어진 불성(住自性性)'이다. 이후 보살이 붓다의 깨달음(bodhi)을 성취하기 위해서는 연민(karuṇā)과 반야(prajñā) 등의 수습(bhāvanā)에 의한 불성의 계발이 요구된다. 이것이 바로 '② 계발된 불성(引出性)'이다. 이후 궁극적인 붓다의 깨달음과 작용을 구비하게 된다. 이것이 바로 '佛果를 획득한 불성(至得性)'이라고 할 수 있다.

앞에서 이미 살펴본 것처럼, 옥 로댄쎄랍은 『보성론』에서 시설하는 여래장의 가르침을 了義(nitārtha)의 가르침으로 보고 있다(본고의 각주 28 참조).

진제의 『불성론』에서는 변계소집성(parikalpitasvabhāva)과 의타기성(paratantrasvabhāva)과 원성실성(pariniṣpannasvabhāva)의 세 가지 자성(trisvabhāva), 그리고 무상성(*lakṣaṇaniḥsvabhāvatā)과 무생성(*upapattiniḥsvabhāvatā)과 무진성(*paramārthaniḥsvabhāvatā)의 세 가지 무자성(niḥsvabhāvatraya)을 了義의 가르침이라고 설명하고 있다.[60] 그런데 『보성론』에서는 세 가지 자

ity ucyate |": NS 222.165-223.167: "punar api kiṃbhūtaṃ nātham ity āha tathāgataṃ iti | tathatāṃ śūnyatāṃ gataḥ tathāgataḥ | atha vā yathā te tathāgatā gatā gacchanti gamiṣyanti | tathā gacchatīti tathāgataḥ |" 니룩따와 관련한 이 구문은 금강대학교 이영진 박사의 도움을 받았다.

성(trisvabhāva)과 세 가지 무자성(niḥsvabhāvatraya)이 전혀 언급되지 않는다.

이러한 점을 미루어 본다면, 진제 혹은 진제 제자 그룹들이 『보성론』「여래장품」 등의 여래장사상을 삼성설이나 삼무성설, 알라야식(ālayavijñāna)[61] 등 유가행파의 교리와 연계해서 재해석하고자 한 노력의 결과물이 아닐까 싶다.

현존하는 범본 『보성론』 I.27-28 게송과 이에 대한 산문주석에 나타나는 여래장의 세 가지 의미, 즉 법신과 진여와 종성과 관련해서 진제 혹은 진제의 제자 그룹들이 『불성론』에서 사용하고 있는 용어는 정확하게 현존하는 범본의 용어들과 일치하지 않는 술어들이다. 그리고 이러한 술어들과 함께 진제 혹은 진제의 제자 그룹들은 『보성론』에서 언급하고 있지 않은 독특한 해설들을 가미하고 있다. 앞에서 살펴본 종성(gotra)이나 유구진여(samalā tathatā)를 불성 혹은 세 가지 불성의 관점으로 재해석하거나, 삼성(trisvabhāva)과 삼무자성(niḥsvabhāvatraya) 등의 용어를 불성과 연계해서 설명하고 있는 것이 몇 가지 실례로 열거될 수 있을 것이다.

여기에서 般山徹(2012, 65-66)가 진제의 번역 및 용어들은 성립 당초부터 진제와 그의 제자들에 의한 공동작업의 결과로 보아야 한다는 지적을 우리는 상기해야만 할 것이다.

여래장의 세 가지 의미와 관련한 『불성론』의 독특한 술어 및 해석

60 『불성론』(T31, 795a14-19). 이에 대한 번역은 高崎直道 2005, 129 및 281 補註와 김성철 2011, 105-106 참조.

61 阿梨耶識(ālayavijñāna) 관련 개소로는 『불성론』(T31, 801c14-15, 803a9-18) 참조.

들은 외래적인 불교문헌의 가르침을 토착화하는 과정 중에 일어난 '중국화'된 또 다른 실례 중의 하나라고 할 수 있을 것이다.

5. 결론

먼저 『보성론』 I.27-28 게송을 중심으로 여래장의 세 가지 의미와 관련한 Ratnamati의 한역본의 특징을 살펴본 후, 『보성론』에 대한 최초의 주석과 해석을 남긴 옥 로댄쎄랍과 진제의 설명을 살펴보았다.

옥 로댄쎄랍은 인도에서 대략 17년간 유학한 역경가이면서 주석가이다. 진제는 인도에서 중국으로 건너가 약 24년간 활동한 역경가이면서 주석가이다. 두 주석가 모두 여래장과 관련한 논의를 유가행파와 중관학파의 개념들과 융화시키고자 노력하였지만, 번역과 주석의 방식에서는 사뭇 다른 측면을 지니고 있다. 좀 성글게 말하자면, 옥 로댄쎄랍은 번역과 주석의 방식에 있어서 인도적 전통과 연결시키고자 노력하였음에 반해, 진제 혹은 그의 제자들은 번역과 주석의 방식에 있어서 중국적인 사유의 틀 속에서 여래장과 관련한 개념들을 융화시키고자 애를 썼다.

『보성론』에 대한 최초기의 이해를 보여주는 이들 두 사상가를 비교함으로써 여래장사상과 관련한 중국불교와 티벳불교의 공통적인 이해와 차이점을 고찰할 수 있을 것이다. 하지만 전체적인 내용이 아닌, 단지 I.27-28 게송이라는 미시적인 관점으로만 한정한 것은 본 연구의 한계라고 할 수 있다. 이것은 추후의 연구과제로 남겨두고자 한다.

참고문헌

1차 자료

A *bKa' gdams gsung 'bum phyogs bsgrigs dang po*, edited by dPal brtsegs bod yig dpe rnying zhib 'jug khang, Chengdu: Si khron mi rigs dpe skrun khang, 2006. pp.289-367.

Aṣṭa *Aṣṭasāhasrikā Prajñāpāramitā*, edited by Rajendralala Mitra, Calcutta: Asiatic Society of Bengal, 1988.

B rNgog lo tsā ba Blo ldan shes rab, *Theg pa chen po rgyud bla ma'i don bsdus pa*, Dharamsala, 1993.

NS *Nāmasaṃgīti*, edited by A.H.F. Tribe, Included in the names of wisdom: a critical edition and annotated translation of chapters 1-5 of Vilāsavajra's commentary on the Nāmasaṃgīti, with introduction and textual notes, Diss. University of Oxford, 1994, pp.207-302.

RGV *The Ratnagotravibhāga Mahāyānottaratantraśāstra*, Included in the *Ratnagotravibhāgavyākhyā*.

RGVV *The Ratnagotravibhāgavyākhyā*, edited by E.H. Johnston, Patna: The Bihar Research Society, 1950.

RGVV(Tib.) *The Ratnagotravibhāgavyākhyā*, Tibetan text, edited by Z. Nakamura, 藏 和對譯究竟一乘寶性論硏究, Tokyo: Suzuki Research Foundation, 1967.

T Taishō Daizōkyō, Taishō Chinese Buddhist Canon, Tokyo, 1926.

2차 자료

가노 가즈오 Kano, Kazuo. 2015, 「보성론의 전개」, 시모다 마사히로 외 저, 『여래장과 불성』, 서울: 씨아이알, pp.203-244.

김성철 Kim, Seongcheol. 2013, 「종성무위론의 기원에 관한 한 고찰」, 『불교연구』 38, 서울:한국불교연구원, 65-95.

____________________. 2013, 『불성론』, 서울: 씨아이알.

시모다 마사히로 Shimoda, Masahiro 2015, 「여래장·불성사상의 새로운 이해를 향해」, 시모다 마사히로 외 저, 『여래장과 불성』, 서울: 씨아이알, pp.3-93.

안성두 Ahn, Sungdoo. 2011,『보성론』, 서울: 소명출판사.
정호영 Chung, Hoyoung. 1993,『여래장 사상』, 서울: 대원정사.
차상엽 Cha, Sangyeob. 2011,「옥 로댄쎄랍(rNgog Blo ldan shes rab)의 여래장 이해」,『불교학리뷰』 10, 논산: 금강대학교 불교문화연구소, 127-161.
__________. 2013,『옥 로댄쎄랍의 보성론요의 여래장품』, 서울: 씨아이알.

井内 真帆 Iuchi, Maho. 2006,「ペルツェク・チベット文古籍研究室編纂『デプン寺所蔵古籍目録』」,『佛教学セミナー』 83, 63-55.
宇井伯壽 Ui, Hakuju. 1959,『寶性論研究』, 東京: 岩波書店.
小川一乘 Ogawa, Ichijo. 2004,『小川一乘佛敎思想論集 第一卷 佛性思想論 I』, 京都: 法藏官.
大竹晉 Otake, Susumu. 2003,『金剛仙論 上』, 東京: 大藏出版.
__________. 2011,『法華經論・無量壽經論 他』, 東京: 大藏出版.
加納和雄 Kano, Kazuo. 2007,「ゴク・ロデンシェーラブ著『書簡・甘露の滴』—校訂テクストと 内容概観—」,『密教文化研究所紀要』 20, 1–58.
__________. 2014,「宝性論の展開」,『シリーズ大乗仏教8 如来蔵と仏性』, 東京:春秋社, 205-247.
加納和雄・中村法道 Kano, Kazuo and Hodo Nakamura. 2009, "チョムデンリクレル著『弥勒法の歴史』—テクストと和訳—", *Acta Tibeticaet Buddhica* 2. 117-139.
下田正弘 Shimoda, Masahiro. 1997,『涅槃經の研究』, 東京: 春秋社.
__________. 2014,「如來藏・佛性思想のあらたな理解に向けて」,『シリーズ大乗仏教8: 如来蔵と仏性』, 東京: 春秋社, 3-95.
袴谷憲昭 Hakamaya, Noriaki. 1986,「チベットにおけるマイトレーヤの五法の軌跡」, 山口瑞鳳 監修,『チベットの仏教と社会』, 東京: 春秋社, 235-268.
船山徹 Funayama, Toru. 2002,「「漢譯」と「中國撰述」の間—漢文佛典に特有な形態をめぐって—」、『佛教史學研究』 45-1, 1-28.
__________. 2012,「眞諦の活動と著作の基本的特徵」,『眞諦三藏研究論集』, 京都: 京都大學人文科學研究所, 1-86.
松本史郎 Matsumoto, Shiro. 1997,『チベット佛教哲學』, 東京:大藏出版社.
高崎直道 Takasaik, Jikido. 1974,『如来蔵思想の形成』, 東京: 春秋社.
__________. 1989,『インド古典叢書 寶性論』, 東京: 講談社.
__________. 2005,『新國譯大藏經 佛性論・大乘起信論』, 東京: 大藏出版社.

Burchardi, Anne. 2006, "A Provisional list of Tibetan Commentaries on the Ratnagotravibhāga", *The Tibet Journal* 31.4, 3-46.

Dul, Dram. 2004, *Biography of Blo ldan śes rab: The unique eye of the world by Gro luṅ pa Blo gros 'byuṅ gnas: The Xylograph Compared with a Bhutanese Manuscript*, Wien: CTRC – ATBS 2004(WSTB 61).

Harunaga Isaacson & Francesco Sferra. 2014, The Sekanirdeśa of Maitreyanātha (Advayavajra) with the Sekanirdeśapañjikā of Rāmapāla: Critical Edition of the Sanskrit and Tibetan Texts with English Translation and Reproduction of the MSS. With Contributions by Klaus-Dieter Mathes and Marco Passavanti. Naples: Università degli Studi di Napoli "L'Orientale."

Kano, Kazuo. 2006. rNgog Blo ldan shes rab's Summary of the Ratnagotravibhāga: The First Tibetan Commentary on a Crucial Source for the Buddha-nature Doctrine, PhD thesis: Hamburg University.

___________. 2008. "Rngog blo ldan shes rab's topical outline of the Ratnagotravibhāga discovered at Khara Khoto," *Contributions to Tibetan literature. Proceedings of the Eleventh Seminar of the International Association for Tibetan Studies*, Königswinter.

Kramer, Ralf. 2007, *The Great Tibetan Translator: Life and Works of rNgog Blo ldan shes rab(1059-1109)*, Collectanea himalayica 1, München: Indus Verlag.

Mathes, Klaus-Dieter. 2008, *A Direct Path to the Buddha Within: Gö Lotsāwa's Mahāmudrā Interpretation of the Ratnagotravibhāga*, Simon and Schuster.

Radich, Michael. 2015, *The Mahāparinirvāṇa-mahāsūtra and the Emergence of Tathāgatagarbha Doctrine*, Hamburg: Hamburg University Press.

Ruegg, David Seyfort. 1969, *La Théorie du Tathāgatagarbha et du Gotra: Etudes sur Sotériologie et la Gnoséologie du Bouddhisme*, École Française d'Extrême-Orient 70, Paris.

_________________. 1976, "The Meaning of the Term Gotra and the Textual History of the Ratnagotravibhāga", BSAOS 39, 341-363.

_________________. 1977, "The *gotra*, *ekayāna* and *tathāgatagarbha* theories of the Prajñāpāramitā according to Dharmamitra and Abhayākaragupta", *Prajñāpāramitā and Related Systems: Studies in Honor of E. Conze*, edited by Lewis R. Lancaster and L. O. Gomez, Berkeley: Berkeley Buddhist Studies Series, vol.1, 283-312.

Schmithausen, Lambert. 1971, "Philologische Bemerkungen zum Ratnagotravibhāga", *Wiener Zeitschrift für die Kunde Südasiens*, vol. 15, Wien, 123-177.

Takasaki, Jikido. 1966, *A Study on the Ratnagotravibhāga(Uttaratantra), Being a*

Trea- tise on the Tathāgatagarbha Theory of Mahāyāna Buddhism, Rome: Serie Orientale Roma.

Tatz, Mark. 1987, "The Life of the Sidda-philosopher Maitrīgupta", *Journal of the American Oriental Society*, Vol.107. No.4, 695-711.

Yamabe, Nobuyoshi. 1997a, "The Idea of *Dhātu-vāda* in Yogacara and *Tathāgata-garbha* Texts," *Pruning the Bodhi Tree: The Storm over Critical Buddhism*, ed. Jamie Hubbard and Paul L. Swanson, Honolulu: University of Hawai'i Press, 193-204.

__________________. 1997b, "A Critical Exchange on the Idea of *Dhātu-vāda*: *Response*", *Pruning the Bodhi Tree: The Storm over Critical Buddhism*, ed. Jamie Hubbard and Paul L. Swanson, Honolulu: University of Hawai'i Press, pp.205-219.

Zimmermann, Michael. 2002, *A Buddhist Within: The Tathāgatagarbhasūtra, the Earliest Exposi- tion of the Buddha-Nature Teaching in India*, Tokyo: The International Research Institute for Advanced Buddhology, Soka University.

불성(佛性), 비판불교 그리고 초기 선종(禪宗)

불성(佛性), 비판불교 그리고 초기 선종(禪宗)

로버트 샤프(Robert H. Sharf)
UC버클리

1. 서론

그리 오래되지 않았지만, 한때 불교와 서구 철학 간의 비교 연구에 대한 평판은 바닥에 떨어졌었다. 불교학자들은 용수(龍樹, Nāgārjuna)와 비트겐슈타인(Wittgenstein), 혹은 세친(世親, Vasubandhu)과 칸트(Kant), 혹은 도겐(道元)과 하이데거(Heidegger) 등을 연결시키려는 교차-문화적 시도들에 대해 의심하기 시작했다. 이러한 부류의 너무 많은 연구가 도구 언어와 텍스트에 정통하지 못했을 뿐 아니라 불교 자료가 발생한 문화적, 제도적, 종교적 환경에 무지했기 때문이다.[1] 따라서 진지한 불교학자라면 본래의 지적 맥락에 맞게 1차 문헌을 다루는 엄격한 문헌학적 연구만으로 스스로를 국한시켜야 했다. 비교 접근은 가망이 없는 것으로 여겨졌다.

1 예를 들어 중관사상의 비교 연구에 대한 Tuck 1990의 비판을 참조하라.

그런데 최근 비교 연구가 다시 인기를 얻고 있다. 다만 오늘날 비교 연구를 지지하는 이들은 유행이 지난 '비교 철학(comparative philosophy)'이라는 용어 대신 '교차-문화 철학(cross-cultural philosophy)', '융합 철학(fusion philosophy)', '합일 철학(confluence philosophy)', '세계주의적 철학(cosmopolitan philosophy)' 등의 명칭을 선호한다. 이러한 용어들은 모두 자신들의 새로운 시도를 전대의 것과 구분하려는 시도이다. 그리고 근래의 연구는 과거의 것보다 문헌학적 소양을 갖추고, 역사적 맥락을 이해하고 있으며, 철학적으로 세련된 경향을 보인다.[2] 저명한 학자들도 직접지각(pratyakṣa), 인지(vijñāna), 무아(anātman), 자기 인식(svasaṃvedana, svasaṃvitti)과 같은 불교의 교리를 분석할 때 이제 근대 개념인 '지향성(intentionality)', '자기 암시(self-intimation)', '고차 사유(higher-order thought)', '환원주의(reductionism)', '제거주의(eliminativism)', '현현(emergence)' 그리고 '범심론(panpsychism)'을 당당하게 가져다 쓰고 있다. 이는 방법론에 관한 논의가 약화되었다는 말이 아니라, 학자로서 적합한 작업 방식이 주석적(즉 고전 아시아 텍스트에 서구 철학적 이해를 신중하게 적용하는 것)이어야 하는지, 철학적(즉 오늘날의 철학적 문제와 관련된 불교 고승들의 이해와 논의를 가져오는 것)이어야 하는지, 혹은 그 사이의 어떤 것이어야 하는지에 대한 의견이 분분해졌음을 의미한다. 그러나 각자의 해석학적 관점과는 관계없이 학자들은 모두 (1) 마음, 인식, 자아에 대한 몇몇 불교와 서구 논의의 유사성은 투사(projection)나 전이

---

2 특히 중관 사상 및 진나(陳那, Dignāga) 이후 인식론(pramāṇavāda)의 영향을 받은 유가행파를 분석하여 서구 현상학과 심리 철학을 도출해낸 최근의 출판물 참조, Arnold 2005, 2010, 2012.; Coseru 2012.; Ganeri 2012.; Garfield 2015.; 그리고 Lusthaus 2002.

(transference)의 수준을 넘어서 있다는 것, (2) 불교 철학자들은(그리고 분명 인도 철학자들까지) 현대 철학에 본격적이고 지속적으로 수입된 논의들을 일관적이고 세련된 방식으로 다루고 있다는 것, 그러므로 (3) 교차-문화 철학은 까다롭지만 추구할 만한 것임에 동의하고 있는 듯하다. 최근 빈번하게 이루어지는 교차 문화적 작업은 파급력을 가지고 있어서, 데이빗 차머스(David Chalmers), 토마스 메친제(Thomas Metzinger), 수잔나 지겔(Susanna Siegel), 갤런 스트로슨(Galen Strawson) 등 서구 분석 전통의 탁월한 철학자들도 이제는 소극적이나마 인도-티벳불교의 사상을 다루고 있다.

내가 '인도-티벳(Indo-Tibetan)'이라는 용어를 사용한 이유는 비교철학에 대한 재조명이 대개 인도와 티벳 전통으로 한정되어 있기 때문이다.[3] 중국불교로 오게 되면 그리 낙관적인 상황은 아니다. 분명 중국의 윤리적, 정치적 사상에 대한 관심이 지속되고 있지만 그 초점은 대체로 불교가 등장하기 이전의 유교나 도교 자료, 그리고 송대(宋代, 960-1279)의 성리학 부문으로 제한되어 있다. 소수의 예외를 빼면 대부분의 철학자들은 중국의 불교문헌에 대한 비교철학적 접근에 거의 관심이 없다.[4] 마음, 인지, 인식에 대한 교차-문화 철학적 접근이 재조명되고 있는데, 왜 선(禪), 천태(天台), 화엄(華嚴)과 같은 주요한 불교의 지적 전통이 무시되고 있는 것인가?

이 질문에 대한 몇몇 선택 가능한 답변들이 있다. 하나는 1960년대

---

3 물론 학자들은 인도 원전이 전해지지 않을 경우 중세 중국의 한역 자료들을 참고하지만, 중국 본토에서 저술된 주석 전통에 대해서는 거의 흥미를 보이지 않는다.

4 주요한 예외 중 하나로는 Brook Ziporyn이 있다. 예를 들어 Ziporyn 2000 참조.

에서 1970년대 사이에 유행했던 것으로, 인도와 서구를 특징짓는 비판적 관념과 같은 것이 중국인들에게 없었다는 이론이다. 이러한 관점에 의하면 '중국적 사고(Chinese mind)'는 명백히 현세주의적 성향을 가지고 있으며, 공자(孔子), 맹자(孟子), 순자(荀子), 묵자(墨子), 심지어 노자(老子)와 장자(莊子)와 같은 이러한 성향이 축의 시대(Axial Age) 중국 사상가들의 인간 중심적이며 세속적이고 실용적인 성격에서 분명하게 나타난다고 한다. 서구 철학의 특징으로 평가되는 추상적 형이상학이나 인식론적 추측과 같은 특징이 중국에서는 잘 보이지 않는다는 것이다.[5]

몇몇은 더 나아가 고전 중국어의 통사적 구조(예를 들어 격변화의 부재, 가산 명사의 결여)에서, 혹은 문자의 상형적 기원에서, 혹은 중국 사회 구조에 정착된 농경적 뿌리(인도-유럽민족의 유목민적 뿌리와 반대되는 것으로서)에서 중국의 공리적이고 인간중심적인 경향을 추적한다.[6] 이러한 '예외론자(exceptionalist)' 이론은 인기가 사그라졌고, 그것은 타당한 이유 때문이었다. '중국적 사유(Chinese mind)'는 아무리 좋게 보아도 문제가 많은 구조로, 중국 문화는 단일성이나 균질성과는 거리가 멀 뿐 아니라 언어학이나 문자적 결정론에 입각한 논의는 오류가 있거나 설득력이 떨어지는 것임이 증명되었기 때문이다.

또 다른 설명은 노자와 장자의 영향을 받은 중국의 불교 전통이 과

---

5 이러한 장르의 대표적이고 영향력 있는 두 개의 작업으로는 Nakamura 1964, 그리고 Moore ed. 1967.

6 아마도 고전 중국어의 구문적 특징을 중국 철학의 본질과 가장 세련되게 연결시킨 시도는 Hansen 1983일 것이다. Harbsmeier 1998의 포괄적인 비판과 비교해 참조하라.

도하게 역설을 차용하여 본래 불교가 가지고 있던 분석적 엄밀성과 개념적 명료성을 훼손했다는 것이다. 서양철학에서 '모순'이란 잘못된 과정 때문에 일어난 것이며, 따라서 그 과정을 재검토하여 오류를 찾아내야 하는 것으로 간주한다. 모순을 용인하는 것은 부조리를 묵과하는 것이다. 한번 모순이 인정되면 어떠한 주장(그리고 부정까지도)도 참값을 가지기 때문이다(ex contradictione quodlibet; 논리학 용어로는 '폭발 explosion'). 용수의 경우와 같이 예외적인 입장을 지적하는 학자들도 있지만,[7] 인도와 티벳의 철학 전통에서도 상당히 비슷한 이유로 역설의 사용을 삼갔다.

노자와 장자는 역설을 문제시하지 않았던 듯하다. 심지어 장자는 공손룡(公孫龍)과 혜시(惠施)와 같은 궤변가를 이용해 역설을 지지했을 뿐 아니라 그 자체를 즐겼고, 육조(六朝) 시대 현학(玄學) 주석가인 왕필(王弼, 226-249)과 곽상(郭象, d.312) 또한 장자와 같은 입장을 취하고 있었음이 분명하다. 현학은 다시 인도불교사상에 대한 중국에서의 최초 수용과 이해에 영향을 주었을 것이다. 이는 승조(僧肇, 374-414)와 같은 저술가들의 글에 분명하게 나타난다.[8] 후대의 선종, 화엄, 천태 전통들도 역설적 표현에 대한 선호를 물려받아 모순을 피하지 않고 적극적으로 사용하려는 경향이 있었다. 그리고 이러한 경향은 명백히

---

7 이것은 현재 논란의 대상이다. Deguchi Yasuo, Jay Garfield 그리고 Graham Priest는 몇몇 인도 사상가, 특히 용수는 역설을 지지하였다고 논하였다(Garfield and Priest 2003.; Deguchi, Garfield and Priest 2008). Tom Tillemans 2009, 2013는 이에 동의하지 않지만, Deguchi, Garfield 그리고 Priest 2013의 답변을 참조하라.

8 이것은 승조의 작품 제목만 보아도 분명하게 알 수 있다. "이해는 앎이 없는 것이다(般若無知論)", "사물은 움직이지 않는다(物不遷論)", "열반은 이름이 없다(涅槃無名論)."

역설적 성격을 띤 송대의 공안(公案) 문학에서 극을 이루게 된다.[9]

어떤 이들은 중국불교 논사들의 역설 애호를 중국인들의 실용적이고 인간중심적인 경향성의 추가적인 증거로 본다. 이 이론에 따르면, 중국인들에게 철학적 담론은 그 자체로 중요한 것이 아니라 이성의 영역 너머에 있는 신비 체험을 도출해내기 위한 방법이었다. 역설의 핵심은 구원론이라는 목표에 철학을 위치시켜 개념적 사유의 한계를 규정하고 궁극적으로 그것을 뛰어넘기 위한 것이다. 중국 사상과 종교에 대한 대중적인 글에서는 역설과 종교 체험에 대한 영원주의(perennialism)적 접근이 여전하지만, 전문가들은 이것을 더 이상 진지하게 받아들이지 않는다. 몇몇 중국의 불교 논사들이 역설을 공개적으로 부정했기 때문이 아니라, 그들의 모순적인 경향성이 완전히 타당한 '철학적' 기반을 가지고 있기 때문이다(Deguchi et al. n.d.). 그러므로 이것을 비개념적이고 영적인 경험을 위한 언어적 책략으로 치부할 이유는 없다.

중국불교 철학의 단점이라고 알려진 것들에 대한 이상의 설명들은 모두 안이하거나 잘못된 이해라고 일축할 수 있다. 따라서 이제 마지막 하나의 이론만이 남는다. 바로 여래장(如來藏, tathāgatagarbha) 혹은 불성(佛性)이 이러한 문제를 일으킨 주범이라는 것이다. 이러한 선언은 고마자와 대학의 마츠모토 시로(松本史朗)와 하카마야 노리아키(袴谷憲昭)의 연구와 가장 긴밀하게 연관되어 있다. 마츠모토와 하카야마의

---

9 천태 전승에서 역설의 지위는 특히 Ziporyn 2000과 2013 참조. 선종에 대해서는 Sharf 2007과 n.d.b 참조.

입장은 '비판불교(批判佛教, Critical Buddhism)'[10]라 불리는데, 그들은 여래장, 불성 그리고 본각(本覺) 사상이 동아시아불교의 철학적 무기력증에서부터 불교 기관의 용인하에 벌어지는 사회 차별, 학대, 군국주의와 같은 심각한 윤리적 위반에까지 걸친 온갖 종류의 개념적, 사회적 병폐의 원인이라고 비난한다.[11] 나아가 그들이 '기체론(基體論 substantialism, dhātuvāda, 종종 'locus theory'나 'topicalism'이라고도 번역됨)' 혹은 '발생론적 일원론(発生論的一元論)'이라고 명명한 이 끔찍한 교리는 절대로 불교가 아니라고 주장한다. 진정한 불교는 붓다의 초기 교설인 무아(無我, anātman), 업(業, karma), 연기(緣起, pratītyasamutpāda) 그리고 이후 중관학파의 교리인 공설(空說, śūnyavāda)을 통해 전형적으로 제시되는 '비판'불교라는 것이다.

대부분의 서구학자들은 비판불교론자들의 격렬한 논박에 냉담하게 반응하였다. 마츠모토와 하카야마가 일본 조동종(曹洞宗)의 창립자 도겐 키겐(道元希玄, 1200-1253)을 몇 안 되는 아시아의 비판 불교론자라고 옹호하자, 그들의 학적 엄밀성과 객관성이 규범적인 사회/종단의 아젠다에 굴복했다는 혐의를 받게 되었던 것이다.[12] 게다가 여래장사상, 나아가 대부분의 동아시아 대승불교가 "불교가 아니다"라고 선언

---

10 비판불교에 대해서는 Matsumoto 1989, 1993.; Hakamaya 1989, 1990 참조. 또한 이에 대한 영문 설명으로는 Hubbard and Swanson, eds. 1997.; 그리고 Shields 2011 참조.

11 아래에서 명확한 이유를 제시하겠지만, 나는 본고에서 '여래장', '불성', '본각'을 어느 정도 상호 교환 가능한 것으로 사용한다.

12 마츠모토와 하카야마가 속해 있는 고마자와 대학은 조동종이 세운 기관이다. 마츠모토와 하카야마는 도겐이 만년의 저술, 특히 12권본 『정법안장』(正法眼藏)에 이르기 전까지 기체론을 거부하지 않았다고 믿는다. 비판불교의 도겐 이해와 관련한 논쟁에 대해서는 Heine 1997의 요약 참조.

한 것은 역사적으로도 해석학적으로도 순진한 결론이다.

나는 근본주의자와 비슷한 느낌을 주는 비판불교론자들의 주장을 옹호하려는 것이 아니다. 여래장의 선구적 사상은 이른 시기의 불교에서도 찾을 수 있으며, 심지어 그렇지 않다고 하더라도 주류 인도 대승불교의 핵심 요소 중 하나를 비난하는 것은 근대 학자로서 주제넘는 일로 보이기 때문이다.[13] 그럼에도 불구하고 중국에서 벌어진 불교도들 간의 철학적 논쟁이 인도나 티벳의 그것과는 다른 궤적을 따라서 형성되었고, 여래장사상도 그러한 '중국적' 특성에 기여를 하게 되었을 가능성이 있다는 점은 분명하다. 인도에서는 불교 철학자들이 논쟁과 토론 속에서 그들의 입장을 다듬었고 이를 통해 비바사사(毘婆沙師, Vaibhāṣika), 경량부(經量部, Sautrāntika), 보특가라논자(補特伽羅論者, Pudgalavādin), 중관학파(中觀學派, Mādhyamika), 유가행파(瑜伽行派, Yogācāra) 등 고도의 세련된 이론을 가진 다양한 학파들이 성립하였다. 각 학파는 그들의 경쟁자들이 쓴 주석서 속에서 실제로든 가상이든 수사적 대론자(pūrvapakṣa)의 역할을 수행하였고, 그들의 집단적 노력이 발생시킨 담론의 문화는 어느 모로 보나 오늘날 철학 분과에서 찾을 수 있는 것만큼이나 복잡하고 난해하며 자기 비판적이었다. 중국의 불교 승단 조직 또한 방대한 규모, 경제력, 텍스트 학습이라는 측면에서 인도나 티벳의 대응자들에 필적하거나 그 이상이었으며 그들 또한 기념비적인 주석 문헌을 낳았다. 그러나 분명 중국의 학적

---

13 여래장사상에 선행하는 역사와 그 초기 전개에 대해서는 특히 Takasaki 1966, 1974.; Ruegg 1969, 1989.; Shimoda 1997.; Zimmerman 2002.; 그리고 Radich 2015를 참조하라.

전통은 비판적 논쟁과 토론에 대해 인도나 티벳만큼 흥미를 보이지 않았다. 대신에 그들은 경전의 기록에 나타난 모호성, 불일치, 모순과 같은 교리적 논란거리들을 가상의 역사적(pseudo-historical) 분류체계(교판判教)에 기반을 둔 경전해석이나 계보적 전승에 기반을 둔 권위의 선언을 통해 해결하는 데 더 관심을 보였고, 이러한 시도들은 철학적 비평을 부차적인 것으로 밀어내려는 경향이 있었다. 그렇다면 이성보다는 믿음(śraddhā)을 추구하는 교리인 여래장사상의 완벽한 승리가 동아시아에서 철학적 분석과 논쟁에의 의욕을 좌절시켰다고 할 수 있을까?

믿음을 통해서만 여래장에 접근할 수 있다는 것은 사실 『열반경』(涅槃經, Nirvāṇa-sūtra: 이 경전은 반복해서 '혐오스러운 일천제一闡提 *icchantika를 '믿음이 없는 자'로 규정한다),[14] 『여래장경』(如來藏經, Tathāgatagarbha-sūtra),[15] 『보성론』(寶性論, Ratnagotravibhāga),[16] 『승만경』(勝鬘經, Śrīmālādevīsiṃhanāda-sūtra)과 같은 초기 여래장 문헌들의 중심 교리이다.[17] 예를 들어 『열반경』은 분명하게 "선남자야, 네가 지니고 있는 불성은 이처럼 근본적이고 파악하기 힘들다. 오직 부처만이 그것을 이해할 수 있다. 성문(聲聞)과 독각(獨覺)의 [영역]은 그것에 미치지 않는다. "善男子. 所有

14 『대반열반경』(大般涅槃經), T12, no.376(佛陀跋陀羅 *Buddhabhadra와 法顯 역), T12, no.374(曇無讖 *Dharmakṣema 역), 그리고 T12, no.375(慧嚴 등의 번역 교정).

15 『대방등여래장경』(大方等如來藏經), T16, no.666과 667.

16 Ratnagotravibhāga-mahāyānôttaratantra-śāstra(『불성분별대승구경요의론』(佛性分別大乘究竟要義論)), T31, no.1611.

17 Śrīmālādevīsiṃhanāda-sūtra(『승만사자후일승대방편방광경』(勝鬘師子吼一乘大方便方廣經), T12, no.353).; King 1995, 4-5의 논의 참조.

佛性如是甚深難得知見. 唯佛能知. 非諸聲聞緣覺所及."라고 말한다.[18] 마찬가지로 『보성론』도 명확하게 "오직 궁극적 성품만이 마음을 관찰하기 위한 의지처이고, 오직 궁극적 성품만이 마음을 올바르게 알기 위한 도리이다. 이 성품 그 자체는 상상이나 분별로는 다가갈 수 없다. 오직 믿음으로만 다가갈 수 있다."[19]라고 하였다. 다시 말해, 믿음은 그저 여러 선택지 중 하나가 아니라 '단 하나의' 선택지이다. 어떠한 철학적 견지에서 경전에서 주장하는 교리가 개념적으로 이해될 수 없다고 하는지는 알기 어렵다.[20]

여래장이 이성이 아닌 믿음의 문제라는 점은 이러한 교리가 알려지게 된 개념들, 즉 불장(佛藏, buddhagarbha), 불종성(佛種姓, buddhagotra), 불성(佛性, buddhadhātu), 진제성(眞諦性, paramārthadhātu), 법계(法界, dharmadhātu), 법신(法身, dharmakāya) 등과 같은 개념들의 확산으로 어느 정도 설명 가능하다. 서로 중복되는 다양한 명칭들은 개념적 명료성의 부족을 상쇄시키기 위해 사용된 문학적 장치라고 해석할 수도 있지만, 그렇다고 해서 이러한 용어들이 철학적 체계 속에 배치되지 않았다는 의미는 아니다. 여래장사상이 독립된 주석 전통으로 형성되지 않았던 남아시아 불교와는 달리, 인도와 티벳의 중관학파와 유가행파 논사들은 특히 자신들이 궁지에 몰렸다고 여겨질 때 여래장사상을 활용하였다. 예를 들자면 어떻게 해탈이 가능한지, 어떻게 조건 지어지지 않은 것[무위無

---

18 T12, 412b4-6.; Blum trans. 2013: 251.

19 범본의 영역은 Takasaki 1966, 295-296. T31, 839b13-15 참조.

20 여래장과 불성에 관한 철학적 문제들은 비개념적 인식(nirvikalpa-jñāna)에 대한 개념적 분석과 구조적으로 유사하다. Sharf 2016, 2018 참조.

爲, asaṃskṛta]으로 정의되며 그렇기 때문에 알 수도 없고 획득할 수도 없는[불가득不可得, anupalabdhi] 부처의 성품이 그럼에도 불구하고 알려지고 획득되는지를 설명하기 위해 사용되었던 것이다. 그러나 대승불교의 논사들이 여래장과 불성 사상을 이러한 방식으로 주장하였을 때, 그들은 일반적으로 자신들의 체계 속에 이미 확실하게 자리 잡은 개념들, 예를 들어 저장식(ālayavijñāna), 청정한 마음(prabhāsvaracitta) 그리고 자기 인식(svasaṃvedana)과 같은 개념들과 결부시킨다. '전능하지만 알 수 없는 창조주 하느님'이라는 성서적 개념과도 어느 정도 유사하게 여래장/불성이라는 명명법은 플레이스홀더(빠져 있는 다른 것을 대신하는 기호나 텍스트의 일부 - 역자 주)의 기능 — 그 지시 대상은 모든 의미 너머에 있다고 말해진다 — 을 하도록 기획된 것이며, 그렇기에 이것은 오직 수사적 배치를 통해서만 개념적 특수성과 본질을 획득할 수 있다.[21]

성서적 신 개념은 여래장의 논쟁적인 논리에 대한 좋은 유비(類比)라 할 수 있다. 영원히 지속하며 초월적이지만 편재하는 여래장 혹은 불성은 이성적 사유 너머에 놓인, 그럼에도 어떻게 해탈이 가능한지를 해명하는 불가언설적인 무엇인가로 제시된다. 대승불교의 철학가들에게 전략적으로 유용하게 여겨졌던 것이 바로 반-실체주의적 지식을 포함한 여래장사상의 불확정성으로, 이는 데카르트, 버클리, 칸트와 같은 탁월한 비판적 사상가이자 계몽적 합리성의 귀감들이 난

---

21 성서적 신 개념의 본래적 불확정성에 대한 명민한 분석으로는 Halbertal and Margalit 1992 참조.

점을 벗어날 필요가 있을 때 끌어들였던 "신"의 불확정성과 다르지 않다.

인도에서 중관학파와 유가행파의 논사들이 전략적으로 여래장 개념을 채용한 반면, 몇몇의 예외(특히 현장玄奘과 그의 계승자들과 관련된 법상法相 전통)를 제외한 중국의 모든 계통의 논사들은 이 교리를 그들의 전통에 필수 불가결한 것으로 여겼다. 모든 학적 사유와 종교적 수행이 가리키고 있는 '달(moon)'인 것이다. 이러한 사유는 중국 내 철학적 추구에 끼친 영향이라는 관점에서의 질문―예를 들면, 이것이 중국에서 불교의 논리학이나 변증법에 대한 보편적인 무관심에 영향을 주었는지 여부와 같은―을 일으킨다.

그러나 본고의 요점은 여래장사상의 철학적 빈약함이나 그것이 중국불교에 끼친 해로운 영향을 개탄하려는 것이 아니다.(결국 내가 여래장사상의 개념적 정밀성과 간결함을 음미하는 데 실패한 것은 내가 가진 편견과 무지를 반영하는 것일지도 모른다.) 오히려 나의 관심은 몇몇 초기 선종의 조사들이 여래장 교리를 정통이 아니거나, 일관성이 결여되어 있거나, 혹은 윤리적 수반에 불리하다는 이유 등으로 불편하게 여겼다는 점에 있다. 고백컨대 증거는 빈약하다. 우리가 보게 될 1차 자료인 돈황 사본들은 대부분 단편(斷片)이고 일반적으로 제이, 제삼자의 손에 의해 기록된, 딱히 철학적 정밀성과 개념적 명료성을 가치 있게 여겼다고 보기 힘든 선사의 가르침에 관한 것이다. 그럼에도 불구하고 여기에는 남종선(南宗禪)을 구축한 혜능(慧能, 638-713)과 하택신회(荷澤神會, 670-762) 등이 그들의 라이벌이었던 북종선(北宗禪)에 불만을 가지고 있었다는 점, 그리고 그 비판 대상 중 하나는 북종선의 여래장 이해였다는 증거가 분명하게 나타나 있다.

2. 신회와 무정물(無情物)의 불성

마츠모토는 그의 글 "The Meaning of 'Zen(1997)'"에서 개념적 사유의 중지가 중국 선종 전통의 보편적 목표라고 주장하였다. 마츠모토는 이것의 원형적 사상을 붓다의 첫 번째 스승이었던 알라라 깔라마(Āḷāra Kālāma)와 웃다까 라마뿟따(Uddaka Rāmaputta)의 가르침에서 찾는다. 그들이 체득한 매우 심원한 인식의 경지, 즉 등지(等持, samāpatti)는 개념적 사유를 떠난 것이라고 평가되기 때문이다. 마츠모토에 의하면, 선종이 기체론의 전형이 된 것은 모든 사유를 자신이 가지고 있는 불성의 실현이라는 관점으로 소급시키려는 시도 때문이었다. 이에 대한 증거로 그는 8세기의 영향력 있는 두 명의 선사를 인용한다. 즉 일반적으로 북종선과 연관된 인물로 여겨지는 마하연(摩訶衍, 8세기)과 남종선의 논객인 신회이다.

마하연은 티벳 왕 티쏭 대짼(Trisong Detsan, ca.742-796)이 790년대에 개최한 것으로 여겨지는 '쌈예(Samye) 논쟁'의 중국 측 대표자로 잘 알려져 있다. 전승에 따르면 마하연은 인도의 논사인 까말라쉴라(Kamalaśīla, fl. 740-795)와 대적하였고, 적어도 이후의 티벳 자료에 따르면 까말라쉴라는 마하연을 완전하게 논파하였다고 한다. 단편적이지만 편견이 덜한 것으로 보이는 중국 측 자료에서는, 마하연이 반복적이고 당당하게 '사유와 개념적 분별을 멈추기만 하면 깨달음은 즉

각적으로 일어날 수 있다'고 주장한다. 예행연습, 엄격한 승가 훈련, 경전 공부는 모두 필요 없다는 것이다.

사유의 중지를 목표로 하는 명상 수행을 통해 빠르게 깨달음을 얻을 수 있다는 북종선의 관념은 『대승기신론』(大乘起信論)과 같은 텍스트에서 찾을 수 있는 불성 사상에 입각한 것이다. 이 주제에 대해 이미 많은 논의가 이루어졌지만, 간단히 말하자면 『대승기신론』은 여래장, 법신(法身), 진여(眞如), 불성, 본각, 심지어 아리야식(阿梨耶識)까지도 거의 동의어로 취급하며, 이들을 '분별이 없는 마음[무분별심(無分別心)]'과 '본질적으로 깨끗한 마음[자성청정심(自性淸淨心)]'으로 연결시킨다. 우리가 불성을 알지 못하는 것은 우리 앞에 나타나 끝없이 이어지는 대상들에 미혹된 분별적인 마음[분별심(分別心)] 때문이다. 만약 우리가 내면의 소요를 가라앉히고 근원(源)으로 돌아갈 수 있다면, 우리는 '큰 지혜의 빛[대지혜광명(大智慧光明)]', '모두를 비추는 법의 세계(변조법계(遍照法界))', '실제를 그 자체로 이해함(여실료지(如實了知))', 등을 깨달을 것이다. 이러한 용어들은 부처의 성품을 가리키는 완곡한 표현들로, 모두 여러 경전에서 발췌한 것이다.

까말라쉴라는 대승에 대한 좀 다른 이해를 가지고 있었다. 그는 인식의 찰나적인 생성과 소멸을 뒷받침하는 불변의 형이상학적 근거 혹은 기질(基質)에 관심을 가지지 않았다. 까말라쉴라에게 있어 사고를 멈추는 것은 현상의 찰나적 흐름 너머의, 혹은 그 사이의 실제를 경험하게 하는 것이 아니라 인식 그 자체를 멈추는 결과를 낳게 되는 것이었다. 그러므로 어떤 수행자가 담론적 사유를 멈추는 데 성공했다는 것은 그저 그/녀 자신을 무생물로 만드는 것이 된다. 따라서 까말라쉴라는 마하연에게 깨달은 선종의 숙련자와 '사유작용이 없는 신들(asaṃjñika-sattvāḥ; asāṃjñika-deva)', 즉 제사선천(第四禪天, caturtha-dhyāna-bhūmi)에 사는 아무 생각 없는 좀비와 같은 부류에 어떤 차이가 있는지 설명해보라고 도전한다.

이것은 심각한 비난이다. 사유작용이 없는 신으로 태어나는 이들은 전생에 외도(外道)의 명상, 아마도 『우파니샤드』(Upaniṣad)나 『요가수뜨라』(Yogasūtra)의 일원론적 가르침과 연관된 수행을 닦은 수행자들이기 때문이다. 이러한 논법은 이쉬바라(Īśvara) 혹은 브라흐만(Brahman)이라 불리는 순수한 인식 그 자체인 신성(神性)과 자신의 동일성을 깨닫기 위해 일상적 인식을 멈추는 수행법을 겨냥한 것이다. 그런데 초기 불교에 의하면 이러한 무지몽매한 수행자는 신성과의 합일을 깨닫는 것이 아니라 결국 사유작용이 없는 신들의 천상에서 수 겁 동안 식물과 같은 상태로 갇혀 지내게 된다. 비판 불교학자들과 매우 유사하게, 까말라쉴라는 마하연이 불교의 이름으로 이단적이고 유해한 교리를 퍼뜨린다고 비난하고 있는 것이다.

마하연의 입장에서 보면 이것은 변명할 거리가 아니다. 그는 사유작용이 없는 신들의 과오는 그들의 수행 자체가 아니라 개념적 사유를 떠난 것에 대한 개념적 집착이라고 주장한다. 그들에게 필요한 것은 그저 분별로부터 자유로워지는 것이다. 그는 다음과 같이 설명한다.

> 그러한 [사유작용이 없는] 신들은 명상적인 알아차림과 윤회의 길을 상정하며, 개념이 없는 선정에 집착한다. 저들이 저 천상에 태어난 것은 정확히 이러한 미혹된 개념 때문이다. 만약 그들이

스스로 개념이 없는 선정[에 대한 집착]에서 자유로워질 수 있다면 미혹된 생각도 저 천상에 태어나는 일도 없을 것이다. 『금강경』(金剛經)에 말하길 "모든 형상에서 벗어난다면 이것을 부처[의 길]이라고 부른다"라고 하였다. 어떤 경전에 미혹된 개념을 떠난 것이 부처의 길이 아니라고 쓰여 있는가?

彼諸天人有觀有趣取無想定.因此妄想而生彼天.若能離無想定.則無妄想.不生彼天.金剛經云.離一切諸相則名諸佛.若言離妄想不成佛者出何經文.[22]

티벳에서 이루어진 까말라쉴라와 마하연의 '논쟁'은 대략적으로 비슷한 시기 중국에서 일어났던 논쟁을 반영한다. 이 시기 선사들은 '무심(無心)'의 공덕과 '무정물의 불성[무정불심(無情佛心)]'이라는 교리에 대해 논쟁하였다. 나는 이미 별고에서 이 주제를 자세하게 다루었으므로(Sharf 2014a, 2014b), 본고에서는 간략하게만 언급하고 바로 논점으로 넘어가고자 한다.

동산법문(東山法門) 혹은 북종(北宗)에 속하는 선사들은 '마음을 유지함(수심守心)', '통합을 유지함(수일守一)', '마음을 진정시킴(안심安心)', '마음을 알아차림(관심觀心)', '마음을 살펴봄(간심看心)', '마음을 모음(섭심攝心)' 등의 표제하에 다양한 수행적 기교를 가르쳤다. 이들 간의 차이와는 별개로 이러한 수행법을 주창한 이들은 마하연과 마찬가지

22 『돈오대승정리결』(頓悟大乘正理決), Pelliot 4646, folio 131 r-v.; 『금강경』의 인용문은 T8, 754b24-25.; Demiéville 1952, 62.; Sharf 2014a, 169의 논의 참조.

로 사유를 멈춤으로써 내면의 부처를 깨닫는다는 입장을 고수하였고, 『대승기신론』이나 『능가경』(楞伽經, Laṅkāvatāra-sūtra)과 같은 유명한 유가행파의 텍스트에서 그들의 입장을 지지할 경전적 증거를 찾아내었다. 이러한 텍스트들은 이해의 주체와 대상, 마음과 세계, 생물체와 무생물체의 불이성(不二性)을 설파한다. 그렇다면 어떤 선종의 주석서들은 벽이나 기와, 돌과 같은 무생물체는 본질적으로 이분법적 사유와 미혹을 벗어났으며 상주하는 불성을 지니는 동시에 실현하고 있다고 주장할 것이다. 그처럼 수행의 목적은 코마 상태나 죽음과 비슷한 "무심"의 상태로 상상해서는 안 된다. 결국 삶과 죽음의 구분은, 열반과 윤회의 그것과도 같이 궁극적으로 공(空)이다. 오히려 무심의 상태가 되는 것은 모든 사물과의 본질적인 합일을 알아채는 것이며, 그러므로 우리 주변의 '무심'한 무정물은 이미 현현한 부처임을 깨닫는 것이다.

선종의 저작 중 이러한 교리의 가장 최초 전거는 『능가사자기』(楞伽師資記, 『능가경』에 대한 스승과 제자의 기록)에서 찾을 수 있다. 여기에서 제4조 도신(道信, 580-651)과 제5조 홍인(弘忍, 602-675?)은 모두 무정물이 불성을 가지고 있을 뿐 아니라 법을 설파한다는 주장을 지지하는 것으로 묘사된다.[23] 예를 들어 홍인은 다음과 같이 말한다.

네가 절간에서 좌선하고 있을 때, 네 몸은 또한 산림의 나무 밑

---

23 『능가사자기』는 정각(淨覺, 683-ca. 750)의 저술로 알려져 있다. 본 텍스트의 찬술 시기와 저자 문제에 대해서는 특히 Barrett 1991 참조. 그는 적어도 이것이 716년 이전에 쓰였다고 믿는다. 또한 Faure 1997, 160-176도 참조하라.

> 에서 좌선하고 있지 않느냐? 흙, 나무, 기와, 돌이 또한 좌선할 수 있지 않느냐? 흙, 나무, 기와, 돌이 또한 형상을 보고 소리를 듣고 의발을 걸치고 발우를 들지 않느냐? 『능가경』에서 대상 세계의 법신을 말할 때, 바로 이것을 [말하는 것이다].
>
> 汝正在寺中坐禪時，山林樹下亦有汝身坐禪不．一切土木瓦石亦能坐禪不．土木瓦石亦能見色聞聲著衣持鉢不．楞伽經云境界法身是也.[24]

우리가 알 수 있는 한도 내에서, 무정물이 불성을 가지고 있다는 교리는 거의 대부분의 북종선사들, 그리고 우두종(牛頭宗)과 천태종의 스승들에게 받아들여졌다. (천태종 제6조인 담연(湛然, 711-782)은 『금강비』(金剛錍, 철석 도끼)라는 이름의 논서 전체를 이 주제에 바쳤다.) 분명 송대에 이르기까지 이러한 입장은 대체로 반론 없이 받아들여졌으며 일본의 가마쿠라 종파들 내에서도 정설로 대접받았다. 그런 점에서 남종선의 창시자인 신회와 혜능이 공식적으로 이것을 비난한 몇 안 되는 이들 중 하나였다는 것은 의미심장하다. 그들 또한 불성의 존재를 분명하게 지지하기 때문에, 그들의 비판이 겨냥하는 것은 불성의 존재 그 자체가 아니라 불성을 모든 사물에 편재한[변일체처(遍一切處)] 불변의 형이상학적 근거로 묘사하는 것이다.

현존하는 문헌은 단편이며 후대의 편집자가 교정한 것이기 때문에 신회의 교설들을 분명하게 파악하기는 용이하지 않다. 그러나 그가

---

24 T85, 1290a14-18.; Yanagida 1971, 287-288. 이 인용문은 Laṅkāvatāra-sūtra에 대한 求那跋陀羅(*Guṇabhadra, 394-468)의 번역인 『능가아발다라보경』(楞伽阿跋多羅寶經) 권1, T16, 484a10에서 찾을 수 있다.

무정물의 불성을 반대했다는 것은 명백하다. 예를 들어 우두산(牛頭山)의 선사와 나눈 다음의 대화를 보라. 이것은 소위 『신회어록』(神會語錄)에서 발췌한 것이다.

우두산의 원(袁) 선사가 물었다. “불성은 일체처에 편재합니까 아닙니까?”

[신회가] 답하였다. “불성은 모든 유정(有情)에 편재하지만 무정물에는 편재하지 않습니다.”

[원 선사가] 물었다. “선배 대덕(大德)들이 모두 말하였습니다.

우거진 수풀 비취색 대나무,
모두 법신이라네.
무성한 다발 국화,
반야(般若, prajñā) 아님 없다네.[25]

그런데 그대는 왜 불성이 오직 유정에만 편재하고 무정물에는 편재하지 않는다고 합니까?”

[신회가] 답하였다. “분명 그대는 무성한 수풀의 비취색 대나무의 공덕이 법신의 그것과 같다거나 국화 다발의 지혜가 반야와 같다고 말하는 건 아니겠지요? 만약 대나무숲과 국화다발이 법신과 반야와 같다면, 여래께서는 어떤 경전에서 대나무나 국화가

25 나는 이 게송에 대한 전거를 찾을 수 없었지만, 이 게송은 무정물의 불성을 논할 때 계속해서 등장한다. 예를 들어 남양혜충(南陽慧忠, Yanagida 1984, 1.125.13), 동산양개(洞山良价, ibid.: 2.65.3) 그리고 대주혜해(大珠慧海, ibid.: 4.47.6)의 어록 모음인 『조당집』(祖堂集)을 보라.

보리(菩提, bodhi)를 얻을 것이라고 수기(授記)하셨습니까? 대나무와 국화가 법신과 반야와 같다는 것은 이단의 설입니다. 왜인가? 『열반경』에서 말하길 '불성을 결여하고 있는 것을 무정물이라고 한다'고 하였기 때문입니다."

牛頭山袁禪師問：佛性遍一切處否? 答曰：佛性遍一切有情, 不遍一切無情. 問曰：先輩大德皆言道, 青青翠竹, 盡是法身, 鬱鬱黃花, 無非般若. 今禪師何故言道, 佛性獨遍一切有情, 不遍一切無情? 答曰：豈將青青翠竹同于功德法身? 豈將鬱鬱黃花, 等般若之智? 若青竹黃花同於法身般若者, 如來於何經中, 說與青竹黃花授菩提記? 若是將青竹黃花同於法身般若者, 此即外道說也, 何以故? ≪涅槃經≫, 具有明文, 無佛性者, 所渭無情物是也.[26]

여기에서 신회는 무정물의 불성을 거부하며 이것이 터무니없고 경전과도 모순된다고 평가한다. 그의 반론은 경전적 권위만큼이나 원칙에 의거하고 있다. 우선 그는 당시 북종선의 선사들이 계율(戒律, śīla)의 강조를 결여하고 있다고 혹평하였는데, 그는 무정물의 불성이라는 교리에 수반되는 도덕률 폐기론적 성격이 규율을 지켜야 하는 의무를 훼손하였다고 느꼈을 것이다. 어떤 구절은 북종선의 선사를 겨냥한 듯한 말을 담고 있다. "학식 있는 친구들이여, 누군가 삼업(三業)을

---

26 Yang 1996: 86-87; cf. Hu 1968: 139. 돈황에서 발견된 신회의 저술 문헌 단편과 여러 사본 간의 관계에 대한 개관은 Yampolsky 1967, 24-26 주67 참조. 또한 신회의 저술에 대한 연구와 번역은 Gernet 1977.; Hu 1968.; McRae 1987.; 당대어록연구반(唐代語録研究班) ed. 2006.; Yang 1996 등을 참조.

정화하지도 않고 절제의 규칙을 지키지도 않으면서 위없는 깨달음의 수행을 얻었다고 주장한다면 — 그러한 것은 없음[을 알라]! 知識, 學無上菩提, 不淨三業, 不持齋戒, 言其得者, 無有是處." 그의 신경을 건드린 것은 계율에 대한 가치절하뿐만이 아니었다. 그는 특히 북종선에서 부처의 교설을 목적 달성에 필수적이지 않은 수단이라고 폄하하는 태도에 격노하였다. 그는 말한다. "내가 '버림'이라 말할 때, 잘못된 마음을 버리라는 것이지 법(法, dharma)을 버리라는 것이 아니다. 所言除者, 但除妄心, 不除其法." 이러한 진술들이 겨냥한 것은 일상적 차원을 희생하며 궁극적 차원을 강조하고, 그리하여 올바른 행위와 올바른 사유 모두를 평가 절하하는 북종선의 태도였다. 불성 사상이 윤리, 사회 정의, 비판적 사유에 대한 헌신적 태도를 해친다고 주장하는 마츠모토와 하카야마에게 있어서도 이것이 주된 관심사라는 것은 우연이 아닐 것이다.

신회는 북종선의 좌선 집착 그리고 일반적인 사유를 끝장내는 것이 그 자체로 지혜가 된다는 그릇된 확신에도 관심이 있었다. 신회는 개념을 떠난 삼매(三昧, samādhi)의 상태를 제시하는 대신 반야바라밀(般若波羅密, Prajñāpāramitā)의 가르침에 의거한 '알아차림의 통찰(discerning insight, prajñā)'을 강조한다. 신회의 『단어』(壇語)[27]에서 가져온 다음의 인용문들은 모두 올바른 선종의 이해를 그의 경쟁자가 제시한 잘못

---

27 완전한 제목은 『남양화상돈교해탈선문직료성단어』(南陽和上頓教解脫禪門直了性壇語), 즉 "즉각적 가르침을 통한 해탈이라는 선종의 교리에 의거해 본성을 직접적으로 깨달음에 대한 남양 화상의 단상 설교"이다. Pelliot 2045; 여기에서는 당대어록연구반본(2006)을 사용하였다.

된 가르침과 대비시켜 다루고 있다.

> 너는 네 앞에서 눈을 내리깔아서는 안 된다. [시시한] 바라봄에 머물고 말 것이기 때문이니, 쓸모없다. 너는 마음에 집중하고자 의도해서도 안 되며 멀리 보거나 가까이 보아서도 안 되니, 이들은 모두 쓸모없다. 경전에서 말하길 "관조하지 않는 것이 보리이다"라 하였으니, 억념이 없기 때문이다.[28] 이것이 본성적으로 비어있고 고요한 마음이다.
>
> 不得垂眼向下，便墮眼住，不中用. 不得作意攝心，亦不復遠看近看，皆不中用. 經云：不觀是菩提，無憶念故，即是自性空寂心. (당대어록연구반 2006: 70)
>
> 머물지 않음이 고요함이며, 고요함의 체득이 명상이라 불린다. 이러한 체득으로부터 저절로 그러한 앎이 일어나며 이 근본적인 고요함의 체득을 알아차리는 것을 지혜라 한다. 이것이 명상과 지혜의 동등함이다.
>
> 無住是寂靜，寂靜體即名為定. 從體上有自然智，能知本寂靜體，名為慧. 此是定慧等. (Ibid.: 73)
>
> 경전에서 말하길 "고요함에서 명료함이 일어난다"라고 하였으니 그 뜻은 이와 같다. 머물지 않는 마음은 앎에서 벗어나지 않으며, 앎은 머물지 않음에서 벗어나지 않는다. 마음은 머물지 않으니 다시 더 알 것이 없음을 알라.

28 『유마경』(維摩經), T14, 542b24의 구절.

經云：寂上起照. 此義如是. 無住心不離知, 知不離無住. 知心無住, 更無余知. (Ibid.: 73)

환언하자면 그저 고요히 앉아 마음을 가라앉히고 본성을 깨달으려는 노력은 진정한 고요함이나 진정한 지혜가 아니라는 것이다. 수행은 마음 또한 머물지 않음[무주(無住)]임을 아는 '앎[知, prajñā]'을 필요로 한다. 아니, 수행이 곧 앎이다. 신회는 '청정한 마음'에 대한 실체적인 이해가 필연적으로 집착의 대상이 된다고 믿었고, 『금강경』의 핵심 가르침인 '머물지 않음'을 치료법으로 제시했을 것이다.

그대들이여, 잘 들으시오, 내 미혹된 마음을 설명하리다. 미혹된 마음이란 무엇인가? 여러분은 모두 여기에 왔으나, 아직 재화, 쾌락, 남녀 등을 갈구하거나 값비싼 정원과 저택을 상념한다면 이것이 거친 미혹이며 응당 그대들 스스로 이 마음을 제거할 것입니다. 그대들이 모르는 것은 미세한 미혹입니다. 미세한 미혹이란 무엇인가? 마음이 보리라는 가르침을 들으면 보리를 취하고자 하는 마음이 일어납니다. 열반이라는 가르침을 들으면 열반을 취하고자 하는 마음이 일어납니다. 공(空)이라는 가르침을 들으면 공(空)을 취하고자 하는 마음이 일어납니다. 청정함이라는 가르침을 들으면 청정함을 취하고자 하는 마음이 일어납니다. 명상이라는 가르침을 들으면 명상을 취하고자 하는 마음이 일어납니다. 이들은 모두 미혹된 마음이며 법(法)에 속박된 것입니다. 이것들은 법(法)에 대해 관점을 가지는 것입니다. 이러한 방식으로 기능하는 마음은 해탈을 얻지 못하니, 그것은 그대들이 지닌 본질적이고 내재적인 청정한 마음이 아니기 때문입니다. 열반에 머물기 위해 노력하는 것은 열반에 구속되는 것이고, 공(空)에 머물기 위해 노력하는 것은 공(空)에 구속되는 것입니다. 선정(禪定, dhyāna)에 머무는 것은 선정에 구속되는 것입니다. 이러한 방식으로 작동하는 마음은 깨달음으로의 길을 가로막습니다.

知者, 諦聽, 為說妄心.何者妄心? 仁者等今既來此間, 貪愛財色, 男女等, 及念園林, 屋宅, 此是粗妄, 應無此心. 為有細妄, 仁者不知, 何者是細妄? 心聞說菩提, 起心取菩提; 聞說涅盤, 起心取涅盤; 聞說空, 起心取空; 聞說淨, 起心取淨; 聞說定, 起心取定, 此皆是妄心, 亦是法縛, 亦是法見.若作此用心, 不得解脫, 非本自寂靜心. 作住涅盤, 被涅盤縛; 住空, 被空縛; 住定, 被定縛.作此用心, 皆是障菩提道. (Ibid.: 56)

그러므로 신회의 관점에서 북종 선사들은 지혜가 없는 삼매를 제시하였던 것이고, 그는 이에 대한 대안으로 이해가 기교에 선행한다는 것, 좀 더 정확히 말하자면 타당한 이해 혹은 지혜가 곧 올바른 기교라는 것을 강조하였다.

신회는 당시 스승으로 일컬어지는 많은 이들이 선법을 가르칠 지혜도 자격도 없다고 비난하는 데 주저하지 않았다. 그는 『보리달마남종정시비론』(菩提達摩南宗定是非論, 보리달마*Bodhidharma의 남쪽 전승의 입장에서 시비를 가리는 논서)에서 신수(神秀, 606?-706)와 그 제자들이 끼친 해로운 영향을 논하면서 다음과 같이 말한다.

20명이 넘는 이들 [즉 신수의 직전제자들]이 선(禪)을 설법하고 사람들을 지도하는데, 그들 중 아무도 이런 식으로 설법하도록 전수받거나 인가를 얻은 자가 없다. 이 이십여 명 아래에 지금은 수백 명의 사람들이 선(禪)을 선법하고 사람들을 지도하는데, 계급 개념도 없고 스승과 제자 간 관계도 없어 공식적으로 인가를 얻지 못했음에도 모두 명성과 이익을 다투고 있다. 그들은 참된 법에 혼란을 일으키고 도(道)를 배우는 이들을 헷갈리게 하니, 이러한 것들은 불법(佛法)이 쇠퇴하는 신호이다. 선사 혜능은 직접적으로 이어져 내려온 전승을 받으신 분이다. 오늘날 그 문하에서 속가와 출가 제자 수만 명이 배우고 있으나, 아직 그들 중 누구도 감히 '선(禪)'을 가르치는 스승이라고 자청하지 않는다. 지금에 이르기까지 나는 어떤 사람도 전승을 이어받았다고 주장하는 것을 한 번도 듣지 못했다.

將有二十餘人說禪教人, 並無傳授付囑, 得說只没說; 從二十餘人已下, 近有數百餘人說禪教人, 並無大小, 無師資情, 共爭名利, 元無稟承, 亂於正法, 惑諸學道者. 此滅佛法相也. 能禪師是的的相傳付囑人, 已下門徒道俗近有數萬餘人, 無有一人敢濫開禪門. 縱有一人得付囑者, 至今未說.[29]

(최근 반세기 동안 선종이 급속도로 성장한 미국에 사는 나는, 무지한 청중들을 끌어들이는 자칭 "master"들의 걷잡을 수 없는 확산과 그에 수반되는 불교의

29 내가 사용하는 판본은 Yang 1996, 28이다. Hu 1968, 282-283도 참조.

세속화에 대한 신회의 관점에 공감할 수 있다.)

신회가 제시한 대안의 정확한 윤곽을 그려내기는 쉽지 않지만, 그의 우선적인 관심사는 실체적 개념 — 명상 수행의 목표로 해석될 수 있는 상주하는 기반 혹은 기체(dhātu) — 으로 해석되지 않는 불성에 있는 듯하다. 대신에 그는 『금강경』에 입각해 궁극적으로 머물 수 있는 어떠한 기반도 장소도 없다는 통찰인 무주(無住)를 강조한다.

마츠모토는 불성에 대한 도겐의 입장을 논하면서 소위 '불성내재론(佛性內在論)'과 '불성현재론(佛性顯在論)'의 구분을 제시한다. 전자는 모든 유정들이 불성 혹은 궁극적 실재를 지니고 있기 때문에 깨달음을 얻을 수 있는 가능성을 가지고 있다고 본다. 이것은 일천제라 불리는 존재들은 절대로 깨달음을 얻게 될 가능성이 없다고 보는 유가행파의 종성(種姓, gotra) 혹은 오종각별(五性各別) 이론과는 대조적으로 전개된 것이다. 반면 후자인 '현재(顯在)'의 입장은 일종의 형이상학적 일원론이다. 이것은 모든 현상 세계를 불성 혹은 진리 자체의 실현태로 본다(Matsumoto 2000; Heine 1997: 139). 마츠모토는 도겐이 초기 저작, 특히 무정물에 의한 설법(무정설법無情說法)에 한 챕터 전체를 할애하고 있는 75권본 『정법안장』에서 불성현재론을 지지했다고 주장한다. 그러나 만년에 완숙한 경지에 이르게 되자, 도겐은 그의 잘못을 깨닫고 업(業)과 연기(緣起)를 중시하는 12권본 『정법안장』을 저술하여 현재적 불성을 거부하고 내재적 불성을 채택했다고 한다.

내가 아는 한, 마츠모토가 고안해낸 이러한 구분은 중국의 불교 텍스트에 분명하게 표현되어 있지 않으며 또한 도겐의 글에서도 반드시 명백하다고는 볼 수 없다. 그럼에도 불구하고 내재와 현재에 대한 마츠모토의 구분은 불성에 관한 신회와 경쟁자의 입장 차이를 잘 포착할 수 있다는 점에서 유용한 해석학적 도구이다. 신회는 내재적 불성을 부정하지 않았지만—분명 그가 설한 돈교(頓教)는 이처럼 변치 않는 가능성에 입각한 것이다—현재적 불성이라는 관점에 대해서는 단호하게 반대하였다. 그리고 이것이 내가 신회와 선종의 기체론자(dhātuvādin)들을 도매금으로 취급하는 마츠모토의 입장이 잘못되었다고 믿는 이유이다. 분명히 신회는 비판불교론자의 원형이라고 볼 수 있을 것이다!

3. 『단경』(壇經)에 나타난 게송 대결

여래장과 불성에 대한 신회의 입장을 정확하게 이해하기는 어렵다. 그리고 내가 그를 '내재론자'로 묘사한다면, 나 또한 그의 체계화되지 않은 말뭉치에서 편의상 특정 내용만을 취했다는 비난을 피할 수 없을 것이다. 그러나 신회가 무정물에 불성이 있다는 교리를 반대했다는 점에 대해서는 의심의 여지가 없으며 이러한 반대 의견은 당대(唐代) 이후에까지 이어진 가장 영향력 있는 선종 문헌 『육조단경』(六祖壇經)에도 나타난다.[30]

---

30 무정물의 불성에 대한 『단경』의 비판은 자주 간과되는 입장이다. 이것은 돈황본 『단경』 말미에 기재되어 있는 여섯 조사(祖師)에 관한 전법게(傳法偈)에 분명하게 나타나 있다. 돈황 교정본에서 홍인(弘忍)의 것이라 되어 있는 핵심 게송은 다음과 같다. "유정들이 와서 씨앗을 심고, 무정물인 꽃이 자란다네. 지각도 없고 씨앗도 없이는 마음의 바탕이 아무것도 낳지 않는다네. 有情來下種, 無情花即生. 無情又無種, 心地亦無生"(T48, 344b9-10. Yampolsky 1967, 177 참조). 약간 변형된 형태의 게송을 『조당집』(Yanagida 1984:

『단경』을 여기에서 자세하게 논하기에는 너무 복잡하다. 다만 그 교리적 입장이 유식사상과 중관사상의 융합을 반영하고 있다는 점은 많은 학자들이 동의할 것이다(어떤 이들은 이것을 『기신론』의 실체론적 주장과 반야바라밀의 반反-근본주의적 가르침을 통합하고자 했던, 완전히 실패했지만 용감한 시도로 특징짓기도 한다). 본 논의의 목적을 위해 잠시 이 텍스트의 전기(傳記) 부분에 기록되어 있는 저 유명한 '시 경연대회'로 눈을 돌려보자. 이 텍스트의 알려지지 않은 저자(들)은 종파 간의 근본적인 차이를 신수와 혜능의 게송 대결로 압축시키고자 하였다. 그러므로 이 고전 작품의 작자/편집자들이 혜능의 핵심 사상을 분명하게 설명하려고 분투하였다는 점은 중요하다.[31]

혜능의 유명한(그러나 분명 대부분이 허구인) 전기적 일화에 따르면, 신수는 강요에 의해 선에 대한 그의 이해를 피력하는 이하의 짧은 게송을 썼다고 한다.

> 몸은 보리수요
> 마음은 깨끗한 거울이라.
> 항상 깨끗이 닦아야 하며

1.85.11-12)과 『경덕전등록』(景德傳燈錄)(T2076, 51.223a17-18), 그리고 송대의 교정본 『단경』에서 찾을 수 있다. 송대의 교정본에서는 본 게송이 혜능의 전기(傳記) 부분으로 옮겨져 홍인이 남몰래 혜능에게 법을 전수하는 장면과 합쳐져 있다. "유정들이 와서 씨앗을 심고, 땅에서 과실이 열린다네, 지각도 없고 씨앗도 없이는 [불]성도 없고 생겨나는 것도 없다네. 有情來下種, 因地果還生. 無情即無種, 無性亦無生"(T48, 349a26-27); 이에 대한 논의는 Sharf 2007, 218-219 참조.

31 다시 말하지만 많은 문헌이 이 주제를 다루고 있다. 본 게송에 대한 최근의 분석으로는 Gregory 2012를 보라.

먼지가 쌓이지 않게 하라.

身是菩提樹, 心如明鏡臺. 時時勤佛拭, 莫使有[32]塵埃.[33]

중국불교에 친숙한 이라면 누구라도 이것이 7세기에서 8세기 중국에서 대두되었던 불성 이해에 관한 매우 통상적인 표현이라는 것을 금방 알아챌 것이다. 이러한 이해에서 여래장/불성이란 단순히 성불의 본래적 가능성, 즉 아직 깨닫지 못한 이들은 절대 획득할 수 없는 가능성을 의미하지 않는다. 대신에 불성은 마음 혹은 인식의 본질적인 성품으로 규정되며, 그렇기 때문에 올바르게 보기만 한다면 항상 내 앞에 있는 것이다. 이러한 현재주의적 이해는 분명 비판불교가 그토록 못마땅하게 여기는 기체론 혹은 영원론적 가르침과 유사하다. 본래 깨끗한 마음(거울)을 가리우는 '먼지'는 바로 개념적 사유이며, 그렇기에 오직 필요한 것은 사유를 멈추어, 즉 개념화와 비판적 사유(分別)을 제거하여 내면의 부처를 드러내는 것이다.

『단경』의 주인공인 혜능은 절대 이를 받아들이지 않을 것이다. 돈황본 『단경』은 그의 첫 번째 답변(V1)을 다음과 같이 기록하고 있다.

보리에는 본래 나무가 없고

거울 또한 받침대가 없다네.

불성은 항상 깨끗하고 맑은데

---

32 興正寺本과 金山天寧寺本에서 "有"는 "染"으로 되어 있다.

33 T48, 337c1-2.; 번역 Yampolsky 1967: 130. 송대 유통본은 "身是菩提樹心如明鏡臺時時勤拂拭勿使惹塵埃"(T48, 348b24-25)로 되어 있다.

어디에 먼지 앉을 곳이 있겠는가?

菩提本無樹, 明鏡亦無臺. 佛性[34]常清[35]淨, 何處有塵埃.[36]

이 게송(V1)의 표면적 의미는 명쾌하지만 그 교리적 취지는 신회의 글이나 『단경』 그 자체의 많은 부분에서 찾을 수 있는 혼란스러운 메시지들을 떠올리게 할 만큼 아무것도 확실하지 않다. 이 시의 첫 두 행은 깨달음(보리)과 마음(거울)의 실체화에 관한 반박이다. 둘 모두 공허하거나 기반을 결여한 것으로(궁극적으로는 나무도 받침대도 없다), 그렇기에 어느 것이라도 선 수행의 목적으로 삼는 것은 잘못이다. 그런데 상주하는 불성이 본래적으로 청정하다고 단언하는 후반부 두 행은 전반부 두 행의 요지와 조화되지 않는 것처럼 보인다. 나는 이러한 선언이 이 텍스트의 초기 편집자들을 불편하게 만들었을 것이라고 추측하는데, 어쨌든 모종의 이유로 그들은 또 다른 돈황본에 어정쩡하게 포함된 다음의 대답(V2)을 고려하게 되었을 것이다.

마음은 보리수요

몸은 거울의 받침대라.

거울은 본래 깨끗하고 맑은데

어디에 먼지로 더럽힐 수 있겠는가?

心是菩提樹, 身為明鏡臺. 明鏡本清淨, 何處染塵埃J.[37]

---

34 S.5475는 "姓."

35 S.5475는 "青."

36 T48, 338a7-8.; 영역 Yampolsky 1967, 132.

이 두 번째 형태(V2)는 불성에 대한 명시적인 언급을 삭제하였지만, 신수의 가르침에 대한 '대안'(alternative)이라는 측면에서 보면 전체적인 효과가 개선되었다고 하기는 힘들다. V2는 V1과 같이 명상 수행을 거부하지만(닦을 필요가 없다) 이것은 불성의 본래적인 청정함이 아닌 마음(거울), 그리고 아마도 이와 연계된 몸(거울 받침대)의 본래적인 청정함을 단언함으로써 그러한 것이다. 본래적 청정함을 궁극적 차원(불성)이 아닌 일상적 차원(마음/몸)에 위치시키는 것은 사상의 진전으로 볼 수도 있지만, 여전히 약간 혼란스러운 상태로 남아 있다. 그리고 나는 이것이 비판불교의 지지를 얻을 것이라고 생각하지 않는다.

돈황 교정본의 편집자가 아무런 변명의 기미도 없이 두 게송 '모두'를 수록했다는 점은 내가 제시한 의혹들이 나 혼자만의 것이 아니었음을 시사한다. 편집자들은 두 게송 중 어느 것이 더 낫다고 선택할 수 없었던 것 같다. 그러나 이 게송들이 불만족스럽게 여겨졌다는 증거 중 가장 설득력 있는 부분은 두 게송 모두가 결국 세 번째 판본(V3)에서 대체되었다는 것이다. 그리고 내 생각에 세 번째 판본의 게송은 비판불교론자들의 동의를 얻어낼 수 있을 것 같다.

보리에는 본래 나무가 없고
밝은 거울 또한 받침대가 아니라.
본래 하나의 물건도 없는데

37 T48, 338a10-11; 영역 Yampolsky 1967, 132.

무엇이 먼지를 끌어들이겠는가?

菩提本無樹, 明鏡亦非臺. 本來無一物, 何處惹塵埃.[38]

결국 송대의 유통본으로 정전화(正典化)된 이 작품에서, 편집자는 보다 부정적인 뉘앙스를 가진 V1의 첫 두 행을 유지한다. 즉 보리와 마음은 모두 공허하거나 기반을 결여한 것이다(나무도 없고 받침대도 없다). 나아가, V1에 나타난 문제의 세 번째 행은 이제 "본래 하나의 물건도 없다"는 명료한 선언으로 대체된다. 다시 말해 몸과 마음이 없을 뿐 아니라 거울도, 청정함도, 불성도 없다는 것이다. 그리고 넷째 행이 어떻게 변경되었는지에 주목하라. V1과 V2에서 찾을 수 있는 거울이 먼지에 의해 더렵혀질 수 없다는 선언 대신에 우리는 이제 애초에 먼지를 끌어들일 어떠한 것도 없음을 배우게 된다. 신회의 글은 혼란스러울지 모른다. 그리고 물론 『단경』 그 자체로 철학적 일관성과는 거리가 없다. 그러나 혜능의 게송, 즉 그의 깨달음에 대한 시적 증거는 초기의 실패 후에 반야바라밀의 골자를 철학적으로 설득력 있게 표현하는 최종적 형태를 갖추게 되었다.

요약하자면, 신회는 북종선에서 수행의 목적을 그릇되게 실체화시키고 명상에 집착하며 윤리적 행위와 경전의 교설을 폄하하는 측면을 보았고, 그는 대안으로 『금강경』에서 찾아낸 머물지 않음의 사유를 중시하였다. 시간의 경과와 텍스트적 수정을 통해 그의 교설은 마

38 T48, 349a7-8. 또한 초기 문헌에 나타난 이 게송의 증거들은 Yampolsky 1967, 94, 주 17을 보라.

침내 혜능의 유명한 게송, 그리고 마음과 불성을 포함해 어떤 것에도 고수할 만한 것이 없다는 그 강경한 주장(본래무일물本來無一物)으로까지 이어질 수 있었던 것이다.

4. 결론

어떤 이는 기체론이 "불교가 아니"라는 비판불교의 주장을 시대착오적인 오만함이라고 볼지도 모른다. 여기에는 전후(戰後) 시대 일본의 사회적/윤리적 관습을 반영한 '정통 불교(authentic Buddhism)'라는 낭만적인 개념이 전제되어 있기 때문이다. 그러나 우리는 이제까지 초기 선종 공동체에서 무정물의 불성과 무심의 개념을 둘러싸고 벌어진 논쟁을 통해 이와 비슷한 비판의 흔적들을 찾아낼 수 있음을 살펴보았다.

마츠모토나 하카야마와 마찬가지로 남종선의 선사들도 부분적으로 현재적인 불성 개념에 대한 경전적 증거에 관심이 있었다. 그러나 여래장/불성 교리의 기원과 정통성에 대한 그들의 불안은 새로울 것이 없다. 초기 여래장 문헌들도 무심코 같은 태도를 드러내며, 이 교리가 외도의 이단적인 아설(我說, ātmavāda)과 완전히 같지는 않더라도 비슷하다는 것을 암암리에 인정하고 있었기 때문이다.

하나의 사례를 들자면, 몇몇 학자들이 현존하는 여래장 문헌 중 최초의 것으로 간주하는 『열반경』(Radich 2015)은 여래장 개념이 외도에서 기원하였음을 암묵적으로 인정한다. 이에 대한 증거는 텍스트 곳곳에서 찾을 수 있지만, 그중에서도 가장 충격적인 예는 권7에 나오는 유명한 "불성에 대한 다섯 가지 비유" 중 두 번째일 것이다.

> 또한 선남자여, 어떤 여인과 병에 걸린 그녀의 갓난 아들의 이야기를 생각해보라. 그 여인이 걱정하며 의원을 청하였고, 그가 와서는 정제된 버터와 우유, 석밀이라는 세 가지를 섞어 약을 만들었다. 그가 그녀에게 이 혼합물을 주어 아이에게 먹이게 하고 "아기가 약을 먹은 뒤에는 그대의 젖을 주지 마시오. 약을 다 쓴 다음에야 젖을 주어야 할 것이오."라고 설명하였다. 그리하여 그 어미는 젖가슴에 쓴맛 나는 물질을 바르고 그녀의 아이에게 말하였다. "내 젖가슴에 독약을 발랐으니 만져서는 안 된다." 아이가 허기가 져서 어머니의 젖을 빨려다가 그녀의 젖가슴에 독이 묻었다는 것을 듣고 그녀를 멀리하였다. 마침내 약을 다 쓰자 그 어미는 그녀의 젖가슴을 물로 씻어내고 아들을 불렀다. "오너라, 내가 젖을 주리라." 그러나 그때 소년은 굶주리고 목말랐지만 일찍이 독에 대해 들은 것 때문에 그녀에게 가까이 가지 못하였다. 그 어미는 그에게 말하였다. "내가 독을 쓴 것은 오직 네게 약을 먹이기 위함이었단다! 이제 약을 다 썼고 나도 완전히 깨끗이 하였으니, 너는 와서 쓴맛 없이 내 젖가슴을 빨 수 있으리라." 이 것을 듣고 갓난아이는 조금씩 다가와 다시 젖을 물게 되었다.
> 선남자야, 여래도 이와 같다. 내가 [일전에] 중생들에게 무아(無我)의 가르침을 닦으라고 한 것은 모든 이들을 구제하기 위함이었느니라. 이런 방식으로 수행한 후 그들은 영원히 자아중심주의

적인 마음을 끊고 열반을 얻음[을 설명하니], 그리하여 세간의 잘못된 견해를 떨쳐버리고 출세간의 법을 드러내는 것이다. 또한 나는 일반적으로 자아라고 생각되는 것이 허망하고 참이 아님을 보였다. 무아의 가르침을 닦는 것은 그러므로 몸을 깨끗하게 하기 위함이다. 그녀의 아이를 위해 젖가슴에 쓴맛을 바른 여인의 비유와 같이, 이와 같이 여래는 [제자들이] 공(空)을 닦도록 [이끌기 위해] 모든 법에 자아가 없다고 설명하였다. 그리고 저 어미가 그녀의 아이를 부를 때 오직 그녀의 젖가슴을 씻은 후에 하는 것은 다시 젖을 물리고자 함이니, 나도 이 특정한 순간을 취하여 이제 여래장을 해설하리라. 이러한 이유들로, 비구들이여, 두려워하지 말라! 어린 아이가 그 어미의 부름을 듣고 어미의 젖을 먹고자 점점 돌아가는 것처럼, 마찬가지로 비구들은 여래장을 가지지 않은 경우는 있을 수 없음을 알아야 한다.

復次善男子. 譬如女人生育一子嬰孩得病. 是女愁惱求覓醫師.醫師既來合三種藥. 酥 乳石蜜. 與之令服因告女人. 兒服藥已且莫 與乳. 須藥消已爾乃與之. 是時女人即以苦物用塗其乳. 母語兒言. 我乳毒塗不可復觸. 小兒渴乏欲得母乳. 聞乳毒氣便遠捨去. 逡至藥消母人以水淨洗其乳. 喚其子言. 來與汝乳. 是時小兒雖復飢渴. 先聞毒氣是故不來. 母復語言.爲汝服藥故以毒塗. 汝藥已消我已洗竟. 汝便可來飲乳無苦. 是兒聞已漸漸還飲. 善男子. 如來亦爾. 爲度一切教諸衆生修無我法. 如是修已永斷我心入於涅槃. 爲除世間諸妄見故.示現出過世間法故. 復示世間計我虛妄非眞實故. 修無我法清淨身故. 喻如女人爲其子故以苦味塗乳. 如來亦爾. 爲修空故說言諸法悉無有我. 如彼女人淨洗乳已而喚其

> 子欲令還服. 我今亦爾說如來藏. 是故比丘不應生怖. 如彼小兒聞母喚已漸還飮乳. 比丘亦爾. 應自分別如來祕藏不得不有.[39]

이 비유를 듣고 가섭(迦葉, Kāśyapa)은 분명 괴로워하며, 무아라는 불교의 가르침에 대한 일련의 논의들을 요약적으로 열거하면서 부처에게 이의를 제기한다. 이에 대해 부처는 당혹스러워하는 장로를 다독일 요량으로 또 다른 비유를 들어 무아의 가르침이 가설적이며 이제 '아(我, ātman)'라는 궁극적인 가르침을 받아들일 시간이 됐다고 대답한다.

이 비유가 놀라운 것은 여래장이 이전의 불교도들에게 '이단'이라고 알려진 아트만과 다를 게 없다고 솔직하게 인정한다는 점이다. 다시 말해 여래장은 어미의 젖(참되고 영원한 자아를 설하는 우파니샤드의 일원론적 교리)으로, 의원(부처)이 도착하여 병을 진단하기 전까지 아이에게 영양분을 공급하던 것이었다. 어미의 젖가슴에 발린 쓴맛 나는 고약은 무아라는 붓다의 독특한 가르침으로, 이것은 약효를 보는 동안 필요한 임시방편일 뿐이다. 치료의 과정이 끝나면, 아이(부처를 따르는 이들)는 자유롭게 어미의 젖(아트만 겸 여래장)으로 돌아갈 수 있다. 나는 비판불교론자들에 이보다 더 유용한 것을 상상할 수 없다.

중국불교의 많은 종파들처럼 선종 또한 여래장사상의 형이상학적 일원론—즉 불교 전래 이전의 중국적 개념인 모든 사물의 유일한 원

---

39 『대반열반경』, ca 421-432년경 담무참(385-433) 번역, T12, 407b29-c19.; 영역과 교정 Blum 2013: 227-229 ; 또한 Radich 2015: 25-26의 논의를 보라.

천으로서의 근원적 도(道)라는 개념과 공명하는 일원론—과 반형이상학적 공(空) 사상을 결합시키려는 불가능한 작업을 시도하였다. 물론 중국인만 이러한 작업을 한 것은 아니다. 후대 인도와 티벳의 학적 체계에서도 마찬가지로 중관—유가행사상의 통합은 중요한 문제였다. 그러나 이들은 중관과 유가행 사상을 가르는, 극복할 수 없는 것은 아니더라도 매우 심오한 철학적 난제들을 뚜렷하게 인지하고 있었다. 반면 중국인들은 이면에 놓인 개념적 난제를 항상 예민하게 다루지는 않았으며 지속적인 논쟁보다는 문학적 환기에 기대는 경향을 가지고 있었다.

그러나 나는 초기 선종 그룹 중 적어도 한 분파는 이 문제를 인지하고 있었으며, 이들은 불성에 대한 명백히 일원론적 혹은 현재적인 이해에 저항하고 보다 해체적이고 '비판'적인 접근을 선호하였음을 논하였다. 확언할 수는 없지만 이러한 저항은 신회와 혜능의 것으로 알려진 저작에 처음으로 등장하였으며, 후대 선종 중 보다 산만하고 분석적인 지파로 이어져 『무문관』(無門關)(Sharf, 출간 미정)의 해학적이지만 단호한 반-근본주의적 수사 등으로 구현되었다고 볼 수 있다. 그러나 이것은 소수집단에 그쳤다. 대다수에게 여래장의 가르침이 제공하는 편안함은, 마치 어미의 젖가슴에서 나오는 따듯한 우유처럼 더 매혹적인 것으로 여겨졌을 것이다.

알림

본고는 2016년 8월 6-7일 양일간 서울에서 열린 "불성·여래장사상의 형성, 수용 그리고 변용" 학술대회에서 발표한 원고에 기반을 둔 것이다. 조언과 제안을 아끼지 않은 주최 측과 참가자들, 제이 가필드(Jay Garfield), 엘리자베스 샤프(Elizabeth Sharf) 그리고 에반 톰슨(Evan Thompson)에게 감사를 드린다.

참고문헌

Arnold, Daniel Anderson. 2005. *Buddhists, Brahmins, and Belief: Epistemology in Indian and Buddhist Philosophy*. New York: Columbia University Press.

____________________. 2010. "Self-Awareness(svasaṃvitti) and Related Doctrines of Buddhists Following Dignāga: Philosophical Characterizations of Some of the Main Issues." *Journal of Indian Philosophy* 38 (3): 323-78.

____________________. 2012. *Brains, Buddhas, and Believing: The Problem of Intentionality in Classical Buddhist and Cognitive-scientific Philosophy of Mind*. New York: Columbia University Press.

Barrett, Timothy H. 1991. "The Date of the Leng-chia shih-tzu chi." *Journal of the Royal Asiatic Society*, 3d series 1 (2): 255-259.

Blum, Mark Laurence, trans. 2013. *The Nirvana Sutra(Mahāparinirvāṇa-Sūtra)*. Vol. 1. Berkeley, Calif: BDK America.

Coseru, Christian. 2012. *Perceiving Reality: Consciousness, Intentionality, and Cognition in Buddhist Philosophy*. Oxford and New York: Oxford University Press.

Deguchi, Yasuo, Jay L. Garfield, and Graham Priest. 2008. "The Way of the Dialetheist: Contradictions in Buddhism." *Philosophy East and West* 58 (3): 395-402.

____. 2013. "How We Think Mādhyamikas Think: A Response To Tom Tillemans." *Philosophy East and West* 63 (3): 426-435.

Deguchi Yasuo, Jay Garfield, Graham Priest, and Robert H. Sharf. n.d. *What Can't be Said: Contradiction and Paradox in East Asian Thought*. Forthcoming.

Demiéville, Paul. 1952. *Le Concile de Lhasa: Une Controverse sur le Quiétisme entre Bouddhistes de l'Inde et de la Chine au VIIIe Siècle de l'Ère Chrétienne*. Paris: Imprimerie Nationale de France.

Faure, Bernard. 1997. *The Will to Orthodoxy: A Critical Genealogy of Northern Chan Buddhism*. Stanford: Stanford University Press.

Ganeri, Jonardon. 2012. *The Self: Naturalism, Consciousness, and the First-person*

Stance. Oxford: Oxford University Press.

Garfield, Jay L., and Graham Priest. 2003. "Nāgārjuna and the Limits of Thought." *Philosophy East and West* 53 (1): 1-21.

Garfield, Jay L. 2015. *Engaging Buddhism: Why It Matters to Philosophy*. Oxford and New York: Oxford University Press.

Gernet, Jacques. 1977. *Entretiens du maître dhyâna Chen-Houei du Ho-Tsö (668-760)*. Paris: Ecole Française d'Extrême-Orient. First published 1949.

Gregory, Peter N. 2012. "The *Platform Sūtra as the Sudden Teaching." In Morten Schlütter and Stephen F. Teiser, eds., Readings of the Platform Sutra, 77-108. Columbia Readings of Buddhist Literature*. New York: Columbia University Press.

Hakamaya Noriaki 袴谷憲昭. 1989. *Hongaku shisō hihan* 本覚思想批判. Tokyo: Daizō shuppan.

________________. 1990. *Hihan bukkyō* 批判佛教. Tokyo: Daizō shuppan.

Hansen, Chad. 1983. *Language and Logic in Ancient China*. Ann Arbor: University of Michigan Press.

Harbsmeier, Christoph. 1998. *Science and Civilisation in China, Vol. 7, Part 1, Language and Logic*. Cambridge: Cambridge University Press.

Halbertal, Moshe, and Avishai Margalit. 1992. *Idolatry*. Cambridge, Mass.: Harvard University Press.

Heine, Steven. 1997. "Critical Buddhism and Dōgen's Shōbōgenzō: The Debate over the 75-Fascicle and 12-Fascicle Texts." In Jamie Hubbard & Paul Swanson, eds., *Pruning the Bodhi Tree: The Storm over Critical Buddhism*, 251-285. Honolulu: University of Hawai'i Press.

Hu Shi 胡適. 1968. *Shenhui heshang yiji—fu Hu xiansheng zuihou de yanjiu* 神會和尚遺集附胡先生最後的研究. Taibei: Hu Shi jinian guan.

Hubbard, Jamie, and Paul L. Swanson, eds. 1997. *Pruning the Bodhi Tree: The Storm Over Critical Buddhism*. Honolulu: University of Hawai'i Press.

King, Richard. 1995. "Is 'Buddha-Nature' Buddhist?" *Numen* 42 (1): 1-20.

Lusthaus, Dan. 2002. *Buddhist Phenomenology: A Philosophical Investigation of Yogācāra Buddhism and the Ch'eng Wei-shih Lun*. London and New York: Routledge Curzon.

McRae, John R. 1987. "Shen-hui and the Teaching of Sudden Enlightenment in Early Ch'an Buddhism." In Peter N. Gregory, ed., *Sudden and Gradual: Approaches to Enlightenment in Chinese Thought*, 227-278. Honolulu: University of Hawai'i Press.

Matsumoto Shirō 松本史朗. 1989. *Engi to kū: Nyoraizō shisō hihan* 縁起と空：如来蔵思想批判. Tokyo: Daizō shuppan.

______________________. 1993. *Zen shisō no hihanteki kenkyū* 禪思想の批判的研究. Tokyo: Daizō shuppan.

______________________. 1997. "The Meaning of 'Zen.'" In Jamie Hubbard and Paul L. Swanson, eds., *Pruning the Bodhi Tree: The Storm Over Critical Buddhism,* 242-250. Honolulu: University of Hawai'i Press.

______________________. 2000. *Dōgen shisōron* 道元思想論. Tōkyō: Daizō shuppan.

Radich, Michael. 2015. *The Mahāparinirvāṇa-mahāsūtra and the Emergence of Tathāgatagarbha Doctrine.* Hamburg: Hamburg University Press.

Ruegg, David Seyfort. 1969. *La théorie du Tathāgatagarbha et du Gotra: Études sur la Sotériologie et la Gnoséologie du Bouddhisme.* Publications de l'École Française d'Extrême-Orient 70. Paris: École Française d'Extrême-Orient.

__________________. 1989. *Buddha-Nature, Mind and the Problem of Gradualism in a Comparative Perspective: On the Transmission and Reception of Buddhism in India and Tibet.* London: School of Oriental and African Studies, University of London.

Sharf, Robert H. 2007. "How to Think with Chan *Gong'ans*." In Charlotte Furth, Judith Zeitlin, and Hsiung Ping-chen, eds., *Thinking with Cases: Specialized Knowledge in Chinese Cultural History*, 205-243. Honolulu: University of Hawai'i Press.

_____________. 2014a. "Is Nirvāṇa the Same as Insentience? Chinese Struggles with an Indian Buddhist Ideal." In John Kieschnick and Meir Shahar, eds., *India in the Chinese Imagination: Myth, Religion, and Thought, 141-170.* Philadelphia: University of Pennsylvania Press.

_____________. 2014b. "Mindfulness and Mindlessness in Early Chan." *Philosophy East & West* 64 (4): 933-964.

_____________. 2016. "Is Yogācāra Phenomenology? Some Evidence From the *Cheng weishi lun." Journal of Indian Philosophy* 44(4): 777-807

_____________. 2018(게재 예정). "Knowing Blue: Early Buddhist Accounts of Non-conceptual Sense Perception." *Philosophy East and West* 68 (3). Sharf, Robert H. n.d. "Chan Cases." In Deguchi Yasuo, Jay Garfield, Graham Priest, and Robert H. Sharf, *What Can't be Said: Contradiction and Paradox in East Asian Thought*. Forthcoming.

Shields, James Mark. 2011. *Critical Buddhism Engaging with Modern Japanese Buddhist Thought.* Farnham: Ashgate.

Shimoda Masahiro 下田正弘. 1997. *Nehangyō no kenkyū: Daijō kyōten no kenkyū hōhō shiron* 涅槃経の研究: 大乗経典の研究方法試論. Tōkyō: Shunjūsha.

Takasaki Jikidō 高崎直道. 1966. *A Study of the Ratnagotravibhāga (Uttaratantra) Being a Treatise on the Tathāgatagarbha Theory of Mahāyāna Buddhism, Including a Critical Introduction, a Synopsis of the Text, a Translation from the Original Sanskrit Text, in Comparison with Its Tibetan and Chinese Versions, Critical Notes, Appendixes And Indexes.* Roma: Instituto italiano per il medio ed estremo oriente.

______________________. 1974. *Nyoraizō shisō no keisei* 如来蔵思想の形成. Tokyo: Shunjūsha.

Tillemans, Tom J. F. 2009. "How do Mādhyamikas Think? Notes on Jay Garfield, Graham Priest, and Paraconsistency." In Mario D'Amato, Jay L. Garfield, and Tom J. F. Tillemans, eds., *Pointing at the Moon: Buddhism, Logic, Analytic Philosophy,* 83-100. Oxford and New York: Oxford University Press.

_________________. 2013. "'How Do Mādhyamikas Think?' Revisited." *Philosophy East and West* 63 (3): 417-425.

Tōdai goroku kenkyūhan 唐代語録研究班., ed. 2006. *Jinne no goroku: dango* 神会の語錄: 檀語. Kyoto: Zen bunka kenkyūjo(Hanazono University).

Tuck, Andrew. 1990. *Comparative Philosophy and the Philosophy of Scholarship: On the Western Interpretation of Nāgārjuna.* Oxford and New York: Oxford University Press.

Yampolsky, Philip B. 1967. *The Platform Sutra of the Sixth Patriarch: The Text of the Tun-huang Manuscript with Translation, Introduction, and Notes*. New York: Columbia University Press.

Yanagida Seizan 柳田聖山. 1971. *Shoki no zenshi I* 初期の禅史 I. Zen no goroku 禅の 語録 2. Kyoto: Chikuma shobō.

_______________________. 1984. *Sodōshū sakuin* 祖堂集索引. 3 vols. Kyoto: Kyōto daigaku jinbun kagaku kenkyūjo.

Yang Zengwen 楊曾文. 1996. *Shenhui heshang chanhua lu* 神會和尚禪話錄. Beijing: Zhonghua shuju.

Zimmermann, Michael. 2002. *A Buddha Within: The Tathāgatagarbhasūtra: The Earliest Exposition of the Buddha-Nature Teaching in India.* Tokyo: The International Research Institute for Advanced Buddhology, Soka University.

Ziporyn, Brook. 2000. *Evil And/or/as the Good: Omnicentrism, Intersubjectivity, and Value Paradox in Tiantai Buddhist Thought.* Cambridge, Mass.: Harvard University Press.

____________. 2013. "A Comment on 'The Way of the Dialetheist: Contradictions in Buddhism', by Yasuo Deguchi, Jay L. Garfield, and Graham Priest." *Philosophy East and West* 63 (3): 344-352.

롱솜빠의 존재적 심연

-여래장 학파의 '긍정적' 존재관과 일체법부주론파의
'부정적' 존재관이 만나는 곳에서-

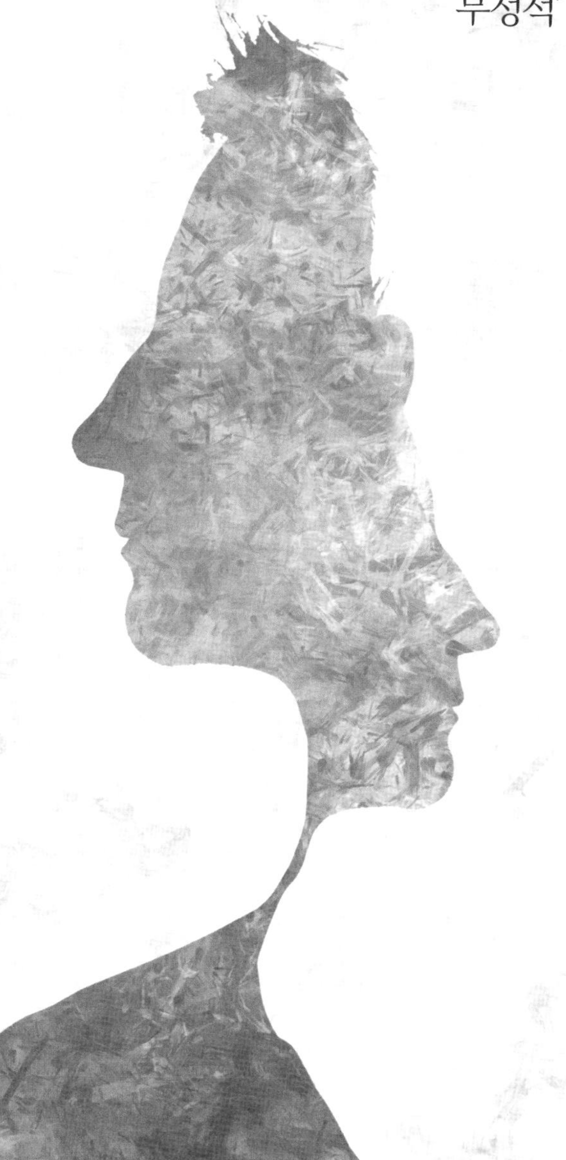

롱솜빠의 존재적 심연
-여래장 학파의 '긍정적' 존재관과 일체법부주론파의 '부정적' 존재관이 만나는 곳에서-

도르지 왕축(Dorji Wangchuk)
함부르크대학

1. 서론

11세기 티벳의 불교학자였던 롱솜 최끼상뽀(Rong-zom Chos-kyi-bzang-po, 이하 "롱솜빠")의 문제의식과 철학적 체계에 대한 보다 포괄적이고 정합적인 그림을 그리는 데 기여하고자, 나는 이 글에서 하나의 존재론적 질문을 논하고자 한다. 그것은 근본적으로는 중관학파의 지파(支派)였던 '일체법부주론파(一切法不住論派, Sarvadharmāpratiṣṭhānavāda)'의 '부정적' 존재관이라는 입장을 취하는 롱솜빠가 '긍정적' 존재관이라고 불러야 할 '여래장(如來藏, Tathāgatagarbha) 학파'[1]의 입장을 어떻게

1 "여래장 학파(Tathāgatagarbha-Schule)"는 분명 Lambert Schmithausen이 처음으로 도입한 용어이다. 예를 들어 Schmithausen 1969, 167-168 참조. 그런데 1998년에 열린 공개 강연회에서 그는 "Tathāgatagarbha-Richtung(즉, 여래장 주의-역자 주)"라는 용어를 사용하면서 적어도 인도에서 이러한 계열의 대승불교가 중관학파(Madhyamaka)나 유가행파(Yogācāra)와는 달리 더 크고 독립적인 학파로 발전하지 않은 것 같다고 설명하였다. Schmithausen 1998, 2.; Schmithausen 1973, 132 참조.

설명했는가 하는 것이다.

2. 교리-역사적 배경

이 문제에 대한 교리-역사적 배경을 마련하기 위해서는 서로 관련된 두 가지 논의를 제시해야 할 것이다. 첫째, 교리적으로 말하자면, 처음부터 티벳불교는 이미 계층적이고 교리해석적인 구도를 전제하고 있었던 인도불교의 형태를 이어받았다. 그중에는 네 가지 학파, 즉 '비바사(毘婆沙, Vaibhāṣika)' '경량부(經量部, Sautrāntika)', '유가행파(瑜伽行派, Yogācāra)', '중관학파(中觀學派, Madhyamaka)'로 이루어진 종교-철학적 체계(siddhānta, grub pa'i mtha)가 있는데[2] 흔히 앞의 두 가지는 소승(小乘)으로, 뒤의 두 가지는 대승(大乘)으로 간주된다.[3] 둘째, 금강장(金剛藏, Vajragarbha)의 Hevajrapiṇḍārthaṭīkā[4]에서 명확히 제시된 네 가지 종교-철학적 체계의 고정성과 경직성은 티벳불교 전통에서 여래장 학파가 가진 '긍정적' 대승교리를 이러한 체계의 '서랍' 혹은

---

2 앞의 세 가지 사상을 넘어서는 중관학파의 탁월성에 대해서는 Seyfort Ruegg 2000, 2-3 주2.; Seyfort Ruegg 1989, 130 주250.; Wangchuk 2004, 180, 주28.; Wangchuk 2013, 1319 주11과 주12 참조.

3 유가행파와 중관학파가 대승으로 간주되어 왔다는 것은 분명하다. 예를 들어 롱솜빠의 저작 lTa phreng 'grel pa(p.327, 3-4): theg pa' chen po'ang rnam pa gnyis te | rnal 'byor spyod pa dang dbu ma pa'o | 이 주제에 관한 자료로는 Wangchuk 2013, 1316 주1 참조. 경량부를 이러한 체계의 일부로 볼 때 생기는 난점에 대한 논의는 Wangchuk 2013, 1318 주8 참조.

4 이와 관련한 범본과 티벳역은 Wangchuk 2007, 120, 주80 참조. 추가적인 전거들은 Wangchuk 2013, 1318 주9 참조.

"상자"에 적절하게 집어넣기 어렵게 만들었다. 유가행파나 중관행파의 "상자" 안에 이것을 집어넣으려는 모든 시도들은 예외 없이 격렬한 반대의 대상이 되었다. 결국 여래장 학파의 '긍정주의적' 교리는 왜인지는 모르겠지만 티벳에서 "세 가지 위대함(chen po gsum)"이라고 알려진 체계, 즉 (1) 대중관(中道, dbu ma chen po) (2) 대인(印, phyag rgya chen po) (3) 대원만(rdzogs pa chen po)이라는 체계 안으로 포섭, 혹은 흡수되었던 듯하다. 분명 "대중관"은 예를 들어 겔룩(dGe-lugs)의 학자인 케둡제(mKhas-grub-rje, 1385-1438)가 주장한 "자공[自空]이라는 대중관(大中道)"(rang stong dbu ma chen po)이나 될뽀빠(Dol-po-pa, 1292-1361)가 주장한 "타공[他空]이라는 대중관(大中道)"(gzhan stong dbu ma chen po)이라는 견지에서 이해해야 할 것이다. (2) 마찬가지로, "대인(印)"은 까귀쭘까담(bKa'-brgyud-cum-bKa'-gdams)의 감뽀빠(sGam-po-pa, 1079-1153)가 천명한 독특한 개념인 "경전이라는 대인(大印, Sūtric Mahāmudrā)"(mdo'i phyag rgya chen po)" 혹은 보편적으로 사용되는 "만트라라는 대인(大印, Mantric Mahāmudrā)"(sngags kyi phyag rgya chen po)이라는 견지에서 이해될 수 있을 것이다. (3) 마지막으로 "대원만" 또한 닝마(rNying-ma) 학파나 뵌(Bon)교에서 제기한 것으로 이해할 수 있다.

3. 일체법부주론파의 존재관에 대한 롱솜빠의 입장

중관계열의 지파인 일체법부주론파에 대한 롱솜빠의 충성심, 그러한 학파의 일원이라는 그의 정체성, 그리고 이 학파의 철학에 대한 그의 인식과 설명을 이해하는 것은 그가 가지고 있던 전반적인 지적 기획과 철학적 체계를 이해하는데 핵심적이다. 특히 이러한 맥락에서 네 가지를 염두에 두어야 한다.

첫째, 오르나 알모기(Orna Almogi)가 밝혔듯이, 롱솜빠가 일체법부주론파의 일원이었음은 분명하다.[5]

둘째, 롱솜빠에게 있어 일체법부주론은 "특별한 중관 체계"(theg pa chen po thun mong ma yin pa'i tshul)이다.[6] 이는 해당 학파에서 제시한 다섯 가지 특수한 입장, 즉 (1) 특별한 존재관(즉 여기에서는 '존재 혹은 진정한 실재에 관한 이론') (2) 특별한 구원관(즉 여기에서는 '윤회의 속박에서 벗어난 존재being 혹은 그렇게 되는 것becoming에 관한 이론') (3) 특별한 인식관(gnoseology)(즉 여기에서는 '해탈적 통찰liberating insight에 관한 이론') (4) 특별한 우주관(즉 여기에서는 '세계 시스템의 성질에 관한 이론') 혹은 특별한 현상관 (5) 특별한 심리관(즉 여기에서는 '인간의 선택과 행위를 지배하는 인지, 감정, 의욕에 관한 요소들')에 기인한 것이다. 일체법부주론파를 규정하는 이러한 모든 요소들 중에서 "특별한 존재관"과 관련되어 있는 한 가지 사유가 가장 근본적이고 결정적일 것이다. 바로 "두 가지 진리/실재(이제二諦)의 불가분성"(bden pa gnyis dbyer med pa)이다. 이것은 윤회와 열반의 세계를 막론하고 모든 현상이 어떠한 형이상학적 기반(신적 존재나 비인격적인 존재 모두)도 가지지 않는다는 사상과 본

5 Almogi 2009, 16,; 225-232(Rong-zom-pa's Madhyamaka affiliation)와 Almogi 2010, 135.; Almogi 2013, 1330 주1.

6 롱솜빠, dKon mchog 'grel(Almogi 2009, 415). 또한 Almogi 2009, 28, 38-39, 210, 294, 414-415, 417, 421-423.; Wangchuk 2009, 226-227 참조.

질적, 혹은 불가분적으로 연결되어 있다.[7]

셋째, 롱솜빠에게 있어 일체법부주론파의 체계적 범주는 이제(二諦)의 불가분성을 설하는 경전 체계에서부터 아띠요가(Atiyoga, rDzogs-chen)를 정점으로 하는 만트라 체계에까지 걸쳐 있다.[8] 다시 말해 롱솜빠에게 있어 일체법부주론파는 교리해석적 층위에 관한 단일한 체계가 아니라 이에 대한 광범위한 스펙트럼을 제시하고 있다는 것이다. 물론 일체법부주론파에서 다루는 영역 중 더 많은 부문이 만트라 체계에 포함된다.[9]

넷째, 불교교학에 대한 그의 이해 등에서도 명확하게 드러나듯이, 우리는 또한 일체법부주론파의 존재관에 대한 롱솜빠의 인식이 단정적이고도 일관되게 "부정론적"이었음을 알고 있다. 즉, 이러한 입장에 따르면 "오직 현현(顯現)인 것"(pratibhāsamātra, snang ba tsam)인 무량

---

7 롱솜빠가 무기반성(substratum-less-ness)의 존재론을 강조했다는 것에 대해서는 Almogi 2009, 39-41과 226-231, 그리고 Almogi 2010, 135 참조.

8 롱솜빠, Theg tshul(p.502, 17-19): gsang sngags kyi nang gi bye brag 'di dag kyang | bden pa gnyis dbyer myed par 'dod pa'i dang po kri ya nas brtsams nas | rdzogs pa chen por mthar phyin to ‖ (Almogi 2009, 231 주143에서 인용).

9 롱솜빠가 "중관 체계(dBu-ma'i-tshul)"라는 표현을 일체법부주론, 만트라 체계(gSang-sngags-kyi-tshul), 속첸 체계(rDzogs-pa-chen-po'i-tshul), 그리고 후대에 자립논증-중관학파(Svātantrika-Madhyamaka)와 귀류논증-중관학파(Prāsaṅgika-Madhyamaka)라고 알려진 것들과의 관계 속에서 사용하는 방식에 대해 언급할 필요가 있다. 그의 저서인 Theg tshul(pp. 476. 17-477. 12)의 맥락에서, 그가 사용한 "만트라 체계"는 사실 후대에 자립논증-중관학파로 알려진 것만을 포함하고 있음이 분명하다. 완전히는 아니더라도, 일체법부주론은 "만트라 체계"와 "족첸 체계"에 의해서 제시된다. 일체법부주론파의 가장 낮은 경전적 층위는 종종(즉 이 맥락에서는) 나타나지 않는다. 그런데 그가 말하는 일체법부주론이 실제로는 이제(二諦)의 불가분성 혹은 실재의 양태에 대한 요의(了義, nītārtha)의 교리를 설하는 경전-대승적 체계부터 오직 요의(了義)의 교리만을 설명한다고 여겨지는 아티요가나 속첸 체계까지를 포괄하고 있다고 추정할 수도 있다.

한 현상의 너머에, 아래에, 배후에 혹은 그 안에 어떠한 기반, 핵심 혹은 본질은 존재하지 않는다는 것이다. 예를 들어 "신기루의 물"은 일어나고 존재했다 사라지는 것처럼 보이지만, 그것이 일어나고 존재하고 사라지는 것 같아도 실제로는 전혀 일어나거나 존재하거나 사라진 적이 없으며, 그 모든 순간에 있는 것은 그저 "신기루의 물"이라는 현상이 일어나는 공간적 영역뿐이다. 마찬가지로, 윤회와 열반이라는 현상은 일어나고 존재하다 사라지는 것처럼 보이지만 실제로는 한 번도 일어나거나 존재하거나 사라진 적이 없으며, 그곳에 있는 것은 "오직 실재의 영역"(*dharmadhātuviśuddhimātra, chos kyi dbyings rnam par dag pa tsam)뿐이다.[10] 실재에 대한 이와 같은 이해는 확실히 존재에 대한 "부정론"이라고 특징지을 수 있으며, 유가행파의 "고정적인 진제(眞諦)"나 여래장 학파의 "역동적이고 긍정론적인 진제(眞諦)"와는 궤를 달리한다. 이것은 사실, 존재에 대한 허무론적 이해와 일체법부주론파의 "부정적" 이해 간에는 후자가 신기루의 물과 같이 "오직 현현(顯現)인 것"(snang ba tsam)인 세간과 출세간이라는 현상을 긍정한다는 단 하나의 차이가 있을 뿐이라는 점에서 더욱 분명해진다. 이러한 현상은 "상호의존에 의한 발생"(pratītyasamutpāda, rten cing 'brel bar 'byung ba)의 원리에 따라 작동한다고 여겨진다.

10 Wangchuk 2012, 26.

4. 여래장의 존재관에 대한 롱솜빠의 입장

이상의 네 가지를 고려하면서, 이제 롱솜빠가 여래장 학파의 '긍정적' 존재관을 어떻게 다루었는가라는 질문으로 돌아가 보자. **첫째**, 우리는 대승불교의 여래장 학파가 '긍정적' 존재관을, 분명 '본체적' 존재관이라는 의미는 아니지만, 제시했다고 '일단' 받아들일 수 있을 것이다.[11] 앞서도 언급했듯이, 이것은 유가행파의 '고정적' 존재관이나 중관학파 중에서도 특히 일체법부주론파의 '부정적' 존재관과 날카로운 대비를 이룬다. **둘째**, 여기에서 대답이 요청되는 일련의 질문들은 다음과 같다. (a) 롱솜빠는 여래장 이론과 그러한 이론을 설한 인도 전래의 자료를 알고 있었는가? 그렇다면 (b) 일체법부주론파의 열렬한 지지자였던 그가 결국 여래장 이론에 관심을 가지고 지적으로 탐구하였는가? 그렇다면 (c) 어느 수준으로 그리고 (d) 어떠한 방식으로 하였는가?

(a) 몇 년 전 나는 롱솜빠가 전기(前期) 불교 전파기에 번역된 여래장 경전, 그리고 여래장 이론 그 자체 혹은 "자기-발생적 인식" (svayaṃbhūjñāna, rang byung gyi ye shes, 이하 *"자연지自然智"-역자 주)과 같이 그와 긴밀한 친연성을 가진 용어나 개념을 담고 있는 딴뜨라와 비-딴뜨라 자료를 통해 여래장 이론을 알게 되었음을 지적하였다.[12] 분명해 보이는 것은 롱솜빠가 여래장 이론을 체계적으로 정리한 비-

11 여래장 학파에서 이루어진 진제(眞諦)에 대한 '긍정적'인 이해가 '존재론적' 혹은 '본체론적'인 것으로 해석될 수 있는지에 대한 논의는 Schmithausen 1973, 132-138 참조.

12 Wangchuk 2004.

경전적 걸작인 『보성론』(寶性論, Ratnagotravibhāga)에 대해서는 알 수 없었고 실제로도 알지 못했다는 점이다. (b) 일체법부주론파의 투철한 지지자이면서도, 롱솜빠는 분명 여래장 이론(즉 여래장이라는 용어로 표현되는 사상)에 대해서도 적절한 지식을 가지고 있었다. 그러나 일찍이 내가 지적했듯이, 여래장에 관한 언급의 빈도를 고려하면 그는 여래장 이론에 관해 다소 말을 아꼈던 것으로 보인다. 그의 저술에서 여래장이라는 용어를 분명하게 설명하는 경우가 매우 드물기 때문이다. 내가 찾아낸 것은 단 하나의 사례로, 여기에서 그는 명확하게 여래장이라는 용어와 개념에 대해 언급하며 이것을 바흐브리히("소유 복합어"),[13] 즉 "모든 중생이 여래장이다"가 아니라 "모든 중생이 여래장을 가지고 있다"라는 의미로 설명한다. 나아가 그는 또한 티벳불교의 용어인 "bde bar gshegs pa'i snying po"(*sugatagarbha)를 가져와 설명하는데, 이것은 "*Guhyagarbhatantra" 및 여타 닝마 학파의 딴뜨라 문헌에 나타나는 것으로 아마도 여래장의 티벳역인 "de bzhin gshegs pa'i snying po"의 운율적 변형으로 보인다.[14] 매우 드문 사례이긴 하지만, 그는 또한 "byang chub kyi snying po"(*bodhigarbha, '보리장菩提藏')라

---

13 롱솜빠, mDo rgyas(p.370. 9-12): de bzhin du mdo kha cig las ‖ so so'i skye bo'i shes pa'ang rang bzhin gyis rnam par byang ba can yin no zhe'am | de bzhin gshegs pa'i snying po can yin zhe'am ‖ zag pa med pa'i sems can no zhes bya ba la sogs pa gsungs mod kyi | de dag tu ni mtshan ma'i chos kyang shas cher 'dod la | 'dir sangs ma rgyas pa'i chos rdul tsam yang mo 'dod do ‖

14 롱솜빠, dKon mchog 'grel(p.127. 13-15). "de bzhin gshegs pa'i snying po"(p.113, 3-4 및 p.135, 21-22)라는 표현은 여래장사상과는 관련이 없고 다른 의미(즉 "여래의 음절적 종자")로 사용되었다. "bde bar gshegs pa'i snying po'i dbang"(p.177, 9) 구절의 "bde bar gshegs pa'i snying po"라는 용어도 마찬가지로 관련이 없다. *sugatagarbha와 buddhagarbha의 등장에 대해서는 Kano 2016, 92-94 참조.

는 용어를 마찬가지로 바흐브리히 복합어로 사용한다.[15] 비록 '*bodhigarbha'라는 용어는 범어 자료를 통해 지지되지는 않는 것으로 보이나 '여래장'과의 의미론적 근접성 혹은 친연성은 모두 명백하다. 물론 티벳어 "byang chub kyi snying po"는 잘 알려진 산스크리트어 용어인 'bodhimaṇḍa'로도 환언될 수 있지만 이것이 물리적 공간성(즉 '깨달음의 자리, 지점')이라는 의미에서 사용되었는지 혹은 형이상학적 실재(즉 여래장과 동의어)의 의미까지도 포함하고 있는지에 대해서는 확실하지 않다.[16] (c) 우리는 "여래장"과 "자연지"에 대한 롱솜빠의 언급과 강조에서 두 용어에 대한 온도차를 확인할 수 있다. 그의 글에서 "자연지" 개념은 자주 언급되지만 여래장이나 그것의 운율적 변형으로 보이는 *'sugatagarbha'(*"선서장善逝藏")는 극히 드물게 나타난다. (d) 그가 여래장을 설명하는 방식은 의미심장하다. (드문 경우이지만) 여래장이라는 용어를 명시적으로 설명해야 할 때, 그는 "자연지" 혹은 *svayaṃbhūjñānagarbha(rang byung gyi ye shes kyi snying po, *"자연지장自然智藏")에 대한 '부정론적' 해석이라고 이해할 수 있는 관점을 가져온다. 그는 이 용어들 또한 분명 여래장과 마찬가지로 바흐브리

---

15 롱솜빠, dKon mchog 'grel(p.234, 2-3): sems can thams cad byang chub kyi snying po can("모든 중생은 깨달음의 태[胎]를 지니고 있다"); mDo rgyas(p.382, 12): sems can thams cad ni byang chub kyi snying po can yin la; gNang bkag yi ge(p.107, 1): sems can thams cad byang chub kyi snying po can; Rab gnas cho ga(p.181, 19-20): 'gro ba ris drug tha mal pa thams cad ni | byang chub kyi snying po can gyi rang bzhin yin la; Grub mtha'i brjed byang(p.220, 8): ye nas byang chub kyi snying po can(복합어 dharmakāya 중 dharma를 gotra로 설명하는 맥락에서).

16 그런데 범본 『유마경』(維摩經, Vimalakīrtinirdeśasūtra) (III.§54-60, 36-38)에서는 bodhimaṇḍa가 분명하게 물질적 공간성의 의미보다는 불교도의 영성(靈性, spirituality)과 관련된 의미로 사용되었다.

히로 이해되고 있다.[17] 사실 롱솜빠가 사용한 "자연지"라는 개념은 『따따가또파티삼브하바니르데샤』 *Tathāgatotpattisaṃbhavanirdeśa에서 나타난 'tathāgatajñāna' ("여래의 지혜") 개념과 대비될 수 있을 듯하다. 이 텍스트는 여래장이라는 용어를 사용한 가장 최초의 자료이자 『여래장경』(如來藏經)의 선구적 경전 중 하나로 여겨진다.[18] 롱솜빠가 "자연지"를 인지적 혹은 인식적 요소로 풀이하지 않고 항상 "*dharmadhātuviśuddhimātra" (chos kyi dbyings rnam par dag pa tsam)와 동일시하는 이상, "자연지"에 대한 그의 해석은 '부정론적'이라 할 수 있을 것이다. 이러한 점에서 롱솜빠의 입장은 항상 '긍정론적' 입장에서 "자연지"를 인지적 혹은 인식적인 요소로 해석하는 될뽀빠의 그것과는 다르다 할 수 있다.

5. '긍정적' 존재관과 '부정적' 존재관은 조화될 수 있는가?

본고의 핵심 질문은 여래장 학파에서 제시하는 '긍정적' 존재관이 롱솜빠의 일체법부주론파가 표방하는 철저한 '부정적' 존재관과 정말로 조화될 수 있는가 하는 것이다. 이 질문은 헷갈리거나 뒤섞여서는

---

17 롱솜빠, dKon mchog 'grel(p.81, 17-18): sems can gyi sems rang byung gyi ye shes kyi snying po can("자연지의 태胎를 지니고 있는 중생의 마음)." 그의 또다른 저작인 Rang byung ye shes의 다음 구절도 참조하라-(p.111, 22-23): so so skye bo tha mal pa'i shes pa rang byung gyi ye shes can; ibid. (p.113, 13): so so skye bo'i shes pa ni rang byung gyi ye shes can; ibid. (p.116, 16-17, p.117, 16, p.119, 6): so so skye bo'i tha mal pa'i shes pa'ang rang byung gyi ye shes can; ibid. (p.123, 23): snang ba thams cad rang byung gi ye shes rang snang ba'i dkyil 'khor.

18 Schmithausen 2014, 640. *Tathāgatotpattisaṃbhavanirdeśa에 대한 언급으로는 Kano 2016, 3 주8; 93; 120 주99; 303 참조.

안 될 두 가지 문제를 수반한다. 첫 번째는 롱숌빠 스스로 여래장 학파와 일체법부주론파 각각에서 제시한 궁극적 실재가 양립하거나 동일한 것으로서 서로 조화 혹은 화해할 수 있다고 여겼는지의 문제이다. 두 번째는 이처럼 명백히 대립 혹은 병치되는 '긍정적' 존재관과 '부정적' 존재관이 여래장 학파의 소의경론에 기반해서도 조화된다고 할 수 있는지의 문제이다.

첫째, 롱숌빠의 관점에서 여래장 학파의 자료에서 사용되는 여래장 및 그것의 다양한 동의어와 유의어가 가리키는 것은 이제(二諦)의 불가분성 — 다시 말해 모든 윤회계와 열반계의 무기반성(substratum-lessness) 혹은 롱숌빠의 사상에서 훨씬 더 중요한 역할을 한 사상이자 일체법부주론파를 대표하는 주장인 "모든 현상은 본래부터 깨쳤다"(chos thams cad ye nas sangs rgyas pa)는 개념[19] — 이 가리키는 것과 다르지 않다. 그렇기 때문에 이 두 가지 분명히 다른 개념은 조화될 수 있는 것이다.

둘째, 이 두 가지 명백히 반대되는 존재관의 조화 가능 여부라는 문제와 관련하여, 만약 여래장 자체가 형이상학적 기반을 상정하고 있다면 여래장 학파와 일체법부주론파의 존재관은 양립할 수 없을 것이다. 일체법부주론파에 입장에서 보는 한 일반적인 중생과 깨달은 존재, 그리고 중생계와 열반계를 막론한 모든 현상은 형이상학적 기반을 가지지 않는다. 그것들은 토대도, 바탕도, 뿌리도, 기반도 없는

19 롱숌빠, dKon mchog 'grel(p.200, 5-6, p.229, 22-23, p.568, 1-6); Rang byung ye shes (p.125.23).

것이다. 그렇다면 여래장 그 자체는 어떠한가? 그들은 여래장을 형이상학적 혹은 존재론적 기반으로 간주하고 있는가? 혹은 그들 또한 일체법부주론자들과 마찬가지로 궁극적으로는 어떠한 형이상학적 기반도 없으며, 그러므로 여래장 자체도 형이상학적 기반이 아니며 어떠한 형이상학적 토대도 가지지 않는다고 주장하는가? 전술한 바와 같이 롱솜빠는 『보성론』을 접하지 못했던 듯하다. 그런데 이 논서(즉 『보성론』 1.55-57)는 정확하게 "(형이상학적) 무기반성(groundless-ness)과 무근거성(rootless-ness)"(gzhi med rtsa bral)이라는 핵심 철학을 설하고 있다. 즉, 비록 마음의 정화는 모든 것의 기반이지만 그것 자체는 어떠한 기반도 없다는 것이다.[20] 만약 『보성론』과 그 사상을 따르는 학파가 형이상학적 무기반성과 무근거성을 제시 혹은 전제하고 있다고 이해한다면, 분명 명백히 대립되는 것으로 보이는 '부정적' 존재관과 '긍정적' 존재관의 조화 가능성은 그저 롱솜빠의 독창적 혹은 포괄주의적인 해석이 아니라 실제로 여래장 계통의 전적들을 통해서도 정당화된다고 주장할 수 있을 것이다.

롱솜빠가 여래장의 체계와 전적을 "특별한 대승(special Mahāyāna)"의 체계와 전적, 즉 일체법부주론파의 그것에 포함시켰다는 점에서 보았을 때, 그의 관점에서 여래장 학파의 존재관과 일체법부주론파의 그것을 나누는 것은 어불성설이었을 것이다. 여래장 학파 그 자체는 일체법부주론파의 스펙트럼 안에서 가장 낮은 경전적 층위에 해당하는 것이었으

---

20 Wangchuk 2007, 212 참조. 여기에 Ratnagotravibhāga 1.55-57의 범본과 영역을 수록하였다. 또 다른 영역은 Takasaki 1966, 236 참조.

리라. 다시 말해 롱솜빠의 입장에서 『보성론』은 무기반성의 존재론을 주장하기 때문에 『라뜨나구나삼짜야가따』Ratnaguṇasaṃcayagāthā,[21] 『유마경』,[22] 『구히야싸마자딴뜨라』Guhyasamājatantra,[23] 그리고 *『구히야가르바딴뜨라』Guhyagarbhatantra[24] 등과 함께 일체법부주론파의 사상을 담고 있는 텍스트로 인정될 수 있을 것이다.

그렇다면 그의 관점에서 일체법부주론파의 여러 계통과 층위에서 발견되는, 명백히 존재에 대한 '긍정적'인 경향성을 가진 교리와 '부정적' 경향성을 가진 교리는 어떻게 조화롭게 설명될 수 있을 것인가? "특별한 대승"의 여러 계통에서 나타나는 '부정적' 경향성을 가진 교리와 '긍정적' 경향성을 가진 교리의 차이는 '부정적'으로 "허공과 같은 실재의 영역"을 강조하는지 '긍정적'으로 "천계의 몸과 같은 내적 속성"을 강조하는지의 차이로 설명될 수 있었다. 일체법부주론파의 모든 계통과 층위에서 모든 윤회계와 열반계의 형이상학적 무기반성을 주장한다고 해도, 그 강조의 유형과 정도는 다를 수 있다. 마찬가지로 롱솜빠 자신은 '부정적'으로 "허공과 같은 실재의 세계"를 강조하면서도, 그는 "천계의 몸과 같은 내적 속성"을 강조하는 교리 또한 이러한 속성들을 "오직 현현인 것"(snang ba tsam)으로 간주하는 한, 그리고 신적 존재이든 비인격적 원리이든 간에 어떠한 형이상학적 기반도 상정하지 않는 한 반대할 수 없었던 것이다.

---

21 Ratnaguṇasaṃcayagāthā 20.5의 범본과 영역본은 Wangchuk 2007, 212-213 참조.

22 Vimalakīrtinirdeśasūtra의 관련 구절에 관한 범본과 영역본은 Wangchuk 2007, 212 참조.

23 Wangchuk 2007, 213 주72 참조.

24 Wangchuk 2007, 213 주73 참조.

6. 결론

마지막으로, 본고에서 논한 주요 내용을 재언급하고자 한다. 11세기 티벳 학자였던 롱솜빠는 중관의 학파인 일체법부주론파의 사상에 입각하여 철저한 '부정적' 존재관을 주장하였다고 알려져 있다. 그런데 그는 또한 '긍정적'이라고 알려진 여래장 학파의 존재관을 설명한다. 그는 여래장의 존재론을 일체법부주론파의 관점에서 설명하는데, 이를 위해 두 입장을 모두 본질적으로 모든 중생계와 열반계가 무기반성, 즉 이제(二諦)의 불가분성이라는 실재의 영역으로 환원시킨다. 이것은 『보성론』과 같은 여래장 계통의 자료에 근거해서도 타당한 해석이다.

참고문헌*

1차 자료

dKon mchog 'grel Rong-zom Chos-kyi-bzang-po, *rGyud rgyal gsang ba snying po dkon cog 'grel*. In *Rong zom gsung 'bum*, vol.1, 31-250.

gNang bkag yi ge *Id.*, *Rong zom chos bzang gis mdzad pa'i rnal 'byor chen po'i dam tshig nyi shu rtsa brgyad las gnang bkag gi yi ge gsal bar bkod pa*. In *Rong zom gsung 'bum*, vol.2, 407-412.

Grub mtha'i brjed byang Rong-zom Chos-kyi-bzang-po, *lTa ba dang grub mtha' sna tshogs pa brjed byang du bgyis pa*. In *Rong zom gsung 'bum*, vol.2, 197-231.

lTa phreng 'grel pa Rong-zom Chos-kyi-bzang-po, *Man ngag lta phreng gi 'grel pa rong zom paṇḍi ta chen po chos kyi bzang pos mdzad pa*. In *Rong zom gsung 'bum*, vol.1, 301-351.

mDo rgyas, Rong-zom Chos-kyi-bzang-po, *Dam tshig mdo rgyas chen mo*. In *Rong zom gsung 'bum*, vol.2, 241-389.

Rab gnas cho ga *Id.*, *Rab tu gnas pa'i cho ga rong zom lo tsā ba chen pos mdzad pa*. In *Rong zom gsung 'bum*, vol.2, 171-196.

Rang byung ye shes *Id.*, *Rong zom chos bzang gis mdzad pa'i rang byung ye shes chen po'i 'bras bu rol pa'i dkil 'khor du blta ba'i yi ge*. In *Rong zom gsung 'bum*, vol.2, 111-130.

Rong zom gsung 'bum Rong-zom Chos-kyi-bzang-po, *Rong zom chos bzang gi gsung 'bum*. 2vols. Chengdu: Si-khron-mi-rigsdpe-skrun-khang, 1999.

Theg tshul, Rong-zom Chos-kyi-bzang-po, *Theg pa chen po'i tshul la 'jug pa zhes bya ba'i bstan bcos*. In *Rong zom gsung 'bum*, vol.2, 415-555.

Vimalakīrtinirdeśasūtra Study Group on Buddhist Sanskrit Literature, (ed.) *Vimalakīrtinirdeśa: A Sanskrit Edition Based upon the Manuscript Newly Found at the Potala Palace*. Tokyo: The Institute for Comprehensive Studies of Buddhism, Taisho University, Taisho University Press, 2006 [Sanskrit

* 참고문헌의 모든 약식 제목은 라틴 알파벳의 순서에 따라 배열하였다.

edition].

2차 자료

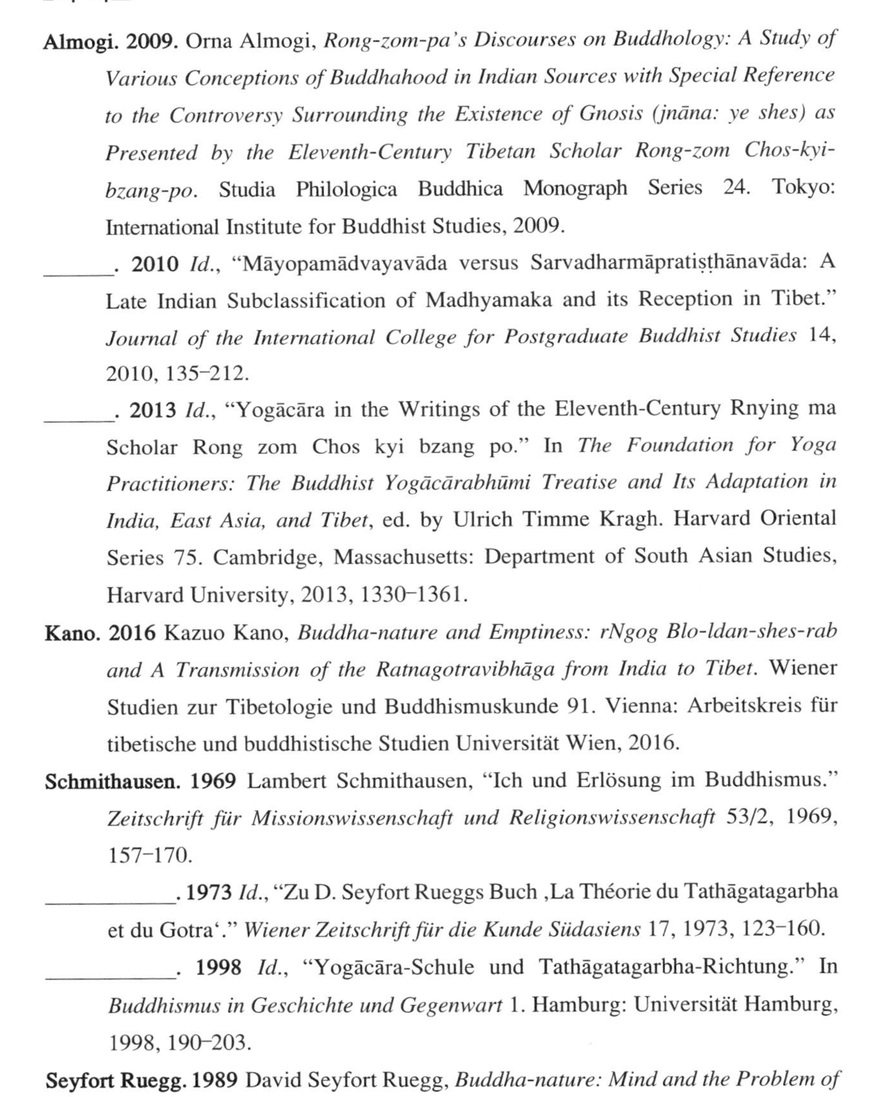

Almogi. 2009. Orna Almogi, *Rong-zom-pa's Discourses on Buddhology: A Study of Various Conceptions of Buddhahood in Indian Sources with Special Reference to the Controversy Surrounding the Existence of Gnosis (jñāna: ye shes) as Presented by the Eleventh-Century Tibetan Scholar Rong-zom Chos-kyi-bzang-po*. Studia Philologica Buddhica Monograph Series 24. Tokyo: International Institute for Buddhist Studies, 2009.

______. **2010** *Id.*, "Māyopamādvayavāda versus Sarvadharmāpratiṣṭhānavāda: A Late Indian Subclassification of Madhyamaka and its Reception in Tibet." *Journal of the International College for Postgraduate Buddhist Studies* 14, 2010, 135–212.

______. **2013** *Id.*, "Yogācāra in the Writings of the Eleventh-Century Rnying ma Scholar Rong zom Chos kyi bzang po." In *The Foundation for Yoga Practitioners: The Buddhist Yogācārabhūmi Treatise and Its Adaptation in India, East Asia, and Tibet*, ed. by Ulrich Timme Kragh. Harvard Oriental Series 75. Cambridge, Massachusetts: Department of South Asian Studies, Harvard University, 2013, 1330–1361.

Kano. 2016 Kazuo Kano, *Buddha-nature and Emptiness: rNgog Blo-ldan-shes-rab and A Transmission of the Ratnagotravibhāga from India to Tibet*. Wiener Studien zur Tibetologie und Buddhismuskunde 91. Vienna: Arbeitskreis für tibetische und buddhistische Studien Universität Wien, 2016.

Schmithausen. 1969 Lambert Schmithausen, "Ich und Erlösung im Buddhismus." *Zeitschrift für Missionswissenschaft und Religionswissenschaft* 53/2, 1969, 157–170.

___________. **1973** *Id.*, "Zu D. Seyfort Rueggs Buch ‚La Théorie du Tathāgatagarbha et du Gotra'." *Wiener Zeitschrift für die Kunde Südasiens* 17, 1973, 123–160.

___________. **1998** *Id.*, "Yogācāra-Schule und Tathāgatagarbha-Richtung." In *Buddhismus in Geschichte und Gegenwart* 1. Hamburg: Universität Hamburg, 1998, 190–203.

Seyfort Ruegg. 1989 David Seyfort Ruegg, *Buddha-nature: Mind and the Problem of Gradualism in a Comparative Perspective: On the Transmission and Reception* *of Buddhism in India and Tibet*. Jordan Lectures 1987. London: School of Oriental and African Studies, University of London, 1989.

____________. **2000** *Id.*, *Three Studies in the History of Indian and Tibetan Madhyamaka Philosophy: Studies in Indian and Tibetan Madhyamaka Thought Part 1*. Wiener Studien zur Tibetologie und Buddhismuskunde 50. Vienna: Arbeitskreis für tibetische und buddhistische Studien Universität Wien, 2000.

Takasaki. 1966 Jikido Takasaki, *A Study on the Ratnagotravibhāga(Uttaratantra) Being a Treatise on the Tathāgatagarbha Theory of Mahāyāna Buddhism*. Serie Orientale Roma 33, ed. Giuseppe Tucci. Rome: Istituto Italiano per il Medio ed Estremo Oriente, 1966.

Wangchuk. 2004 *Id.*, "The rÑiṅ-ma Interpretations of the *Tathāgatagarbha* Theory." *Wiener Zeitschrift für die Kunde Südasiens* 48, 2004 [appeared in 2005], 171–213.

_________. **2007** *Id.*, *The Resolve to Become a Buddha: A Study of the Bodhicitta Concept in Indo-Tibetan Buddhism*. Studia Philologica Buddhica Monograph Series 23. Tokyo: The International Institute for Buddhist Studies, 2007.

_________. **2009** *Id.*, "A Relativity Theory of the Purity and Validity of Perception in Indo-Tibetan Buddhism." In *Yogic Perception, Meditation, and Altered States of Consciousness*, ed. by Eli Franco & Dagmar Eigner. Vienna: Austrian Academy of Sciences, 2009, 215–237.5

_________. **2012** *Id.*, "Was Mi-pham a Dialectical Monist? On a Recent Study of Mi-pham's Interpretation of the Buddha-Nature Theory." *Indo-Iranian Journal* 55, 2012, 15–38.

_________. **2013** *Id.*, "On the Status of the Yogācāra School in Tibetan Buddhism." In *Foundation for Yoga Practitioners: The Buddhist Yogācārabhūmi Treatise and Its Adaptation in India, East Asia, and Tibet*, ed. by Ulrich Timme Kragh. Harvard Oriental Series 75. Cambridge, Massachusetts: Department of South Asian Studies, Harvard University, 2013, 1316–1328.

여래장과 객진번뇌에 대한 제8대 까르마빠(Karmapa) 미꾀도르제(Mi skyod rdo rje, 1507-1554)의 견해

여래장과 객진번뇌에 대한 제8대 까르마빠(Karmapa) 미꾀도르제(Mi skyod rdo rje, 1507-1554)의 견해*

클라우스 디테 마테즈(Klaus-Dieter Mathes)
비엔나대학

복잡한 모습을 지닌 티벳의 지성사 속에서 다양한 논사들과 그들의 철학적, 해석학적 입장들을 체계적으로 비교하기 위한 이상적인 기준은 바로 그들이 어떻게 여래장(tathāgatagarbha)을 기술하고 있는지를 비교하는 것이다. 여래장에 관한 다양한 견해들은 복수의 층위로 구성되어 있는 여래장에 대한 표준적인 인도 논서인 『보성론』(寶性論, Ratnagotravibhāga)에 그 근거를 두고 있다. (『보성론』의 최고(最古) 층위에서 확인할 수 있는) 『여래장경』(如來藏經)들의 본래 의도를 따르는지 혹은 『보성론』에 나타나 있는 그것들에 대한 유가행파적 해석을 따르는지에 따라 여래장은 모든 유정들이 이미 완전하게 깨달은 붓다라는 것

---

* 본고의 영문을 교정하는 데 도움을 준 필립 피어스(Philip H. Pierce, Kathmandu)에게 감사한다. 본고는 FWF 프로젝트인 "여래장의 재고: 미꾀도르제와 고전기 이후 티벳의 여래장을 둘러싼 논쟁(Buddha nature Reconsidered: Mi bskyod rdo rje and the post-classical Tibetan *tathāgatagarbha* debates, project no. P 28003-G24)의 첫 번째 결과물이다. 필자는 Martina Draszczyk 박사와 David Higgins 박사의 협력에 감사드린다.

을, 또는 그들에게 본성적으로 존재하는 가능성(prakṛtisthāgotra) 혹은 본성적인 마음의 빛, 즉 그들이 붓다가 될 가능성을 가지고 있다는 것을 의미한다. 어떤 이들은 궁극(the ultimate)에 대한 이러한 긍정적인 표현을 단순히 마음이 공하다는 것과 같은 의미를 지니는 것으로[1] 또는 이를 단순한 속제적인 의미만을 가지는 가르침으로[2] 보기도 하지만 조낭빠(Jo nang pa)에 속하는 이들 그리고 많은 까귀빠(bKa' brgyud pa)와 닝마빠(rNying ma pa)에 속하는 이들은 그것을 요의의 가르침으로 평가한다. 이들 가운데 후자의 그룹, 즉 여래장을 단순한 공성(空性) 이상의 것으로 평가하는 자들 사이에서는 긍정적으로 기술된 여래장과 그것에 달라붙는 탐·진·치 삼독의 영향하에 있는 모든 마음의 일상적인 상태를 포함한 객진번뇌 간의 관계와 관련한 논쟁이 있었다.

여래장과 그것에 달라붙는 객진번뇌 간의 관계에 대한 미꾀도르제(Mi bskyod rdo rje)의 견해를 분석하기 위하여 필자는 다음과 같은 서적들을 선택하였다. 미꾀도르제의 『현관장엄론』(Abhisamayālaṃkāra) 주석, 괴로짜와 쇤누뺄('Gos Lo tsā ba gZhon nu dpal, 1392-1481)의 『귀쑴쌍와』(rGyud gsum gsang ba)에 대한 비판적 리뷰를 포함하고 있는 『뗀뾔룽맨』(rTan po'i rlung sman),[3] 『꾸쑴오뙤』(sKu gsum ngo sprod), 『챠갸첸

---

1 이는 주로 옥 로댄쎄랍(rNgog Blo ldan shes rab, 1059-1109)의 입장이다. 그는 『텍첸귀래된뒤빠』(Theg chen rgyud bla'i don bsdus pa, 5b3)에서 다음과 같이 주장한다. "공성을 그 본성으로 가진 정신적인 상속은 [붓다의] 요소(즉, 여래장)이다." (… stong pa nyid kyi rang bzhin du gyur pa'i sems kyi rgyud ni khams yin no). 여래장의 교의에서 공성이 가르쳐졌다고 생각한 겔룩빠 논사들이 이와 유사한 생각을 하였다(Seyfort Ruegg 1969: 402 참조).

2 예를 들어 이는 싸꺄빤디따(Sa skya Paṇḍita, 1182-1251)와 부뙨린첸둡(Bu ston Rin chen 'grub, 1290-1364)의 입장이다(Seyfort Ruegg 1973: 29-33).

뼤되붐』(Phyag rgya chen po'i sgros 'bum), 마지막으로 미꾀도르제의 타공(他空, gzhan stong)에 관한 독립적인 저작인 『우마섄똥마외쏠렉빠르체외된메』(dBu ma gzhan stong smra ba'i srol legs par phye ba'i sgron me) 이들 저작들이 모두 여래장과 객진번뇌 간의 확고한 구분을 지지하고 있다는 점이 공통적이기는 하지만 그 둘의 관계를 규정하는 데 있어 기저를 이루고 있는 그의 타공(他空)에 대한 견해가 저작에 따라 약간씩 다르거나 명확하게 표현되어 있지 않기도 한다. 오염된 유정들과 순수한 마음, 법계(法界, dharmadhātu), 혹은 여래장 간의 명확한 구분은 제3대 까르마빠(Karmapa)인 랑중도르제(Rang byung rdo rje, 1284-1339)의 관련 저작의 내용과 놀랍도록 비슷하다.[4] 주로 유가행파에 기반을 둔 그의 여래장 소개에서 랑중도르제가 '타공'이라는 단어를 명시적으로 언급하고 있지는 않지만, 미꾀도르제가 '타공논사' (gzhan stong pa)라는 명칭을 랑중도르제의 것과 비슷한 이론에 붙이는 것을 고려한다면 까르마틴래빠(Karma Phrin las pa, 1456-1539)[5]와 꽁뚤로되타예(Kong sprul Blo gros mtha' yas)가 랑중도르제를 타공논사로[6] 기술하고 있는 것은 이해할 만하다.[7] 미꾀도르제의 타공 관련 텍스트의 컨텍스

---

3 비록 전집 속에서는 작품의 내용과 관계가 덜해 보이는 『분석의 감로甘露가 지닌 지고의 향』(Sublime Fragrance of the Nectar of Analysis)이라는 제목으로 실려 있기는 하지만 이 제목이 저자가 자신의 작품을 부르는 본래 서명이다(Higgins and Draszczyk 2016, vol. 1: 12).

4 즉, 『삽모낭된』(Zab mo nang don)과 그에 대한 자주, 『닝뽀땐빠』(sNying po bstan pa), 『다르마다뚜스따바』(Dharmadhātustava)에 대한 주석 그리고 『랑중도르제구르남』(Rang byung rdo rje'i mgur rnams). Mathes 2008: 51-75 참조.

5 See Karma 'Phrin las pa: "Dris lan yid kyi mun sel zhes bya ba lcags mo'i dris lan bzhugs", $91_{1\text{-}4}$. 티벳어 원문과 그에 대한 영역은 Mathes 2008: 55 & 441 참조.

6 See Kong sprul Blo gros mtha' yas: *Shes bya kun khyab mdzod*, vol. 1, $460_{2\text{-}13}$.

트를 풀어내기 위해 필자는 그의 『입중관론』(Madhyamakāvatāra)에 대한 주석 그리고 『공찍』(dGongs gcig)의 관련 구절들 또한 참조하였다.

미꾀도르제가 여래장을 객진번뇌와 관련하여 규정짓는 방식은 쇤누뻴과 조낭빠의 논사들이 규정짓는 방식과 비교할 때 가장 잘 이해되고 기술될 수 있다. 미꾀도르제는 쇤누뻴이 여래장과 개별적인 식의 흐름(mind-stream)의 성질을 완전히 동일시하는 것을 문제 삼는다. 또한 여래장을 어떤 영원한 개체로 여기는 조낭빠의 견해를 거부한다.[8] 후술하듯이 여래장과 객진번뇌의 관계에 대한 미꾀도르제의 견해는 확연하게 유가행파의 영향을 받은 것인 반면 조낭빠 논사들에게 부정의 근거는 삼세(三世)에 종속되지 않는 어떠한 영원하고 궁극적인 것이다.[9]

미꾀도르제의 제자인 쭉락텡와(gTsug lag phreng ba, 1504-1566)에 의하면 그의 스승은 타공의 가르침을 최둡쎙게(Chos grub seng ge)로부터 받았고 그의 요청에 의해 미꾀도르제는 타공의 견해를 옹호하고 조낭빠와 시룽빠(Zi lung pa, 즉 샤꺄촉덴 Shākya mchog ldan)의 전통에서 『현관장엄론』에 주석을 달았다고 한다. 이는 그가 24살 때의 일이다.[10] 그

---

7 미꾀도르제는 여래장과 객진번뇌의 관계를 가끔씩만 타공이라 부른다. 하지만 이는 우리에게 별다른 정보를 제공하지 않는데 이는 그가 『우마섄똥마외쐴』(dBu ma gzhan stong smra ba'i srol)에서 그 둘의 관계를 중점적으로 다루면서 그것을 오직 제목에서만 '타공'이라 부르기 때문이다.

8 싸상마띠빤첸(Sa bzang Mati paṇ chen, 1294-1376)은 그의 『애된랍쌜』(Nges don rab gsal 122_6-123_5)에서 조건 지어지지 않았기 때문에 그리고 그것은 자신과 다른 이들을 완벽함으로 이끄는 작용을 완수할 수 있는 능력을 가진 개체이기 때문에 여래장은 영원한 것이라고 설명한다.

9 Mathes 2004: 285-94.

10 Rheingans 2008: 128-29.

러나 이 정보의 가치는 매우 제한적이다. 왜냐하면 미꾀도르제와 같은 일가를 이룬 논사가 특정 견해를 누군가의 요청에 의해 지지하는 것이 있을 법한 일이 아니기 때문이다. 더 나아가 조낭빠 논사들과 샤꺄촉덴의 타공에 대한 견해는 수많은 점에 있어 서로 다르기 때문에 어떻게 미꾀도르제가 두 가지 모두의 입장에서 그의 주석서를 작성할 수 있었는지가 의심스럽기 때문이다. 이후, 미꾀도르제가 그의 『입중관론』 주석에서 타공을 비판할 때 그는 조낭빠 논사들 그리고 샤꺄촉덴의 타공에 대한 견해를 각각 별도로 논파하였는데, 그는 그 자신이 이전에 지지하였던 타공적, 혹은 보다 온건한 형태의 견해에는 반대하지 않았을 가능성이 있다.[11]

1. 쇤누뻴의 입장과 비교한 미꾀도르제의 입장

『능가경』(Laṅkāvatārasūtra)에 나오는 그가 좋아하는 비유를 사용하자면,[12] 쇤누뻴은 여래장과 객진번뇌를 바다와 파도의 경우와 마찬가지로 존재론적으로 다르지 않은 것으로 생각하였다. 반면 조낭빠의 논사들은 『여래장경』에 나오는 네 번째 비유, 즉 똥더미 속에 박혀 있

11 그는 그의 『현관장엄론』 주석에서 법성(法性, dharmatā)이라는 붓다의 성질은 자성이 비어 있지[rang stong] 않다고 주장하는데, 『착갸첸뾔되붐』(Phyag rgya chen po'i sgros 'bum)에서는 보다 융화적인 입장을 취하며 법성 또한 랑똥(rang stong), 즉 자성이 비어 있고 법성은 객진번뇌를 소유한 현상들(dharmin)과 관련하여서만 타공(gzhan stong)이라 하고 있다. 또한 『우마섄똥마외쐴』에서 미꾀도르제는 절대 여래장 혹은 궁극적인 것에 자성이 비어 있지 않다고 주장하지 않는다.

12 Mathes 2008: 241 and 366 참조.

는 금덩어리의 비유에서 보여지듯[13] 그 둘 사이의 명백한 차이를 주장하였다.[14] 조낭빠의 논사들과 비슷하게 미꾀도르제는 『뙨뾔룽멘』(rTan po'i rlung sman)에서 유정의 식의 흐름에는 여래장이 포함되어 있다는 것을, 붓다가 갖춘 성질의 미세한 씨앗 정도마저도 포함되어 있다는 것을 부정하여 쇤누뻴과 그 입장을 완전히 달리한다. 한 개인의 심리적-물리적 더미(蘊, skandha) 전체는 객진번뇌들로만 이루어져 있다. 그것들에 의해 덮혀 있는 것은 모든 것에 편재하지만 존재론적으로는 별개인 붓다이다.[15] 결과적으로 '세속적인 것'(the profane)과 '성스러운 것'(the sacred) 역시 '모든 것의 기반이 되는 의식'(kun gzhi rnam shes)과 '모든 것의 기반이 되는 지혜'(kun gzhi ye shes)라는[16] 서로 다른 것에 기반을 두고 있는데 이 두 범주는 조낭빠 논사들이 전형적으로 사용하는 것이다.

---

13 Takasaki 1966: 272 참조.

14 네 번째 회의에서 돌뽀빠 쎄랍걜챈(Dol po pa Shes rab rgyal mtshan, 1292-1361)은 이제를 두 개의 거대한 왕국으로 기술하고(Stearns 1999: 129) "…개념들과 의식의 집합들은 만약 깨닫는다면 실제의 붓다의 몸이고 만약 깨닫지 못한다면 더러운 얼룩이다…"라고 하는 개념에 반대하였다. (Stearns 1999: 162). See Takasaki 1966: 272.

15 랑중도르제(1284-1339)의 뒤를 잇는다고 주장하는 미꾀도르제는 그에 따라 여래장의 교의가 유정들 그들 자신이 붓다의 자질을 갖고 있지 않는 것을 의미하는 것이라 파악한다. 붓다의 자질은 오히려 두 가지 순수함을 갖춘 붓다인 여래가 가지고 있는 것이다. 다음으로 "본성"(garbha)이란 모든 유정들이 여래의 딴뜨라적 모습을 한 몸(kāya)에 의해 충만해 있다는 사실 그리고 그의 빛으로서의 법신이 유정들의 여여함과 떨어질 수 없다는 사실을 말한다. Mathes 2008: 55 참조.

16 미꾀도르제는 그의 『현관장엄론』 주석에서 "kun gzhi rnam shes"와 "kun gzhi ye shes"라는 용어들을 사용하여 『섭대승론』에 보이는 알라야식과 순수한 법계의 구분을 설명한다(Mathes 2008: 61).

미꾀도르제와 쇤누뺄의 차이는 『뗀뾔룽멘』에 가장 명확하게 드러나 있다. 그곳에서 그는 상대방의 입장을 다음과 같이 기술한다.

> 여래장이 유정에 어떻게 존재하는지에 대한 당신이 제안한 [설명]방식에 따르면 유정은 겉껍질이어서 존재하지 않는 반면 여래장은 존재한다. 만약 당신이 이와 같은 방식으로 [여래]장이 걸러진다고, 다시 말해 여래장과 유정이 내용물과 겉껍질의 관계를 맺고 있다고 설명한다면, 꽃병이 토끼의 뿔의 내용물이라고 간주하는 것도 적절한 것이 될 것이다. 그 둘이 존재와 비존재의 상호[관계]를 맺고 있는 한 말이다. 하지만 이는 실질적으로 무관계에 다름 아니다.[17]

쇤누뺄의 『보성론석』(寶性論釋, Ratnagotravibhāgavyākhyā)에 대한 주석을 분석한 필자의 연구(Mathes 2008)와 비교해보면 미꾀도르제의 기술이 정확하다는 것을 알 수 있다. 쇤누뺄은 따라서 객진번뇌와 여래장을 별개의 것으로 간주하지 않았으며 그들의 관계를 파도와 바다에 비유하였다.[18] 다시 말해, 여래장은 그 자체가 오염된 것으로 드러나는데, 쇤누

---

17 Mi bskyod rdo rje: rTan po'i rlung sman,978$_{1\text{-}3}$: khyed kyis sems can la bde gshegs snying po yod tshul sems can shun pa med pa la sangs rgyas kyi snying po yod pa de nyid phan tshun snying po dang shun par 'brel ba tshul gyi snying po'i 'dzag (text: bdzag) lugs de ltar du 'chad na | 'o na ri bong gi rwa'i snying por yang bum par 'jog rigs te | de gnyis phan tshun yod med du gnas pa dang 'brel med par mtshungs pa'i phyir | 이는 이미 Mathes 2008: 416에 부분적으로 번역되어 있다.

18 Mathes 2008: 241-42.

뺄의 비유를 사용하자면, 그것은 마치 열기라는 성질이 뜨거운 쇠와 다르지 않은 것과 마찬가지이다. 이는 『보성론석』 II.1에서 쇤누뺄이 전의(轉依)에 대해 주석하는 곳에 잘 드러나 있다. 그곳에서 그는 보통의 유정들의 경우 여래장은 모든 오염된 것들을 드러내는 근거로서 작용한다고 설명한다. 정화되었을 때 그것은 더 이상 오염물들의 근거로 작용하지 않는다. 이 두 양상의 여래장은 그것이 오염물을 가지는가 아닌가에 따라 구분될 뿐이다. 따라서 쇤누뺄은 (비록 그가 알라야식을 여래장의 반영으로밖에 생각하지 않지만) 반복적으로 여래장과 『능가경』의 알라야식(ālayavijñāna)을 동일시하며, 『섭대승론』(Mahāyānasaṃgraha)에 표현된 오염된 알라야식과 순수한 법계(dharmadhātu) 사이의 명확한 구분을 지지하지 않는다. 후자의 구분은 미꾀도르제가 선호하는 바이다(후술).[19]

미꾀도르제는 만약 쇤누뺄이 맞다면 여래장은 윤회 속에서 전전할 것이고 (보통 여래장과 동일시되는) 본성적인 빛은 무상할 것이라 주장한다.

> 더 나아가 만약 본성적인 빛이 확실히 윤회—즉, 무상한 윤회—의 일부분이라면, 만약 [여래장]이 변함없이 그리고 확실하게 그것의 일부분이라면 그것 역시 무상한 어떤 것이 되어야만 할 것이다. 그러므로 [이 입장]은 적절치 않다. 왜냐하면 [여래장]이 동일한 함축(equal entailment)을 통해[20] 윤회의 흐름의 일부분이 되어야 할 것이기 때문이다. 게다가 이 경우 본성적인 빛이 무상

19 Mathes 2008: 417f.

20 윤회가 있을 때 여래장 또한 있고 그 역도 성립한다는 의미이다. 본 구절을 명료하게 해준 데 대해 데이비드 히긴스(David Higgins)에게 감사한다.

하다는 그리고 여래장은 아홉단계로 이루어진 삼계와 오계를 전전한다는 터무니없는 결론이 도출되어 버릴 것이다.[21]

사실 (『보성론』의 두 번째 챕터의 서문에 포함되어 있는) 『법법성분별론』(Dharmadharmatāvibhāga)에 대한 주석에서 쇤누뻴은 법성(dharmatā)조차도 마음의 티 없는 실질적 성질이 계속된다는 의미에서 찰나멸하는 성질을 가지고 있다고 설명한다.[22] 조건 지어지지 않은 것으로서의 법성 혹은 여래장에 대한 규정은 다음과 같이 설명되고 있다.

> "조건 지어지지 않은"(unconditioned)이라는 단어로 여래장은 우발적인 인과 연들에 의해 인위적으로('phral du) 조건 지어진 것이 아니라 오히려 그 자신의 영역에 항상 포함되어 있다는 의미로 영원하다는 것이 가르쳐졌다. 이는 연꽃 안에 있는 여래장의 몸과 같은 아홉 가지 비유로 가르쳐졌다. "애씀이 없다는 성질"(the quality of being without effort)이라는 단어로 붓다들의 지혜가 공간[이 존재하는] 한[, 다시 말해,] 시간이 끝날 때까지 존재한다는 의미에서 그 영원성이 가르쳐졌다. 이는 본성, 원인, 결과 등의

---

21 Mi bskyod rdo rje: rTan po'i rlung sman, 995$_{4-6}$: gzhan yang rang bzhin 'od gsal 'khor ba'i gnas skabs la brtan par 'jug na | 'khor ba ni mi rtag (text: brtag) pa yin la | de la de rgyun brtan par 'jug na mi rtag par 'jug dgos pa las 'os med te 'khor ba'i rgyun khyab mnyam du 'jug dgos pa'i phyir | de lta na rang bzhin 'od gsal mi rtag par thal dang | de las gzhan yang | sangs rgyas kyi snying po khams gsum sa dgur 'gro ba lngar 'khor dgos par thal ba dang … 텍스트 전체에 대한 비판교정본과 번역은 데이비드 히긴스(David Higgins)가 곧 출간할 것이다.

22 Mathes 2005: 4.

열 가지 제시로 가르쳐졌다.[23]

쇤누뻴을 정당하게 평가하기 위해 안혜(安慧, Sthiramati)가 『중변분별론소』(Madhyāntavibhāgaṭīkā)에서 도성제의 조건 지어지지 않은 측면을 위와 비슷하게, 즉 업번뇌(karmakleśa)의 오염에 의해 조건 지어지지 않는다고 설명하고 있음을 지적해야만 한다.[24] 또한 사자나(Sajjana)는 그의 『마하야노따라샤스트로파데샤』(Mahāyānottaraśāstropadeśa) 28번째 게송에 대한 그의 중요한 노트에서 빛나는 마음은 인과 연들이 모

23 DRSM, $83_{11\text{-}15}$: de yang 'dus ma byas pas ni de bzhin gshegs pa'i snying po glo bur ba'i rgyu dang rkyen gyis 'phral du 'dus byas pa ma yin gyi | thog ma med pa'i dus nas rang gi ngang gis rjes su zhugs pa'i rtag pa yin par bstan la | de nyid ni padma'i sbubs na de bzhin gshegs pa'i sku bzhugs pa la sogs pa'i dpe dgus bstan pa yin no | lhun gyis grub pa'i yon tan gyis ni nam mkha' ji srid du sangs rgyas kyi ye shes rjes su zhugs pa phyi ma'i mtha'i bar du rtag par bstan pa yin te | de ni ngo bo dang rgyu dang 'bras bu la sogs pa'i rnam par bzhag pa bcus bstan pa yin no | Mathes 2008: 333에 최초로 번역되어 있음.

24 안혜(Sthiramati)는 다음과 같이 설명한다. "여기서 道諦는 조건 지어진 것인가, 조건 지어지지 않은 것인가? 낳아져야 하기 때문에 그것은 조건 지어진 것이다. [그러나] 그것이 업과 번뇌(karmakleśa-)[의 오염물들]에 의해서 형성되지 않았고 그것이 조건 지어지지 않은 것으로 구성되어 있다는 점에서 만약 그것이 조건 지어지지 않은 것이라 말해도 잘못된 것은 아니다. It would not be a fault[, however,] if one said that it is unconditioned, in that it is not fabricated by karmakleśa-[defilements] and is constituted by the unconditioned" (MAVṬ on III.22b-d (MAVṬ 1637-9): mārgasatyaṃ punaḥ kiṃ saṃskṛtam asaṃskṛtam | saṃskṛtam[a] utpādyatvāt | yadi [karmakleśābhyām anabhisaṃskṛtād asaṃskṛtena ca prabhāvitatvād (Yamaguchi: prabhāvitād) a][b] saṃskṛtam iti bruyān na doṣaḥ syād…). Mathes 2008: 544-45에 최초로 인용되고 번역되어 있음.

[a]사본(NGMPP reel no. A 38/10, 50a7)에는 'saṃskṛtam'이 반복되어 있지만 티벳역은 그렇게 되어 있지 않다(Yamaguchi 1934: 163, fn. 2도 참조할 것).

[b]Cf. Tib. gal te las dang nyon mongs pas mngon par 'dus ma byas pa dang | 'dus ma byas kyis rab tu phye ba'i phyir 'dus ma byas zhes brjod na nyes pa med do ‖ Peking Tanjur, sems tsam, tshi, 113b4-5.

이는 것에 의존하지 않는다는 점에서 조건 지어져 있지 않다고 발언하는데 그는 다음과 같이 자신의 흥미로운 설명을 이어나간다.

> 후찰나에 [빛나는] 마음이 생겨나는 것은 전찰나에 그것과 (즉, 그 마음과) 같은 종류(sajāti)의 것에 의해 생겨난 [마음]에 의존한다.[25]

이와 같은 방식의 생각을 정리해보자. 각 찰나의 연속 속에 계속되는 조건 지어지지 않은 마음의 빛 혹은 여래장에는 아무런 문제가 없다. 그러나 쇤누뺄의 『귀숨쌍와』(rGyud gsum gsang ba)를 참조할 수 없는 상황에서 미꾀도르제가 이와 같은 온건한 여래장의 찰나멸론에 대해서도 반대하였는지를 판단하는 것은 불가능하다.

그의 『꾸쑴오뙤』에서 미꾀도르제는 샤바리빠(Śavaripa), 마이뜨리빠(Maitrīpa, 986-1063) 그리고 사하자바즈라(Sahajavajra)의 체계에 의거[26] 여

---

25 Kano: forthcoming 참조.

26 텍스트에는 샤바리빠 등이라 적혀 있다. 그러나 미꾀도르제는 경전적 그리고 만뜨라적 중관학파의 이제에 대한 견해가 마이뜨리빠의 amanasikāra 가르침, 특히 Tattvadaśaka와 그에 대한 사하바즈라(Sahajavajra)의 주석에 가장 잘 기술되어 있다고 주장한다. *sKu gsum ngo sprod*, vol. 1, $102_{4\text{-}11}$의 다음 구절을 볼 것: "마이뜨리빠 논사의 amanasikāra 가르침은 경전적 그리고 만뜨라적 중관학파 모두를 설명한다. 그렇다면 존경하는 마르빠 로짜와(Mar pa Lo tsā ba)의 까귀 [전통]을 통해 우리에게 전승되어온 그의 이제에 대한 견해가 무엇인지 궁금할 수 있다. [이에 대한 대답은 다음과 같다.] 승리자(Jina)이신 마이뜨리빠의 Tattvadaśaka에 대한 위대한 논사 사하바즈라의 주석서의 의미는 여기에서 충분히 설명될 것이다. 이 주석서는 마이뜨리빠 논사께서 만뜨라[시스템](Mantra[naya])에 부합하는 바라밀[시스템](Pāramitā[naya])의 핵심을 요약하셨다고 주장한다." (jo bo mai tri pas yid la mi byed pa'i chos skor bya ba mdo sngags kyi dbu ma gnyis ka'i tshul gsal bar mdzad pa de | rje brtsun mar pa lo tsa ba'i bka'

래장을 이제(二諦)와의 관련 속에서 제시한다. 이는 바나라뜨나(Vanaratna, 1384-1468)[27]에까지 소급되는 구술 전승인데 쇤누뻴 또한 이 전통에 자신이 속한 것으로 여겼었다. 미꾀도르제에게 여래장이란 궁극적인 것과 관련된 것일 뿐만 아니라 속제의 차원에서도 지혜를 가진 것이기도 하였다. 이와 같이 보았을 때, 즉 진제와 속제를 각기 여래장과 지혜로 보았을 때, 진속이제는 불가분한 것이다.[28] 이를 어떻게 이해하여야 할지는 유정들 안에 여래장이 있음을 증명하는 『보성론』의 세 가지로 구성된 이유가 『보성론』 I.28과 무착(Asaṅga)의 직전 게송(즉, 『보성론』 I.27)에 근거하여 해설되고 있는 『꾸쑴오뙤』의 다음과 같은 설명에 매우 명확하게 드러나 있다.

완벽한 붓다의 몸에 의해 감싸져 있고 충만해 있음을,[29] 여여함

brgyud las 'ongs pa bden gnyis kyi lta ba ji lta bu'o snyam na | rgyal ba mai tri pa'i de kho na nyid bcu pa zhes pa'i 'grel pa slob dpon chen po lhan cig skyes pa'i rdo rjes mdzad pa de nyid kyi don che long 'dir brjod par bya ste | de'ang 'grel pa de las slob dpon mai tri pas | … sngags dang rjes su mthun pa'i pha rol tu phyin pa'i man ngag mdor bsdus mdzad par bzhed pas |…)

27 미꾀도르제는 샤바리빠의 마하무드라를 두 부분으로 나누어 소개한다. 여래장에 대한 해설은 두 번째 부분에 속한다. (1) 예전에 티벳으로 왔던 amanasikāra 추종자들의 전통에 따른 소개 그리고 (2) 후대의 전승 전통에 대한 소개가 그것이다.

28 "이제에 담긴 현상들 가운데 소위 '善逝藏'(*sugatagarbha)라 불리는 것이 궁극적인 현상이라 가르쳐진다. 그러나 관습적으로 그리고 상대적으로 그것은 지혜의 성질을 가지고 있다. 이것이 [여래장]이 수승한 사람들의 판단에 따른 이제의 불가분성으로서 최고의 찬탄을 받게 된 경위이다." (bden gnyis kyis bsdus pa'i chos las bde gshegs snying po zhes don dam pa'i chos su gsungs kyang tha snyad kun rdzob tu ye shes kyi tshul can nyid skyes bu dam pa rnams kyi gtan la dbab bya'i bden gnyis dbyer med nyid la mchog tu bsngags par mdzad pa yin te |)

29 spharaṇa에 대한 이와 같은 번역은 Schmithausen 1971: 142 참조.

(suchness)은 분별되지 않는다는 사실을, 그리고 기본적인 잠재력 (혹은 혈통)을 고려할 때 모든 살아 있는 존재들은 언제나 붓다의 본성을 지니고 있다.[30]

붓다의 지혜가 유정 전체에 현존함을, 오염됨이 없다는 [모든 이의] 본성적인 불이성(不二性, nonduality)을, 그리고 그것의 결과가 은유적으로 붓다의 잠재력으로 이전되었다는 사실을 고려할 때, 모든 살아 있는 존재들은 붓다의 본성을 지닌다고 말해진다.[31]

티벳의 주석가들은 대부분 옥 로댄쎄랍(1059-1109)을 따라 첫 번째 이유에 나오는 여래(tathāgata) - 장(garbha)이라는 복합어의 두 구성요소를 순차적으로 실질적(lākṣaṇika)이고 명목적(prājñaptika)인 것으로 파악한다.[32] 두 번째 이유에서는 '여래'와 '장' 모두가 실질적인 것으로 말해지고 세 번째 이유에서는 '여래'가 명목적인 것이고 '장'이 실질적인 것으로 이야기된다.[33] 다시 말해 모든 것에 충만한 완벽한 붓다의

30 RGVV, $26_{5\text{-}6}$: saṃbuddhakāyaspharaṇāt tathatāvyatibhedataḥ | gotrataś ca sadā sarve buddha-garbhāḥ śarīriṇaḥ ||

31 RGVV, $26_{1\text{-}4}$: buddhajñānāntargamāt sattvarāśes tannairmalyasyādvayatvāt prakṛtyā | bauddhe gotre tatphalasyopacārād uktāḥ sarve dehino buddhagarbhāḥ ||

32 Ārya Vimuktisena의 *Abhisamayālaṃkāravṛtti* I.39와 Kano 2003: 109-11 참조.

33 rNgog Blo ldan shes rab: *rGyud bla ma'i bsdus don*, $29a_4$-$29b_2$: "순수한 여여함는 완벽한 붓다의 몸(kāya)이다. 그것의 "감쌈과 충만함"(spharaṇa)은 그것(즉, 그 몸)에 의해 충만해져 있다는 의미이다. 모든 유정들이 그것(즉, 그들 자신의 몸(kāya))을 얻을 수 있는 만큼 충만하다는 의미이다. 이러한 점에서 ["여래-장"이라는] 복합어에서 여래는 실질적인 반면 유정들이 그의 [즉, 여래의] "성질"(garbha)을 가지고 있다는 것은 명목적이다. 왜냐하면 "그것에 의해 충만해져 있다"는 표현은 그것(즉, 그러한 몸)을 얻을 수 있는 기회에 비유적으로(즉, 그러한 의미를 전달하기 위해) 사용되었기 때문

몸은 실질적 혹은 실제적인 것인 반면 그것은 붓다가 될 수 있는 가능성만을 가진 유정의 본성을 이루지는 않는다. 하지만 유정의 관점에서 보면 아직까지 실제로 붓다는 아닌 잠재력의 소유 자체는 실질적이다. 여여함과 관련하여서는 '여래'와 '장' 모두가 실질적인데 그것은 여여함이란 객진번뇌와 함께할 때마저도 본성적으로 오염됨이 없는 것이기 때문이다. 쇤누뺄은 옥 로댄쎄랍의 설명을 따르지만 두 번째 이유에 대해서는 다음과 같이 다르게 설명한다.

> 두 번째로 (마음의 실제 성질로서 객진번뇌가 결여된) 여여함은 붓다들이나 유정들과 다르지 않기 때문에 여래장이라 말해진다. 붓다

이다. "여여함은 분할할 수 없다"는 [이유]와 관련하여서는 여래 그리고 그것의 성질을 가지고 있는 유정들 모두 실질적인데 왜냐하면 본성적으로 티 없는 여여함은 번뇌와 함께할 때조차도 붓다의 성질이기 때문이다. 게다가 확실히 그것은 유정들의 상속에 머물고 있다. "잠재력의 존재 때문이다"라는 [이유]와 관련하여서는 여래가 명목적인데 이는 그것(즉, 여래장)이 그 [결과적인] 순수함의 상태에서 여여함을 얻는 원인이기 때문이다. [다시 말해, 그것은] 지혜와 자비의 씨앗이고, 선함의 정신적 자극이며, [따라서 오로지] 여래의 원인이기 때문이다. [이러한 맥락 속의 여래장에서] 오로지 실질적인 것은 유정들의 '본성'(garbha)이다(즉, 중생이 실제 여래로 이루어진 것은 아니다)." (| de la rnam par dag pa'i de bzhin nyid rdzogs pa'i sangs rgyas kyi sku yin la | de la 'phro ba ni des khyab pa ste | sems can thams cad kyis thob tu rung ba'i phyir khyab pa yin no || phyogs 'di la ni de bzhin gshegs pa ni dngos po yin la | sems can 'di'i snying po can du ni btags pa yin te | de thob pa'i skal ba yod pa la des khyab par btags pa'i phyir ro || de bzhin nyid dbyer med phyir dang | zhes bya ba ni | de bzhin gshegs pa dang | sems can de'i snying po cang gnyis ka dngos su yin te | de bzhin nyid dri ma rang bzhin gyis dben pa ni glo bur gyi sgrib pa dang bcas pa'i tshe yang sangs rgyas kyi rang bzhin yin pa dang | sems can gyi rgyud la nges par gnas pa'i phyir ro || rigs yod pa'i phyir na zhes bya ba ni | de bzhin nyid rnam par dag pa'i gnas skabs thob pa'i rgyu dge ba'i bag chags shes rab dang snying rje'i sa bon ni de bzhin gshegs pa'i rgyu yin pas de bzhin gshegs pa zhes btags pa yin la | sems can gyi snying po ni dngos po kho na yin no |)

> 안에 존재하는 여여함은 실질적인 붓다이다. 유정들의 여여함은 붓다인데, 이는 [오직] 명목적이다. 따라서 [여여함]은 마치 두 부분으로 이루어진 것처럼 머무른다.[34]

두 번째 이유에 대한 이 해석은 모든 객진번뇌가 제거되면 그것들의 고유한 영역에서 자연스럽게 만개하는 미묘한 붓다의 속성들과 여여함이 불가분의 관계로 연결되어 있다는 쇤누뺄의 이론에 비추어 이해되어야 한다.[35]

옥 로댄쎄랍과 쇤누뺄을 따라 미꾀도르제는 첫 번째 이유를 '여래'는 실질적이고 '장'은 명목적이라는 의미로 받아들인다. 여기서 흥미로운 점은 미꾀도르제가 실질적인 붓다와 유정들 간의 관계에 대해 해설하는 방식이다.

> "완벽한 붓다의 몸에 의해 감싸져 있고 충만해 있음"[이라는 구절]은 여래장이 현존하는 방식을 보여준다. 그 방식은 결과적으로 존재하는 여래장의 방식인데 그것은 모든 유정들의 원인적인 여래장에 작용을 가하는 붓다의 활동과 같이 현존한다.[36]

---

34 DRSM, 262$_{14\text{-}17}$: sems kyi rang bzhin glo bur gyi dri ma med pa'i de bzhin nyid de ni sangs rgyas dang sems can gnyi ga la khyad par med par yod pa'i phyir de la yang de bzhin gshegs pa'i snying po zhes gsungs pa yin te | gnyis pa'o || sangs rgyas la yod pa'i de bzhin nyid ni sangs rgyas dngos so || sems can gyi de bzhin nyid ni sangs rgyas btags pa ba'o || des na de ni cha gnyis su gnas so |

35 Mathes 2008: 320.

36 Mi bskyod rdo rje: sKu gsum ngo sprod, vol. 1, 116$_{18\text{-}20}$: | zhes pa ni rdzogs sangs sku 'phro ba ste 'bras bu bde gshegs snying pos kyang sems can thams cad kyi rgyu

다시 말해 결과적인 여래장은 실질적인 붓다와 같이 유정의 식의 흐름에 작용하는데 그것은 분명히 유정은 실제적이지 않기 때문에 '모든 것의 근거'(all-ground)라 불리는 본성적인 빛일 뿐이다. (후술)

두 번째 이유에서 미꾀도르제는 '장'이 실질적이라는 점을 확인하는데(모든 이들은 여여함을 자신의 '장'/본성으로 가지고 있다), '여래'에 대해서는 실질적이라는 말을 하지 않는다.

> 붓다들로부터 동물들까지 [모든 존재에] (그것의 본질이 마치 허공과 같이 모든 더러움이 없고 불변하는) 마음의 본성적인 빛이 유정들의 마음의 기본적인 성질로부터 뗄 수 없는 어떤 것으로 깃들어 있기 때문에 모든 유정들은 여래장을 지니고 있다. 이러한 점에서 '장'은 실질적이고 '여래'는 세 단계의 기반으로서 [명명된다].[37]

이 구절은 여래장의 세 단계(즉, 오염된 상태, 부분적으로 오염되고 부분적으로는 청정한 상태, 그리고 완전히 청정한 상태)가 여래장과는 관계하지만 유정과는 관계하지 않는다는 사실과 관련하여 이해되어야 한다.

---

bde gshegs snying po la phrin las khyab par bzhugs pa'i sgo nas gshegs snying yod tshul bstan nas |

37 Mi bskyod rdo rje: *sKu gsum ngo sprod*, vol. 1, 116_{21}-117_{5}: sangs rgyas nas dud 'gro'i bar gyi sems gyi rang bzhin 'od gsal ba nam mkha' ltar 'pho 'gyur med pa dri ma thams cad dang bral ba'i ngo bo nyid du sems can gyi sems kyi gshis la dbyer med du gnas pa'i phyir yang sems can thams cad de bzhin gshegs pa'i snying po can yin la de la ltos nas snying po ni mtshan nyid pa dang | de bzhin gshegs pa ni gnas skabs gsum du rten gyi dbang las 'gyur te | 'khor bar 'ching byed kyi las nyon dang bcas pa de srid du ma dag pa sems can gyi gnas skabs dang |

유정은 실재하는 않지만 '모든 것의 근본'(kun gzhi)이라고 명명된 본성적인 빛으로서의 여래장을 상정할 필요에 의해 도입된 편의상 설정된 가명일 뿐이다.[38]

미꾀도르제가 유정 속의 여래장의 현존을 증명하기 위한 세 번째 이유("기본적인 잠재력이기 때문에")를 이해하는 방식 또한 흥미롭다. 명료함(clarity)이라는 여래장의 부분은 유정의 여섯 가지 인식적인 영역들에 마치 우유가 물에 섞이는 것처럼 작용한다.

> 그것의 명료함 혹은 현현인 여래장의 측면은 시작이 없는 시간으로부터 마치 물속의 우유처럼 완벽한 붓다의 지위에 속하는 오염되지 않은 여섯 가지 인식적 영역들과 비슷한 종류인 모든 유정의 인식적 영역들에 공평하게 작용한다. 그러므로 모든 유정들은 여래장을 가진다.[39]

이 구절이 제시하는 구도는 더 말할 나위 없이 명확하다. 유정들

---

38 Mi bskyod rdo rje: *sKu gsum ngo sprod*, vol. 1, $117_{14\text{-}17}$: "그렇다면, 왜 그들은 여래장이 아니라 유정으로 파악되는가? 최초의 붓다(Ādi buddha) 혹은 최초의 유정들의 경우 그들은 여기에 '모든 것의 기반'이라 명명된 본성적 빛의 여래장을 설정할 필요 때문에 도입된 것이다." ('o na de bzhin gshegs pa'i snying po las sems can du 'jog pa'i rgyu mtshan ci zhe na | dang po'i dus kyi sangs rgyas sam dang po'i dus nas 'ong ba'i sems can ni kun gzhi'i ming gi btags pa'i rang bzhin gyi 'od gsal ba'i gshegs snying nyid la 'jog dgos pa'i dbang las der bzhag pa yin te |)

39 Mi bskyod rdo rje: sKu gsum ngo sprod, vol. 1, $119_{5\text{-}9}$: bde gshegs snying po'i gsal cha'am snang cha de rdzogs pa'i sangs rgyas kyi zag pa med pa'i skye mched drug dang ris 'dra ba zhig sems can thams cad kyi skye mched drug gi steng na ris med par thog ma med pa nas chu la 'o ma ltar rjes su zhugs pas sems can thams cad gshegs snying can yin te |

안에 있는 것은 여섯 가지 인식 영역들에 다름 아니고 그것들은 붓다의 그것들과 유사하다. 여래장은 이 구도 속에서 유정들에 내장된 어떤 것이 아니고 마치 우유가 물속에 퍼지듯 그들에게 작용한다. 이 비유가 『섭대승론』에서도 어떻게 붓다들의 깨달음이 유정들의 알라야식에 동화되지 않으면서 그것에 들어갈 수 있는지를 설명하면서 쓰였다는 점도 주목해야 한다.[40] 다시 말해, 미꾀도르제는 이곳, 즉 『꾸쑴오뙤』에서 (그리고 이와 관련한 『뗀뼤룽멘』에서도 마찬가지로) 랑중도르제의 관련 텍스트들에 나타나는 것과 똑같은 오염된 그리고 청정한 마음 사이의 명확한 구분을 주장하고 있는 것이다.[41] 결과적으로 미꾀도르제는 생각들이 법신(dharmakāya)으로 나타난다는 마하무드라(Mahāmudrā)의 가르침에 대한 일반적인 까귀(bKa' brgyud)적 해석도 비판하게 된다. 그는 자신의 『입중관론』 주석에 대한 서문에서 법신으로 나타나는 생각들은 생각들이 그 어떤 것도 아닌 바로 그것들의 법성(dharmatā)으로서 존재한다는 깨달음을 반영하는 것이라 주장한다.[42]

---

40 Mathes 2008: 58-59 참조.

41 쇤누뻴과 랑중도르제의 입장에 대한 자세한 비교는 Mathes 2008: 125-29 & 415-20 참조.

42 Mi bskyod rdo rje의 다음과 같은 언급을 참조: *dBu ma la 'jug pa'i kar ṭī ka*, $10_{2\text{-}5}$: "이 [마하무드라 체계]에 대한 중관학파의 견해가 식의 흐름에 떠올랐을 때, 본성적인 마음은 실현되었고 법신은 직접적으로 [현현]되었다고 말해진다. 새싹 그리고 생각과 같은 현상(dharmin)이 그들 [각각의] 본성(dharmatā)에 불과하다는 것을 깨달았을 때, '생각은 법신으로 나타난다'는 언어적 표현을 사용한다." ('di'i dbu ma'i lta ba rgyud la skyes pa na tha mal gyi shes pa mngon du mdzad ces pa dang | chos sku mngon sum du byas zer ba dang | chos can myu gu dang rnam rtog sogs de dag de'i chos nyid las gzhan du ma grub par rtogs pa na rnam rtog chos skur shar ba zhes tha snyad mdzad nas |) Mathes 2008: 65 최초로 번역이 되어 있음.

2. 조낭빠 논사들의 입장과 비교한 미꾀도르제의 입장

미꾀도르제의 쇤누뻴에 대한 비판을 살펴보면, 특히 그가 후자의 여래장 개념을 따르면 결국 여래장이 무상한 것이라는 불합리한 결론에 이른다고 주장하는 대목에서는 그가 조낭빠 논사들의 타공의 입장을 지지하는 데까지 나아가는 것이 아닌가 하는 인상을 받게 된다. 사실상 미꾀도르제는 시간이 흐르면서 조금씩 다른 타공의 입장을 견지하는데, 그렇다 해도 그의 타공에 대한 모든 이해는 조낭빠 논사들의 것과 다르다. 한 개인의 마음이 티 없는 인식으로 있는 그대로 생겨나는 양상과 관련하여 미꾀도르제는 자신의 『착갸첸뾔되붐』에서 공성의 두 가지 모드(즉, 자공과 타공)를 구분한다. 유법(有法, dharmin; 즉, 객진번뇌)의 관점에서 그것은 타공이고 법성(dharmatā)의 관점에서 볼 때에 그것은 자공이다.

> 따라서 티 없는 인식으로 있는 그대로 생겨나는 양상의 개인의 마음은 유법(dharmin)의 입장에서는 타공이고 법성(dharmatā)의 입장에서는 자공이라는 것이 그 훌륭한 분의 수뜨라(sūtra)와 딴뜨라(tantra)에서 가르쳐졌다. 그러므로 그것의 공성은 두 종류인 것이다.[43]

---

43 Mi bskyod rdo rje: Phyag rgya chen po'i sgros 'bum,54$_{3\text{-}6}$: des na bcom ldan 'das kyi mdo rgyud rnams las | chos can gyi cha nas rang sems rig pa dri med gcer bur thon tshul la gzhan stong dang | chos nyid kyi cha nas rig pa dri med gcer bur thon tshul la rang stong ste de'i stong pa nyid gnyis pa'o |

자공과 타공에 대한 똑같은 구분이 미꾀도르제가 본성적 인식(tha mal gyi shes pa)은 자공이면서 그것에 속하지 않은 현상과 관련하여서는 타공이기도 하다고 주장하는 『착갸첸뽀되붐』의 위의 인용문보다 뒤에 나오는 다음 구절에서도 발견된다.

> 우선 아무런 참조점이나 기반이 없는 명료함의 상태에 도달하는 것과 관련하여 말하자면, 그러한 [상태]의 본성적 인식은 '자체가 비어 있게'(rang stong), 즉 자성이 비어 있게 된다. 더 나아가 이러한 [인식] 그 자체는 [또한] 비어 있지 않은 기반으로서 파악되고 [이에 따라] 그것은 다른 현상들이 비어 있는(gzhan gyis stong pa) 공성이다. 이는 소에 말이 비어 있는 상황과는 같지 않다.[44]

이와 같은 타공을 완전히 지지하고 따라서 『착갸첸뽀되붐』에서 그것을 선호하는 견해로 채택하는 반면 미꾀도르제는 조낭빠식의 타공을 같은 텍스트의 더 밑에서 비판한다.

첫 번째 주장[45]은 조낭빠 논사들의 입장이다. 다음과 같은 이유에

---

44 Mi bskyod rdo rje: Phyag rgya chen po'i sgros 'bum, $185_{11\text{-}14}$: thang cig gsal yang gtad med gzhi med du 'gro ba ni de ltar gyi tha mal gyi shes pa de nyid kyang kho kho rang gi ngo bo rang stong du 'gro ba las kho nyid mi stong par gzhir byas nas chos gzhan gyis stong pa'i stong nyid ba lang rtas stong pa ltar ma yin la |

45 즉, 진실되게 확립된 공성을 옹호하는 타공 중관논사(the gzhan stong Mādhyamika)의 주장. Mi bskyod rdo rje의 다음 언급을 참조: Phyag rgya chen po'i sgros 'bum, $71_{18\text{-}19}$: stong nyid bden grub gzhan stong dbu ma pa |

서 [이는 틀렸다]: 만약 공성이 그와 같은 방식으로 실재로 확립된 것으로서 존재한다면 어떤 종류의 비어 있지 않은 사물을 우리가 그것으로부터 얻을 수 있겠는가? 그러므로 비록 모든 사물을 마치 [그들이] 실재하는 특성을 가진 표식을 갖춘 개채들로서 잘못되게 매달리는 것에 대한 치유법으로서 공성을 이해하고 익힌다고 하더라도 [공성] 그 자체가 실재로 확립되어 있는 이상 그것은 — 실질적인 현상들을 버리는 — 치유법이 되지 못할 것이다.[46]

다시 말해, 미꾀도르제는 공성에 대한 실체론적인 개념 혹은 영구한 것으로 여겨지는 사물들의 궁극적인 그 어떤 범주도 거부한다. 미꾀도르제가 그의 『우마섄똥마외쐴』에서 삼보에 대한 귀의를 '영구적이고'(permanent), '지속적이고'(enduring), '영원한'(eternal) 것으로 기술하고 있는 것은 사실이다. 그러나 그러한 성질들은 어떤 '개체'(dngos)와 결합되어 있지 않다. 게다가 영구성은 여기에서 『보성론』의 네 가지 '속성들의 완성'(guṇapāramitā) 가운데 하나로 취급되고 있다. 『우마섄똥마외쐴』에서 우리는 다음과 같은 구절을 발견할 수 있다.

순전히 기만적인 무상한 세계에 집착하지 않고 열반의 영구성을 하나의 [사물]로 개념화하지 않는 것이 영구함의 의미이다.[47]

---

46 Mi bskyod rdo rje: Phyag rgya chen po'i sgros 'bum, $72_{1\text{-}4}$: 'dod pa dang po ni jo nang pa dag gi bzhed pa ste | de ltar na stong pa nyid bden grub par yod na de las mi stong pa ci zhig yod pas | chos thams cad la dngos po mtshan 'dzin phyin log gi gnyen por stong nyid lta sgom byas kyang stong pa nyid de nyid dngos bden du grub pas dngos chos spong byed kyi spang gnyen du mi 'gyur ba'i phyir |

이 맥락 속에서 영구함을 완성한다는 의미는 『보성론주』에 분명하게 드러나 있다.

> [보살들이] 윤회가 지속되는 동안 계속적으로 사람들을 도우려는 욕망을 가지고 있는 한 영구함의 완성을 얻는 것은 위대한 자비에 기반을 둔 명상의 한 형태의 결과로서 이해되어야 한다.[48]

네 가지 완성들이 제시되고 있는 방식[49] 혹은 '자아'(ātman)를 '무아'(nairātmya)로 파악하여 해명해버리는 것은[50] 계속되는 흐름 속에 있는 법신(dharmakāya)의 개념을 전달한다. 다시 말해, 조낭빠 논사들을 따라 궁극적인 법신을 영원한 개체로 파악하는 것과 다음과 같이 그것을 영원한 귀의처로 상정하는 것은 완전히 다른 문제인 것이다.

---

47 Mi bskyod rdo rje: dBu ma gzhan stong smra ba'i srol, $33_{6\text{-}8}$: 'jig rten mi rtag mngon par bslu ba la mi zhen cing mya ngan las 'das pa rtag pa la gcig tu mi rtog pa ni rtag pa'i don te |

48 RGVV, $32_{3\text{-}5}$: mahākaruṇābhāvanāyāḥ satatasamitam ā saṃsārāt sattvārthagodhapaliguddhatvān[a] nityapāramitādhigamaḥ phalaṃ draṣṭavyam |
[a]Johnston: ¬godhapariśuddhatvān; Schmithausen 1971: 143 참조.

49 특히 네 가지 다르마들이 씨앗, 어머니, 자궁 그리고 자비와 비슷한 원인과 조건들로 제시되는 RGV I.34를 보았을 때 그러하다.

50 RGVV, $31_{13\text{-}16}$: "하지만 여래께서는 진실된 지혜로 최상의 완벽함을 성취하셨다. 그것은, 즉 모든 현상에 실체가 결여되어 있음이다. 그분께서 보신 이 실체의 결여는, 말하자면 무아를 본질적인 특성으로 갖는 것에는 그릇됨이 없다. 따라서 어느 때이던 간에 [오로지 이 정도만이] 실체로서 인정된다. 실체의 결여와 다름없는 실체." (tathāgataḥ punar yathābhūtajñānena sarvadharmanairātmyaparapāram abhiprāptaḥ | tac cāsya nairātmyam anātmalakṣaṇena yathādarśanam avisaṃvāditvāt sarvakālam ātmābhipreto nairātmyam evātmeti[a] kṛtvā |)
[a]Johnston: evātmani; Schmithausen 1971: 143 참조.

> 그러므로 영구하고 지속적이며 영원한 귀의처와 관련하여 [삼]보의 잠재력은 확실히 궁극적인 법신 그 자체에 존재한다.[51]

더 나아가 미꾀도르제는 영구적이고 궁극적으로 존재하는 귀의처를 그의 『우마섄똥』에서조차도 임시적인 가르침으로 파악하고 있는 것 같다. 유정들에 여래장이 현존하는 것에 대한 (그들이 잠재력을 지니고 있다는) 세 번째 이유를 설명하는 구절의 인용문은 "따라서 이 체계 속에서는 최종적인 귀의처가 궁극적으로 존재한다"[52]는 의미심장한 문구로 시작한다. 다시 말해, 궁극적으로 존재하는 귀의처는 오로지 이 체계 속에서만 받아들여지는 것이고 이에 따라 이는 미꾀도르제의 최종적인 견해를 반영하지 않는 것이다. 이는 적어도 그의 『공찍』에 대한 주석에서 살펴볼 수 있다. 그곳에서 미꾀도르제는 조건 지어지지 않고 꾸준하며 변치 않는 여래장의 교리가 의도적인 것(즉, 임시적 의미(neyārtha)를 갖는 가르침)이라고 설명한다.

> 게다가 모든 현상은 공성이기 때문에 그가 조건 지어지지 않고 꾸준하며 변치 않는 여래장, 유익한 [붓다의] 요소 등등을 가르치실 때 [붓다]는 단순히 연기의 범주에 속하는 것으로서 유정의

51 Mi bskyod rdo rje: dBu ma gzhan stong smra ba'i srol, $29_{2\text{-}4}$: des na rtag pa dang brtan pa g.yung drung gi skyabs ni mthar thug chos sku nyid la dkon mchog 'di'i rigs ni nges par yod pa yin la |

52 Mi bskyod rdo rje: dBu ma gzhan stong smra ba'i srol, $28_{6\text{-}7}$: des na lugs 'di la ni mthar thug gi skyabs don dam par yod cing |

> 마음 흐름 속에 존재하는 붓다의 상호와 종호의 원인에 대해 생각하고 계셨다.[53]

이 인용문이 미꾀도르제가 순전히 관계적인 타공에 대해 긍정적으로 언급하고 있었을 가능성을 배제하지는 않는다는 것을 주의해야 한다. 따라서 우리는 그의 『공찍』 주석에서 다음과 같은 구절을 발견할 수 있다.

> 비록 공성의 기반이 (마음이 자공이 아니라는 의미에서) 타공으로 가르쳐졌을지라도 모든 현상의 최종적 공성이 무시의 시간으로부터 공하다는 것이 여기에서 중[도]로 가르쳐지지 않았다는 것은 아니다. 그러므로 『해심밀경』의 최종적인 의미는 [모든 것이] 무시의 시간으로부터 공한 위대한 중관(Great Madhyamaka)에 [그 뿌리를] 두고 있다.[54]

궁극적으로 영구적인 개체를 옹호하는 조낭빠의 입장과의 차이 또

---

53 Mi bskyod rdo rje: dGongs gcig sor byang sngags kyi tshoms kyi kar ṭī ka, $247_{1\text{-}4}$: yang chos thams cad stong pa nyid yin bzhin pa las | sangs rgyas kyi mtshan dpe sogs kyi rgyu rten cing ’brel ’byung tsam du rigs kyi ming can zhig sems can gyi rgyud la yod pa de la dgongs te bde gshegs snying po ’dus ma byas pa dang rtag brtan dang khams dge ba la sogs par yang gsungs so |

54 Mi bskyod rdo rje: dGongs gcig chos ’khor dang rten ’brel gyi tshoms kyi kar ṭī ka, $19_{3\text{-}6}$: stong gzhi sems rang stong du ma yin par gzhan stong du bstan pa yod kyang | mthar thug chos thams cad gdod nas stong pa’i stong pa nyid dbu mar mi ston pa yod pa ma yin pas | dgongs pa nges ’grel gyi mthar thug gi mdo don yang | gzod nas stong pa’i dbu ma chen po nyid du gnas pa yin te |

한 미꾀도르체의 『꾸쑴오뙤』에 잘 드러나 있다. 그곳에서 여래장의 찰나적인 속성은 오직 외부적인 원인으로부터 새롭게 발생하지 않음의 관점에서만 배제된다. 또한 여래장이 근본적으로 확립되어 있는 상태는 명시적으로 부정된다.

> [여래장은] 따라서 증감을 겪지 않고 유정의 상태에서 불도를 이루기까지 꾸준히 계속된다. 그러므로 바로 이 [여래장]은 진속이제, 속박과 해탈, 윤회와 열반, 본성적으로 현존하는 것과 우발적인 것 등의 모든 현상의 근거로서 상정된다. 이것은 (이것이 무시의 시간으로부터 우리에게 전해져 내려온 것이 아니라는 의미에서) 원인으로부터 새롭게 발생한 것이 아니기 때문에 이는 찰나적인 것으로 가르쳐지지 않았다. 그럼에도 이는 속세적인 관점에서 그것이 찰나적이고 원인과 조건에 의해 발생한 것이라는 의미를 [배제하지] 않는다. 질문: 아니 모든 현상의 근거가 붓다와 유정에 차별 없이 충만한 방식으로 현존한다고 한다면 그것은 그럼에도 근본적으로 확립되어야 할 필요가 있는 것이 아닌가? [대답: 아니다.] 왜냐하면 만약 그와 같이 확립된 현상이 있다고 한다면 이 현상과 그것을 보유하고 있는 모든 개별자들이 '자아'를 [구성]하고 실재적으로 존재하는 것이라는 불합리한 결론이 도출되기 때문이다.[55]

---

55 Mi bskyod rdo rje: sKu gsum ngo sprod, vol. 1, $118_{11\text{-}18}$: zhes pa'i tshul gyis sems can nas sangs rgyas kyi bar bri gang med pas rgyun brtan pa'i phyir 'ching grol 'khor 'das gnyug ma glo bur bden gnyis kyi chos thams cad kyi gzhir yang 'di nyid

조낭빠 논사들과의 또 다른 차이는 진속이제는 서로를 장애하지 않는다고 하는 미꾀도르제의 이제에 대한 관점이다. 『착갸첸뾔되붐』에는 (즉, 그가 온건한 타공의 입장을 취하고 법성마저도 자공이 되어 버리는 텍스트에는) 다음과 같이 기술되어 있다.

> 그러므로 [이와 같이] 원인, 수행도 그리고 그 과보, 이제의 관점에서 청정한 것으로 확립되어 있는 어떤 이의 마음, 즉 여래장, 빛 그리고 본성적 인식은 다음과 같다. 마음의 본유적 성질, 즉 장애됨이 없는 '현상'(dharmin)은 속제이다. 가공됨이 없는 본유적 [인식], 즉 장애가 없는 법성은 진제이다. 그들은 하나이고 물에 부어진 물처럼 [서로를] 장애하지 않는다.[56]

이러한 견해는 랑중도르제가 『삽모낭된』(Zab mo nang don)에 대한 자주에서 소개하고 있는 이제설과 유사하다. 그곳에서는 속제와 진제가 모두 여래장에 포함된 것으로 되어 있다. 그러나 이는 일반적인

'jog la 'di thog ma med pa nas ma 'ongs pa las gsar du rgyus ma bskyed pas skad cig ma min par gsungs kyang tha snyad du rgyu rkyen gyis bskyed pa'i skad cig ma yin pa'i don ni ma yin la | 'o na chos thams cad kyi gzhi sangs rgyas dang sems can ris med pa'i kun khyab tu bzhugs na'ang gzhi grub dgos pa ni ma yin te | de ltar grub pa'i chos shig yod na chos de dang de gang la ldan pa'i gang zag thams cad bdag dang bden grub par thal ba'i skyon du 'gyur ro |

56 Mi bskyod rdo rje: Phyag rgya chen po'i sgros 'bum, $152_{1\text{-}4}$: des na rang sems snying po 'od gsal ba tha mal gyi shes pa rgyu lam 'bras bur rnam dag sgrub pas gnyug ma sems nyid chos can sgrib bral kun rdzob kyi bden pa dang gnyug ma spros bral chos nyid sgrib bral don dam gyi bden pa gnyis gcig go gcig gis mi 'gegs par chu la chu bzhag pa ltar…

속제를 가리키는 것이 아니라 오직 티없는 인식의 형태만을, 즉 단순히 있는 그대로의 모습만을 가리키는 것이다. 확실히 랑중도르제와 미꾀도르제에게 이는 『능가경』에서처럼 여래장과 알라야식을 동일시하는 것이 아니다.[57] 이 점은 미꾀도르제의 다음의 『현관장엄론』 주석에 잘 드러나 있다.

> 어떤 멍청한 [학자들]은 전지한 까르마빠인 빛나는 랑중[도르제]께서 『마하야노따라딴뜨라』(Mahāyānottaratantra, 즉 『보성론』)의 의도가 법계는 그것이 유정의 마음인 한 필수적으로 여래장을 지니고 있다는 것이라고 주장하였다고 말한다. 이 진실한 [스승]께서는 그것을 주장하지 않으셨다! 『삽모낭된』의 자주에서 그는 마음이라 불리는 청정함과 마음이라 불리는 오염의 두 측면을 구분하셨다. 유정(sems can)이란 오염된 의도(sems pa)를 가진 자들이라 설명하시고는[58] 그러한 방식으로 이해된 유정은 법계를 지니지 않았다고 설명하신다. 그들 유정은 법계에 대한 잘못된 상상에 의해 생겨난 객진번뇌로 파악된다.[59]

---

57 Mathes 2008: 66-67.

58 sems pa(의도)와 sems can(마음/의도의 소유자)이라는 두 단어를 사용한 말장난을 통해 이 정의가 더욱 돋보인다.

59 Mi bskyod rdo rje: Sher phyin mngon rtogs rgyan kyi bstan bcos rgyas 'grel, 125b$_{1-4}$: blun po la la zhig sems can gyi sems kyi chos dbyings la bde gshegs snying po de dbyer mi phyed pa'i tshul gyis yod pa ni theg pa chen po rgyud bla ma'i dgongs par thams cad mkhyen pa karma pa dpal rang byung gis bzhed pa yin no zhes zer ro ‖ dam pa de nyid ni de ltar bzhed pa ma yin te | zab mo nang don gyi rang 'grel du dag pa la sems su brjod pa dang | ma dag pa la sems su brjod pa zhes rnam pa gnyis su dbye bar mdzad de | ma dag pa'i sems pa can de la sems can du bshad nas

[여기에서] 청정한 마음과 관련하여 그것은 본성적인 인식이라, 원초적 보호자, 원초적 붓다 등등으로 불렸고 필수적으로 붓다의 속성을 지니고 있는 것으로 가르쳐졌다. 이러한 방식으로 그것은 또한 잠재적인 [여래]장이다. 이 경우 청정함이란 무엇을 가리키는가? 그것은 소위 마음의 본성적인 빛이라 불리는 것이다. 빛은 본성적인 [그렇지 않을 경우에는 오염된] 불완전한 마음의 청정함을 의미한다. 비록 유정이 그러한 본성적으로 청정한 [여래]장을 가지고 있다고 가르쳐졌다 하더라도 이를 문자 그대로 [이해]해서는 안 된다. 하지만 본성적으로 청정한 [여래]장이 한 번 근본으로 파악되고 나면 그것이 청정하게 되어야 할 대상으로서 오염된 유정을 지니고 있다고 여겨진다. 이러한 의미에서 유정은 붓다를 가지고 있다고 말해진다. 비록 유정이 청정하게 되어야 할 대상으로서 존재한다하더라도 그들은 전도의 힘을 통해 의타기[성]이 된다. 요의의 관점에서 말하자면 청정하게 되어야 할 대상, 즉 객진번뇌마저도 애초부터 존재했던 적이 없었다.[60]

---

de lta bu'i sems can la chos kyi dbyings med par bshad pa dang | sems can de nyid chos dbyings las phyin ci log tu gyur pa'i yang dag pa ma yin pa'i kun rtog gis bskyed pa glo bur ba'i dri mar bzhag go |

60 Mi bskyod rdo rje: *Op. cit.*,125b$_4$-126a$_1$: | dag pa'i sems de ni tha mal gyi shes pa dang | dang po'i mgon po dang | dang po'i sangs rgyas sogs su mtshan gsol nas de nyid la sangs rgyas kyi yon tan rnams dang dbyer mi phyed pa'i tshul can yin par gsungs pa dang | de lta bu ni snying po go chod po yang yin la | de ltar gyi tshe dag pa'i sems de gang la bya zhe na | sems kyi rang bzhin 'od gsal ba'o zhes pa de yin la | 'od gsal ba'i don yang phyin ci log gi sems de rang bzhin gyis dag pa'i don yin no ‖ rang bzhin gyis dag pa'i snying po de lta bu sems can la yod par gsungs pa yang sgra ji bzhin pa ma yin gyi | rang bzhin 'od gsal gyi snying po gzhir bzung nas de la ma dag pa'i sems can sbyang byar yod pa la sems can la sangs

랑중도르제는 오염된 마음과 청정한 마음 간의 이 구분의 근거를 완전히 오염된 알라야식이 청정한 법계로부터 구분되고 있는 『섭대승론』 I.45-48에서 찾는다. 이 입장에 대한 미꾀도르제의 재구성은 명확하게 유가행파의 영향을 받은 것이다. 그의 『현관장엄론』 주석 더 밑쪽에서 미꾀도르제는 이 유가행파의 교리를 타공이라 지칭한다.

> 『반야바라밀경』(Prajñāpāramitāsūtra)에서도 마찬가지로 완벽한 [성질]의 법성은 공성으로 가르쳐졌다. 이는 실로 그러하다. 하지만 그것은 그렇다면 자공으로, 타공은 아닌 것으로 가르쳐졌는가? 이는 그렇지 않다. [『팔천송반야]경』([Aṣṭasāhasrikā Prajñāpāramitā]sūtra)은 다음과 같이 말한다. "마음의 성질은 빛나는 것이기에 마음은 마음이 아니다." 따라서 자공한 것으로서 우발적인 마음은 존재하지 않는다. 본성적인 빛이 타공인 이상 소위 빛이라 불리는 것은 공하지 않다고 가르쳐진다. 존경하는 [미륵]께서는 [『보성론』 I.155c에서] 다음과 같이 말씀하셨다. "[여래장]에는 [그것의] 넘어설 수 없는 속성들이 비어 있지 않다." 따라서 넘어설 수 없는 법성의 이러한 속성들에는 자성이 비어 있지 않다고 가르쳐졌다.[61] 문수보살(Mañjuśrī[kīrti])께서 [Pradarśanānumatoddeśaparīkṣā에서] 이러한 의미를 분명하게 [드러내 보이셨다]. "온(蘊, skandha)

---

rgyas yod do zhes gsungs pa yin la | sems can sbyang byar yod pa yang gzhan dbang 'khrul ba'i dbang gis yin gyi | nges pa'i don du ni sbyang bya glo bur gyi dri ma yang gdod ma nas yod pa ma yin no |

61 필자의 번역은 rang gi ngo bo를 rang gi ngo bos로 읽은 것이다.

들은, 분석하였을 때, 단순히 공하다. 그들은 마치 바나나 나무처럼 어떤 본질이 없다. 모든 측면에서 최고인 것을 가지고 있는 공성은 그러하지 않다." 온(蘊) 등은 따라서 변계소집[성]이다. 그리고 만약 어떤 이가 모든 의존적인 현상들을 그들의 자성의 관점에서 분석한다면 [그것들은] 완전히 자성이 비어 있다(즉, 자공)는 것을 알게 된다. 예를 들어, 이는 바나나 나무와 같이 본질이 없는 것이다. 원성실[성], 즉 모든 측면의 최고인 것을 가지고 있는 공성은 이러한 보통의 방식으로 분석될 수 없다. 얼마만큼 그것을 분석하던지 간에 그것은 자성이 비게 되질 않는다. 왜냐하면 그것은 최고의 지혜 외에 다른 어떤 것이 [결코] 아니기 때문이다. 이것이 가르쳐진 바이다.[62]

---

62 Mi bskyod rdo rje: Sher phyin mngon rtogs rgyan kyi bstan bcos rgyas 'grel, 173a$_6$-b$_5$: | yum gyi mdor yang yongs grub kyi chos nyid stong nyid du gsungs pa shin tu yang bden pa 'thad de | de ltar gyi tshe de rang stong du gsungs kyi | gzhan stong du ma gsungs so zhe na | de ni ma yin te | mdor | sems ni sems ma mchis pa ste | sems kyi rang bzhin ni 'od gsal ba'o ‖ zhes bstan pas | glo bur ba'i sems rang stong yin pas ma mchis pa dang | rang bzhin 'od gsal gzhan stong yin pas 'od gsal ba'o zhes mi stong par bstan pa dang | rje btsun gyis | bla med chos kyis stong ma yin ‖ ces chos nyid bla na med pa gang yin pa'i chos de rang gi ngo bo mi stong par gsungs la | don de gsal bar | 'phags pa 'jam pa'i dpal gyis | phung po rnam dpyad stong pa nyid ‖ chu shing bzhin du snying po med ‖ rnam pa kun gyi mchog ldan pa'i ‖ stong nyid de ltar 'gyur ma yin ‖ ces phung po sogs kun btags pa dang | gzhan dbang gi chos thams cad rang gi ngo bo la rnam par dpyad pa na | rang gi ngo bo stong pa nyid de | dper na chu shing snying po med pa bzhin yin la | yongs grub rnam pa kun gyi mchog dang ldan pa'i stong nyid de ni spyir dpyad mi nus pa dang | ji ltar dpyad kyang rang gi ngo bos stong pa de ltar 'gyur ba ma yin te | de lta bu'i ye shes mchog de nyid las gzhan du mi 'gyur ba'i phyir zhes gsung ngo |

여기서 타공이 가르쳐지고 있는 방식은 랑중도르제의 여래장에 대한 설명과 많은 유사점을 지닌다 (다시 말하지만 랑중도르제 자신은 타공(gzhan stong)이라는 용어를 사용하지 않는다). Mathes 2004와 2008에서 필자는 이미 랑중도르제와 조낭빠의 입장 간의 차이를 전반적으로 해설해놓았다. 여기서 더 추가되어야 할 점은 바로 까귀의 타공이해가 후자의 것보다 샤꺄촉덴(1428-1507)의 타공을 더 닮았다는 것이다. 원성실성은 그것의 불변하는 측면에 한정되어 있지 않았고 어디에서도 그것이, 예를 들어 될뽀빠(Dol po pa)의 수제자인 싸상마띠빤첸(Sa bzang Ma ti paṇ chen)이 말한 것처럼 시간을 초월한다고 말해진 적이 없었다. 랑중도르제와 미꾀도르제(그의 고유한 타공 소개에서)는 부정의 기반이 되는 것, 즉 미꾀도르제에게 타공인 것을 영구적인 개체(rtag dngos)라 기술하지 않는다. 그러나 미꾀도르제가 그의『입중관론』주석에서 조낭빠 논사들의 입장을 기술하고 비판할 때에는 바로 이 논란의 여지가 있는 성질을 사용한다.

> 조낭빠의 논사들은 속제는 [이 단계의 모든 것]이 각각의 자성을 결여하고 있기 때문에 자공이고 최고의[63] 지혜(shes pa), [즉,] 여래장으로 [알려진] 영구적인 개체는 진제의 차원에서 그것의 자성을 결여하고 있지 않기에 그것과는 다른 상대적인 현상들을 결여하고 있다는 의미에서 타공이라 [설명]한다. 타공을 주장하는 중관논사(Mādhyamika)들은 위대한 중관(Great Madhyamaka)에

63 gzhan mchog의 번역어이다.

속하는 것으로 여겨지는 반면 자공을 주장하는 이들은 유해하다고 여겨진다. 이와 같은 설명은 승자(勝者, Jina)의 반야경들에 대한 비난이다.[64]

이와 관련하여 미꾀도르제가 『꾸쓺오뙤』에서 다르마끼르띠의 이제설(따라서 그의 개별자(particulars)에 대한 경량부-유가행파적 존재론)을 문제시 삼는다는 점을 주목해야 한다.

나는 위대한 논사이신 짠드라끼르띠와 그가 세상에 설파하신 바를 흠모한다는 것을 밝힌다. 어떻게 [이를] 설명할 것인가? 알려져야 할 현상의 경우, 그것이 세상에 받아들여지고 있는 방식과 일치할 경우, 이제(二諦)를 벗어나지 않는다. 왜냐하면 현상의 경우 그것이 참이거나 거짓일 경우 이외의 가능성이 없기 때문이다. 더 나아가 정각자 붓다로부터 용수에 이를 때까지, 즉 대부분의 사람들이 성숙한 존재였을 때, 그들은 이제를 설하면 이제의 본질에 대해 이해하였다. 요즘 사람들은 신심과 통찰력 그리고 정진의 능력을 결여하고 있다. 심지어 다르마끼르띠와 같은

64 Mi bskyod rdo rje: dBu ma la 'jug pa'i kar ṭīka, $634_{16\text{-}20}$: yang jo nang pa ni kun rdzob bden par rang rang ngo bos stong pas rang stong dang | don dam bden par rang rang ngo bos mi stong pa'i gzhan mchog gi shes pa bder gshegs snying po rtag dngos de kun rdzob pa'i chos gzhan gyis stong pa gzhan stong du bshad nas | gzhan stong smra ba'i dbu ma pa ni dbu pa chen po dang | rang stong smra ba'i dbu ma pa ni dbu ma'i bstan pa dug can du byed pa'o zhes zer ro || 'di ltar 'chad pa ni rgyal ba'i yum don la skur pa btab pa yin te |

위대한 지성의 논사들마저도 이제의 본질에 대해 명확하게 이해하지 못하였으니 다른 무지한 사람들의 경우는 말해 무엇 하리오?[65]

그의 『입중관론』 주석에서도 그러하듯, '비존재'로서의 변계소집성과 '존재'로서의 의타기성이 더 이상 전제되지 않지 않는 한 위의 인용문에서 미꾀도르제는 유가행파 기반의 타공을 배제하고 있다.[66] 따라나타(Tāranātha, 1575-1636)가 그의 저작 『섄똥닝뽀』(gZhan stong snying po)에서, 비록 속제 차원에서의 변계소집과 의타기성에 대한 유가행파의 구분을 확립한 다음이기는 하지만, 이러한 전략을 따른다는 점이 흥미롭다.[67] 이것이 위에서 인용한 『꾸쑴오뙤』 구절과 『섄똥닝뽀』 간의 차이인 것이다.

그러나 미꾀도르제와 조낭빠 논사들 간의 가장 확연한 차이는 결국 미꾀도르제가 진속이제를 무시의 시간으로부터 분리불가능한 일

65 Sku gsum ngo sprod, vol.1, $68_{10\text{-}19}$: kho bos ni slob dpon chen po zla ba grags pas 'jig rten gyi ngor rjes brjod mdzad pa de la lad mo ltar 'don pa yin no | de ji ltar 'dod na shes bar bya rgyu'i chos la 'jig rten grags pa dang bstun na bden pa gnyis las med de | chos la bden rdzun gnyis las mi srid pa'i phyir | de yang yang dag par rdzogs pa'i sangs rgyas nas slob dpon klu sgrub yan cad du gang zag smin pa shas che ba'i dus su skal ldan rnams la bden pa gnyis byas pa tsam gyis bden gnyis kyi tshul khong du chub skad | deng sang gang zag dad pa dang shes rab dang brtson 'grus kyi dbang po nyams pas bden gnis kyi tshul la slob dpon rtog ge pa chen po chos kyi grags pa lta bu'ang blo gros rmongs na rmongs pa gzhan rnams lta ci smos te | 이 구절을 필자에게 알려준 Martina Draszczyk 박사께 감사드린다.

66 마치 짠드라끼르띠가 그의 『입중관론』 VI.97에 대한 자주(自註)에서 그러한 것처럼 말이다.

67 Mathes 2000: 219-20을 볼 것.

체(zung 'jug)로 여긴다는 점이다. 이는 미꾀도르제의 『공찍』 주석의 다음과 같은 구절에 매우 분명하게 드러나 있다.

> 속제(dharmin)와 진제(dharmatā)는 불가분의 짝으로 결합되어 있다. 애초에 (실제를 보는 통찰력으로 그들이 실현되지 않았을 때) 그 둘은 별개였다가 이 후에 (그 통찰력으로 그들이 실현되었을 때) 그 둘이 섞여서 하나의 짝으로 결합되는 것이 아니다. 오히려 그들은 무시의 시간으로부터 불가분의 관계였다. 이는 다음의 이유 때문이다. [이제를] 개별적인 것으로 파악하는 미혹된 마음의 장애가 깨끗이 치워지고 별개의 것으로 [드러나는 것이] 불이(不二)의 관계로 깨달아지고 나면 [그들의] 결합이 바로 이 [깨달음] 속에서 실현된다는 것이 확립된다.[68]

3. 결론

필자가 결론으로 제시하고자 하는 것은 젊은 시절의 미꾀도르제가

---

68 Mi bskyod rdo rje: dGongs gcig chos 'khor dang rten 'brel gyi tshoms kyi kar ṭī ka, $312_{17\text{-}22}$: chos can kun rdzob bden pa dang chos nyid don dam bden pa dbyer mi phyed pa'i zung du 'jug te sngar de nyid mthong ba'i shes rab kyis mngon du ma byas pa'i tshe so sor yod la phyis des de mngon du byas pa na de gnyis 'dres nas zung 'jug tu gyur pa ni ma yin te | gdod nas zung du 'jug pa dbyer med pa gnas pa de la so so bar 'dzin pa'i blo 'khrul pas bsgribs pa'i sgrib pa sangs shing so so ba gnyis su med par rtogs pa na der zung 'jug mngon du byas so zhes rnam par bzhag pa'i phyir te |

그의 타공에 대한 스승인 최둡쎙게(Chos grub seng ge)의 영향을 받았을지는 모르지만 위에서 살펴본 바와 같이 그가 『현관장엄론』 주석에서 보여주는 타공이해는 조낭빠 논사들보다 랑중도르제의 여래장관을 더 닮아 있다는 것이다. 랑중도르제가 법성이라는 붓다의 속성을 자성이 비어 있지 않음으로 파악하지 않는다는 사실을 제외하면 말이다. 이 두 까르마빠들에게 있어 유정들이란 본성적으로 청정한 여래장을 실제로 소유하고 있지 않은 것이다. 이러한 생각은 오염된 마음 혹은 (『보성론』의 용어를 빌리자면) 객진번뇌와 청정한 마음(즉, 여래장) 사이에 명확한 경계를 긋는 『섭대승론』 I.45-48로 소급될 수 있다. 유정이 아니라 후자, 즉 청정한 마음만이 붓다의 속성들을 가지고 있는 것이다. 이러한 입장이 『꾸쑴오뙤』에서도 확인된다. 그곳에서 미꾀도르제는 유정들 안에서의 붓다의 활동을 보이기 위해 물에 부어진 우유의 비유를 사용하였다. 똑같은 (청정한 마음은 우유 그리고 유정은 물에 빗대는) 비유가 『섭대승론』에도 발견된다.

『입중관론』에 대한 주석에서 미꾀도르제는 타공에 대해 비판적이 된다. 그리고 『꾸쑴오뙤』에서도 미꾀도르제는 세상에 확립되어 있는 것을 단순히 속제적인 차원에서만 인정하는 짠드라끼르띠의 중관적인 접근을 (다르마끼르띠의 유가행파적 존재론을 희생하면서) 분명하게 옹호하기 때문에, 그가 짠드라끼르띠의 중관논서를 주석할 때에만 그러한 입장을 취한다고 볼 수 없다. 이는 여전히 『착갸첸뾔되붐』에 나타난 법성조차 자성이 없다고 여겨지는 '타공'이해를 허용한다. 이와 같은 온건한 타공의 입장은 미꾀도르제의 진속이제(따라서 여래장과 객진번뇌)가 불가분으로 결합되어 있다(zung 'jug)는 최종적인 중관적 입장에 잘 들어맞는다. 이 결합은 객진번뇌의 오염된 속제는 포함하는 것이 아니며 오로지 '순수한 속제'라는 제한된 속제에만 한정된 것이기 때문이다. 또한, 여래장과 객진번뇌 사이의 애초의 타공적 차이는 입문자들을 위한 어쩔 수 없는 예비적 성격의 것이었고 미꾀도르제의 최종적인 중관적 존재론 속에서는 더 이상 작동하지 않는 것이라고 할 수 있다.

참고문헌

1차 문헌

A. 인도 문헌

MAVṬ: Madhyāntavibhāgaṭīkā
Ed. by S. Yamaguchi. Nagoya: Librairie Hajinkaku, 1934.
See also NGMPP reel no. A 38/10.

RGV: RatnagotravibhāgaMahāyānottaratantraśāstra
Ed. by Edward H. Johnston. Patna: The Bihar Research Society, 1950. (Includes the Ratnagotravibhāgavyākhyā)

RGVV: Ratnagotravibhāgavyākhyā
______: See RGV.
[The manuscripts A and B on which Johnston's edition is based are described in Johnston 1950: vi-vii. See also Bandurski et al. 1994: 12-3.]
For an edition of the Tibetan translations of the Tanjur see Nakamura, Zuiho 1967.

B. 티벳 문헌

Karma pa VIII Mi bskyod rdo rje

_____ Sher phyin mngon rtogs rgyan gyi bstan bcos rgyas 'grel zhes by aba bzhugs so. A reproduction of the dPal spungs (?) block prints by Zhwa dmar Chos kyi blo gros. Rumtek Monastery: no date.

_____ Phyag rgya chen po'i sgros 'bum. Ed. By sKyo brag dpa' brtan. In: Nges don phyag rgya chen po'i bang mdzod. sKyo brag bshad grwa legs bshad chos gling: Thos pa dga' rtsom sgrig khang, no year

_____ 1990 "dBu ma gzhan stong smra ba'i srol 'byed."dBu ma gzhan stong skor bstan bcos phyogs bsdus deb dang po, 13-48. Rumtek: Karma Shri Nalanda Institute.

_____ 1996 dBu ma la 'jug pa'i kar ṭī ka | dwags brgyud grub pa'i shing rta. Seattle: Nitartha International Publications.

_____ 2003 rTan po'i rlung sman: "rJe yid bzang rtse ba'i rgyud gsum gsang ba dang paṇ chen shākya mchog ldan gyi bde mchog rnam bshad gnyis kyi mthar thug gi 'bras bu gzhi dus kyi gnas lugs | lam dus kyi rnal 'byor rnams la dpyad pa bdud rtsi'i dri mchog zhes bya ba bzhugs so." dPal rgyal ba karma pa sku phreng brgyad pa mi bskyod rdo rje'i gsung 'bum, vol. ba, 975-1024. Lhasa: dPal brtsegs bod yig dpe rnying zhib 'jug khang.

_____ 2012 dGongs gcig chos 'khor dang rten 'brel gyi tshoms kyi kar ṭī ka.Glegs bam bzhi pa. Kathmandu: Karma Lekshay Ling Institute.

_____ 2012 dGongs gcig sor byang sngags kyi tshoms kyi kar ṭī ka. Glegs bam gsum pa. Kathmandu: Karma Lekshay Ling Institute.

_____ 2013 sKu gsum ngo sprod: sKu gsum ngo sprod kyi rnam par bshad pa mdo rgyud bstan pa mtha' dag gi e vaṃ phyag rgya. 3 vols. Sarnath: Vajra Vidya.

Karma 'Phrin las pa 1975. "Dris lan yid kyi mun sel zhes bya ba lcags mo'i dris lan bzhugs." The Songs of Esoteric Practice (mGur) and Replies to Doctrinal Questions (Dris lan) of Karma 'Phrin las pa, 88-92. Reproduced from prints of the 1539 Rin chen ri bo blocks. New Delhi: Ngawang Topgay.

Kong sprul Blo gros mtha' yas 1982. *Shes bya kun khyab mdzod*. 3 vols. Beijing: Mi rigs dpe skrun khang, 1982.

'Gos Lo tsā ba gZhon nu dpal 2003. DRSM: *Theg pa chen po rgyud bla ma'i bstan bcos kyi 'grel bshad de kho na nyid rab tu gsal ba'i me long*. Ed. by Klaus-Dieter Mathes (Nepal Research Centre Publications 24). Stuttgart: Franz Steiner Verlag.

rNgog Blo ldan shes rab

Theg pa chen po rgyud bla'i don bsdus pa rngog lo chen pos mdzad pa bzhugs so. NGMPP reel no. L 519/4, 66 fols.

Sa bzang Mati paṇ chen 'Jam dbyangs Blo gros rgyal mtshan 1999. "Nges don rab gsal": "Theg pa chen po'i rgyud bla ma'i bstan bcos kyi rnam par bshad pa nges don rab gsal snang ba." Sa skya pa'i mkhas pa rnams kyi gsung skor, vol. 4, 1-520. Kathmandu: Sa skya rgyal yongs gsung rab slob gnyer khang.

2차 자료

Bandurski, Frank et al. 1994. *Untersuchungen zur buddhistischen Literatur*. By Frank Bandurski, Bikkhu Pâsâdika, Michael Schmidt and Bangwei Wang. (*Sanskrit-Wörterbuch der buddhistischen Texte aus den Turfan-Funden. Beiheft 5*). Göttingen: Vandenhoeck & Ruprecht in Göttingen.

Kano, Kazuo. 2003. "Hōshōronchū kenkyū (1) – "Phyva pa niyoru hōshōron I.26 kaishaku – (Study of Commen-taries of the Ratnagotravibhāga(1) – Phyva pa's Interpretation of the Verse I.26 –)." *Indogaku Bukkyōgaku Kenkyū* 51 (2), 109-11.

Forthcoming: *Buddha-nature and Emptiness: rNgog Blo-ldan-shes-rab and the Transmission of the Ratnagotravibhāga from India to Tibet*. To be published in WSTB.

Mathes, Klaus-Dieter. 2000. "Tāranātha's Presentation of *trisvabhāva* in the *gŹan stoṅ sñiṅ po*." In: *Journal of the International Association of Buddhist Studies*, vol. 23, no. 2, 195-223.

________________. 2004. "Tāranātha's "Twenty-One Differences with regard to the Profound Meaning"- Comparing the Views of the Two gŹan stoṅ Masters Dol po pa and Śākya mchog ldan." *Journal of the International Association of Buddhist Studies*27 (2), 285-328.

________________. 2005. "'Gos Lo tsā ba gZhon nu dpal's Commentary on the Dharmatā Chapter of the Dharmadharmatāvibhāgakārikās." *Studies in Indian Philosophy and Buddhism*, University of Tokyo12, 3-39.

________________. 2008. *A Direct Path to the Buddha Within*: *Gö Lotsāwa's Mahāmudrā Interpretation of the Ratnagotravibhāga*(*Studies in Indian and Tibetan Buddhism*). Boston: Wisdom Publications.

Rheingans, Jim. 2008. "The Eighth Karmapa's Life and his Interpretation of the Great Seal." Unpublished PhD diss., Bristol: University of the West of England.

Schmithausen, Lambert. 1971. "Philologische Bemerkungen zum Ratnagotravibhāga." Wiener Zeitschrift für die Kunde Südasiens15, 123-77.

Seyfort Ruegg, David. 1969. *La Théorie du Tathāgatagarbha et du Gotra: Études sur la Sotériologie et la Gnoséo-logie du Bouddhisme*(*Publi-cations de l'École française d'Extrême- Orient 70*). Paris: École française d'Extrême-Orient.

________________. 1973 *Le Traité du Tathāgatagarbha de Bu ston rin chen grub(Publications de l'École française d'Extrême-Orient 88)*. Paris : École française d'Extrême-Orient.

Stearns, Cyrus. 1999. *The Buddha from Dolpo: A Study of the Life and Thought of the Tibetan Master Dolpopa Sherab Gyaltsen*(SUNY series in Buddhist Studies). Albany, N.Y.: SUNY.

Takasaki, Jikido. 1966. A Study on the Ratnagotravibhāga (Uttaratantra) Being a Treatise on the Tathāgata-garbha Theory of Mahā-yāna Buddhism(Rome Oriental Series 33). Rome: Istituto Italiano per il Medio ed Estremo Oriente.

티벳에서 여래장(如來藏)의 토대들

티벳에서 여래장(如來藏)의 토대들

더글라스 덕워스(Douglas Duckworth)
템플대학

1. 서론

본고는 티벳에서 구축되었던 중관(中觀)과 유식(唯識) 그리고 여래장(如來藏, tathāgatagarbha) 사상의 종합에 대해 논하고자 한다. 여래장은 유가행파(Yogācāra)의 근본식(根本識, ālayavijñāna) 그리고 중관학파(Madhyamaka)의 일체공(一切空, śūnyatā)과 더불어 나란한 위상을 차지하고 있는 대승불교의 독특한 개념이다. 참된 실제의 근본적 토대로서의 여래장은 '공(空)의 긍정적 측면'(중관학파)으로 규정되기도 하고, '근본식과 융합되어 있는 것'(유가행파)으로 이해되기도 한다. 또한 마음의 본질적 청정함으로서의 여래장은 완전한 깨달음을 위한 잠재성으로 인과적 역할을 수행하기도 한다.

여래장은 긍정적 관점의 중관학파 공 해석이라는 형태가 되는데, 이는 어떤 면에서 마음과 실제의 긍정적 토대로 여래장을 이해하는 유가행파의 해석에서의 그 개념적 위치와 유사하다. 여래장 개념은 일반적으로 왜곡된 고통의 의식 구조로만 단순하게 기능하는 유가행파 의식 이론에 대해 어떤 긍정적 대안을 제공함으로써 유가행파의 마음과 참된 실제에 관한 이론을 보완하고 있다. 이처럼 여래장은 깨달음을 얻은 마음을 위한 잠재성 내지 가능성일 뿐만 아니라 깨달음의 내용이기도 하다.

2. 공성에서 여래장으로 : '토대 없음'이라는 '토대'

중관학파의 일체공(一切空) 개념은 모든 것에, 심지어 붓다에도 본성이 없다는 주장을 제기한다. 단적으로 말해서, 공성은 모든 것에 대한 철저한 부정이다. 이러한 공성의 '토대 없음'과 대조적으로 여래장론은 다음과 같은 정반대의 내용, "공성에 대해 긍정적으로 대응하는 존재의 '토대 없는 기반' 혹은 '토대 없는 토대'라는 내용을 담고 있는 것으로 보인다. 모든 존재의 초월적 본성인 '공성'과 이 세계에 내재하는 붓다의 본성인 '여래장' 사이의 관계는 티벳에서 논의되는 불교사상의 근본적 중추가 된다.

나가르주나(Nāgārjuna)에 대한 인도의 유명한 주석자 짠드라끼르띠(Candrakīrti)는 공성과 여래장 사이의 관계에 대한 해석을 제시하면서 『능가경』(楞伽經, Laṅkāvatārasūtra)의 한 대목을 인용한다. 이 대목에서 붓다의 대론자인 마하마띠(Mahāmati)는 붓다에게 '여래장이 자아(自我)와 어떻게 다른지'를 묻고 있다. 주로 비-불교도들이 제기해왔던 이 질문에 대해 붓다는 다음과 같이 답변한다.

"마하마띠여, 내가 가르치는 여래장은 불교도가 아닌 자들이 주장하는 자아(自我)는 동일하지 않다. 마하마띠여, 여래(如來)들, 아라한들 그리고 완전한 깨달음을 얻은 붓다들은 다음과 같은 개념들의 의미로 여래장을 가르친다. 공(空), 참된 실제의 끝[實際], 열반(涅槃), 불생, 무원(無願) 등이 그것이다. 그들은 자아가 없음을 두려워하는 어리석은 범부들을 위해 여래장을 가지고 가르친다.[1]"

여기서 여래장은 공성을 의미하는 것이며, 무아의 가르침을 두려워하는 자들을 위해 가르치는 것이라고 설명되고 있다. 나가르주나에 대한 또 한 명의 유명한 주석자 바비베까(Bhāviveka, 약 6C)도 "'여래장을 가지고 있음'이라고 말하는 이유는 공성, 무상성(無相性) 그리고 무원(無願) 등등이 모든 유정(有情)들의 연속체 안에 존재하고 있기 때문"[2]이라고 주장한 바 있다. 이러한 중관학파의 관점들은 티벳 겔룩(Geluk) 전통의 학자 갤찹제(Gyeltsapje, 1364-1432)에게 영향을 끼쳤으며, 그는 '여래장의 진실한 의미는 공성'이라고 말한 바 있다.[3] 이 관점은 또 다른 겔룩 전통의 학자이자 쫑카빠(Tsongkhapa, 1357-1419)의 직제자였던 케둡제(Khedrupje, 1385-1438)에 의해서도 반복되었다.[4] 겔룩 전통의 선구자인 쫑카빠는 여래장에 관해 이러한 방식으로 명확

---

1 Candrakīrti, Auto-commentary on the Madhyamakāvatāra, 196; 그리고 다음의 영어번역을 참조. Suzuki, 68-9.

2 Bhāviveka, Tarkajvāla, D.3856, 169a.

3 Gyel tsap jé, Commentary on the Uttaratantra, 75a-78b.

4 Khe drup jé, Opening the Eyes of the Fortunate, 396.

하게 기술하지는 않았다. 그러나 그의 제자들의 말에 비추어볼 때, 여래장에 대한 이 학파의 정통적 해석은 '여래장이란 공성의 그 비어 있는 자리를 표시하는 개념'이었으며, 이는 마음과 실제의 내재적 본성의 결여를 표현하기 위한 또 다른 방식이었다.

그러나 티벳에서 여래장이라는 개념이 자성(自性)의 결여를 표현하는 방식으로만 해석되는 것은 아니다. 공성(그리고 여래장)이 서로 다른 두 가지 방식으로 설명된다는 점에서, 여래장이 공성의 어느 한 측면(=긍정적인 측면)을 의미하는 것으로 이해되기도 한다. 여래장의 두 가지 의미는 공(空) 즉 '비어 있음'의 두 가지 방식에 견주어 다음과 같이 구분할 수 있다. 1) 어떤 내적인 것의 비어 있음 2) 어떤 외적인 것의 비어 있음.

비어 있음의 두 가지 방식 사이의 구분에 관한 핵심적인 전거는 중관학파(정확히는 Prāsaṅgika-Madhyamaka)와 관련된 또 하나의 텍스트 『보성론』(寶性論, Ratnagotravibhāga)의 한 게송이다. 이 게송은 '근본요소'(khams, dhātu)로서의 여래장이 '여래장이 아닌 것을 결여하고 있음'이라는 의미에서 공이지만, '여래장을 구성하는 긍정적 속성들'이 공한 것은 아님을 보여주기 위해 종종 사용된다.

> "이 근본요소는 가분적 속성을 가진 우연한 [현상을] 결여하고 있다.
> 그러나 또한 그것이 불가분적 속성을 가진 가장 뛰어난 특성들을 결여하고 있는 것은 아니다."[5]

---

5 Maitreya, Ratnagotravibhāga I.155; 다음을 또한 참조. Takasaki, *A Study on the*

'근본요소'로서의 여래장이란 단순하게 '내적인 존재의 결여'인 것만이 아니며, 염오들이 제거되었을 때 '남겨진 것'이기도 하다. 이러한 해석은 나가르주나의 『찬법계송』(讚法界頌, Dharmadhātustotra)에서도 발견된다.

> "공을 설명하는 모든 경전들은,
> 세존(世尊)께서 가르치셨던 바,
> 모두 고통들을 막기 위해 설해진 것이며,
> 근본요소를 폄하하려는 것이 아니다."[6]

즉, 공성이란 그릇된 왜곡(즉 고통)의 영속화를 허물려는 것이지, 참된 것(즉 여래장)을 허물려는 것이 아니다.

이 점을 분명히 설명하자면, 마치 물이 염소(CI=chlorine)의 속성을 결여할 수는 있으나 H_2O라는 속성을 결여할 수는 없듯이, 공성의 두 가지 유형도 이와 같은 방식으로 구별해볼 수 있다. 다시 말해, 어떤 것을 공하다고 할 때, '그 자신의 (내적인) 비어 있음'을 제외한 '어떤 다른 것들의 (외적인) 비어 있음'이 될 수 있다는 것이다. 특히 궁극적 진리[眞諦]와 관련하여, 티벳에서 이러한 두 가지 공성의 유형은 각각 '타공'(他空, gzhan stong)과 '자공'(自空, rang stong)이라는 개념으로 알려져 있다. 티벳 전통의 중관학파에서 여래장은 타공과 자공이라는 두

Ratnagotravibhāga, 301.

6 Nāgārjuna, Dharmadhātustotra v. 22.

종류의 공성 모두와 관련되거나 때때로 어느 한쪽과 관련되는 개념인 반면, '존재의 긍정적 토대로서의 여래장'의 경우는 오직 전자 즉 '타공'으로만 특별하게 규정되고 있다. '타공'은 될뽀빠(Dölpopa, 1292-1361)가 가장 강력하게 주장했던 개념인데, 그는 여래장을 모든 현상의 토대로서 다음과 같이 기술하고 있다. "실제(chos nyid) 등과 같은 많은 동의어를 가진 '있는 그대로의 것' 즉 여래장은 모든 현상의 토대이다."[7] 이와 같은 방식으로, 중관학파에 대한 티벳의 해석들에서 '긍정적 기반으로서의 여래장'은 공(空) 개념을 보완하고 있다.

3. 유가행파에서 여래장으로 : 기반의 전환

중관학파가 여래장 담론들의 통합과 관련된 유일한 대승불교 전통이라고 할 수는 없다. 여래장 개념은 유가행파 전통으로도 들어오기 때문이다. 티벳에서 중관학파의 공 개념이 긍정적인 의미로 전환되며 여래장과 연관되는 방식과 유사하게, 유가행파 해석에 있어서도 여래장은 비슷한 역할을 가지고 있다. 비록 티벳에서 독자적 학파로서의 유가행파는 일반적으로 중관학파보다 낮은 단계인 '유심론'(唯心論)으로 규정되고 있지만, 유가행파로부터 영향을 받은 이론과 수행은 여래장론과 더불어 티벳의 밀교 전통들에서 필수적 역할을 수행한다.

특히, 여래장론과 융화되는 과정에서 변형된 세 가지 특징적인 유

7 Döl po pa, *Ocean of Definitive Meaning*, 166.

가행파의 개념들이 그들이 가진 독특한 긍정적 역할들과 함께 두드러진다. 앞으로 우리가 차례대로 검토하게 될 주제인 이 세 가지 개념들이란 1) 근본식(根本識, ālayavijñāna), 2) 의타기성(依他起性, paratantra), 3) 자기인식(svasaṃvedana)을 가리킨다. 이 세 가지 개념들은 모두 세계의 인과적 구조에 대한 유가행파의 설명과 관련하여 중심적 역할을 하고 있으며, (겔룩 전통이 아닌) 티벳의 불교전통들에서 공성과 관련하여 우리가 볼 수 있는 것과 같은 '긍정적 전환'이라는 유사한 숙명을 공유하고 있다. 이러한 유가행파 범주들의 전복은 존재들의 본성과 인과성에 대한 설명, 이 두 가지 모두를 다시 서술하는 것으로 특징지어진다.

우리는 여래장론과의 융화가 어떻게 공성의 긍정적 측면을 부각시켰는지를 중관학파적 해석들의 사례를 통해 살펴보았다. 여래장으로 볼 수 있는 이러한 핵심적 유가행파 개념들의 인과론 설명에 있어서도, 중관학파의 사례와 유사한 전환이 유가행파와 결합되고 있다. 즉, 우리는 긍정적인 관점으로 서술된 변화에 대한 설명들을 유가행파에서 발견할 수 있다는 것이다. 여기서 긍정적 관점으로 서술된 변화란 유가행파의 근본식, 의타기성, 자기인식 등의 주제들을 관통하는 '영지(靈知)적 토대'를 의미하며, 이는 우리가 중관학파의 사례에서 '존재의 긍정적 토대로서의 여래장'을 '타공'으로 규정했던 것과 유사하다.

우선, 근본식(ālayavijñāna)에 대해 검토해보자. 근본식은 윤회(saṃsāra) 속에서의 삶을 영속시키는 고유한 패턴들의 연속성 및 인과적 과정들을 설명하기 위해 유가행파 텍스트들에서 논의되는 개념이다. 자기인식(svasaṃvedana)과 마찬가지로, 근본식은 그 명목상 '의식'(vijñāna)

이며, 그래서 그것은 단순히 지각의 주관적 측면으로만 잘못 규정되기 쉽다. 그러나 근본식은 마음의 주관적 표상들의 원천일 뿐만 아니라, 신체와 우리를 둘러싼 세계를 비롯한 물리적 물질들에 대한 객관적 표상의 원천이기도 하다. 『능가경』에는 다음과 같은 구절이 있다. “마하마띠여, 근본식은 신체의 모습들과 공간, 그리고 마음에 현현하는 물질적 대상들(longs spyod)을 동시에 드러낸다.”[8] 또한 아상가(Asaṅga)는 그의 저서 『섭대승론』(攝大乘論, Mahāyānasaṃgraha)에서 다음과 같이 말한다. “근본식의 본성은 모든 잠재성들을 포함한 결과로서의 의식[果報識]이다. 그것은 삼계의 모든 몸 그리고 모든 존재들을 구성한다.”[9] 이처럼 근본식은 내적인 것일 뿐만이 아니며, 정신적인 것만도 아니다. 그것은 ‘주관들 및 객관들이 갖는 속성의 원천이자 그것의 내용’인 인과적 과정이다. 일종의 절대적 관념론의 측면에서, 이 근본식은 세계의 구조라고 할 수 있다. 그러나 여래장이 없다면, 그 세계는 그저 왜곡된 세계의 구조일 뿐이다.

근본식과 마찬가지로, 의타기성(paratantra)이란 ‘의존적 발생’ 즉 연기(緣起)에 의해 구성되는 것을 의미하며, 유가행파에서 세계를 설명할 때 사용하는 또 하나의 범주이다. 의타기성은 ‘있는 그대로의 세

---

8 Laṅkavātārasūtra, D.0107, 77a. 다음을 또한 참조. Asaṅga, Mahāyānasaṃgraha I.21: “The nature of the basic consciousness is the resultant cognition with all potentialities; it comprises all bodies of the three realms and all existences.” *theg pa chen po'i bsdus pa*, D. 4048, 7a; Asaṅga, Yogācārabhūmi(rnal 'byor spyod pa'i sa rnam par gtan la dbab pa bsdu ba), D.4038, 7a; 다음의 영어 번역을 참조 Waldron, *The Buddhist Unconscious*, 185. See also, Mipam, *Gateway to Scholarship*, 21.

9 Asaṅga, Mahāyānasaṃgraha I.21; theg pa chen po'i bsdus pa, D. 4048, 7a.

계'의 표현 불가능한 기반이다. 상상된 것으로서의 허구적 세계는 변계소집성(遍計所執性, parikalpita)이며, '있는 그대로의 세계'에 대해 우리의 개념적 이해들이 갖는 모순이 '완전한 본성' 즉 '원성실성'(圓成實性, pariniṣpanna)이다.[10] 다시 말해, 의타기성에서 변계소집성의 결여가 곧 원성실성이라는 것이다. 의타기성은 또한 왜곡된 마음 및 근본식과 연관된다, 이와 관련하여 아상가는 『섭대승론』(Mahāyānasaṃgraha)에서 "의타기성의 특징은 무엇인가? 근본식의 잠재성과 관련된 비실제적 사유에 의해 구성된 의식"[11]이라고 말하고 있다. 이처럼 의타기성과 근본식은 구조적으로 유사한 기능들을 공유하는 관념들과 관련된다.

『해심밀경』(解深蜜經, Saṃdhinirmocanasūtra)에서는 의타기성을 설명하기 위한 비유로서 '색을 가지지 않은 투명한 수정[水晶]'을 들고 있다.[12] 마음이란 수정과 마찬가지로 무엇이든 그 주변에 있는 것들을 반영한다. 그것은 붉은 옷 위에 있을 때에는 (붉은) 루비가 되고, 푸른 옷 위에 있을 때에는 (푸른) 사파이어가 된다. 수정의 배경은 수정 자신의 현현을 위해 필수적이다. 이와 같은 방식으로, 마음과 현현한 세계는 서로 의존적으로 연관되어 있다. 그러나 이러한 설명에는 몇

---

10 See, for instance, Maitreya, Madhyāntavibhāga I.5; English trans. in D'Amato, *Maitreya's Distinguishing the Middle from the Extremes*, 120.

11 Asaṅga, Mahāyānasaṃgraha II.2; *theg pa chen po'i bsdus pa*, D. 4048, 13a.

12 이 예시는 『해심밀경』(Saṃdhinirmocanasūtra), chapter VI에서 볼 수 있다. 티벳 본과 영어번역은 다음을 참조. Powers, *Wisdom of Buddha*, 84-87. 수정의 비유는 다음의 텍스트들에서도 사용된다. Vācaspati-Miśra in his commentary on the *Yogasūtras*, and Śaṅkara on the *Vedānta Sūtra*(III.2.11); Bryant, *The Yoga Sūtras of Patañjali*, 520n54.

가지 의문이 남는다. 수정(혹은 마음)이란 색깔 없이 투명하게 빛나며 주변 배경 색의 반영으로부터 독립적인, 어떤 순수한 것으로 남아 있는가? 아니면 의식들은 수정과 마찬가지로 그들이 현상들의 세계 속에 포함되어 있을 때에 한해서만 존속하는 것인가? 그리고 만약 어떤 순수한 것으로 남아 있다면, 현상들이란 필연적으로 그저 왜곡된 습기들에 의해 발생한 허상일 뿐인가? 만약 그렇지 않다면, 영지(靈知)의 순수한 표현으로 나타나는 '순수한 현상'이란 과연 존재할 수 있는 것인가? 이러한 질문들과 관련한 서로 다른 여러 대답들은 유가행파의 서로 다른 해석들을 반영하고 있으며(ex: 유구(有垢)와 무구(無垢)에 관한 무상유식학파의 견해), 또한 유가행파 해석에 있어서 '딴뜨라적 전환'을 나타내고 있다. 즉 해탈에서 끝나게 될 그저 왜곡된 것으로 해석되는 '현상적 현현'로부터 영지(靈知) 혹은 여래장의 창조적인 원동력으로 해석되는 '현상적 현현'으로의 전환을 보여주고 있다는 의미이다.

변형된 인과적 기반에 관한 유사한 설명을 '자기인식'(svasaṃvedana)의 경우에서도 찾을 수 있다. 즉, 근본식과 의타기성의 역할들이 변화하는 것과 유사한 방식으로, 자기인식 또한 왜곡된 이원성과 순수한 단일성(혹은 비이원성) 사이에서 축이 되는 것으로 볼 수 있다. 자기인식 개념은 디그나가(Dignāga)에 의해 틀이 갖추어지고 다르마끼르띠(Dharmakīrti)와 그의 제자들에 의해 발전된 개념으로서, 티벳으로 전파되었던 유가행파의 논리학-인식론 전통의 중요한 특징 중 하나이다. 근본식과 의타기성의 경우와 마찬가지로, 자기인식은 세계를 드러내는 수단이자 드러난 세계의 내용인 '분명한 토대이면서도 규정하기 어려운 토대'로서 기능한다. 또한, 자기인식은 단순히 지각의 주관적 측면만은 아니며, 세계의 주관과 객관의 표상이 통합된 영역이기도 하다. 다르마끼르띠는 이 자기인식의 본질에 대해 다음과 같이 설명한 바 있다. "인식은 구분되지 않지만, 그 현현에 있어서는 두 가지로 나뉜다. 그렇다면 그 이원적 현현들은 인식적인 혼란임에 틀림없다."[13] 샨따락쉬따(Śāntarakṣita) 또한 자기인식에 대해 다음과 같은 방식으로 설명하고 있다. "부분을 가지지 않는 어떤 단일한 것, 그것은 세 가지(인식주체, 인식대상, 인식작용)로 나누어지지 않는다. 자기인식은 행위와 행위주체로 구성되지 않는다."[14] 이러한 이원성을 부정하는 자기인식에 관한 설명들은 주관적 관념론의 형태가 아니라 오히려 일종의 '절대적' 혹은 '객관적 관념론'[15]의 형태를 가지고 있다. 그럼에도, 자기인식의 주관-객관 구조, 즉 자기인식의 이원적 구조 또한 의타기성이나 근본식과 마찬가지로 '왜곡된 구조에 기초한 절대적 관념론'이라 할 수 있다. 왜냐하면 자기인식은 시작점도 없는 때로부터[無始以來] 계속되어온 왜곡하는 습관적 패턴의 산물로서 이원적으로 나타나기 때문이다.

여래장은 이러한 각각의 유가행파 개념들의 기반에서 까르마(karma)의 인과적 주체를 영지(靈知)로 대체함으로써 인과론을 전복시킨다. 우리는 티벳불교에서 이러한 유가행파의 근본적인 개념들 각각을 여래

---

13 Dharmakīrti, Pramāṇavārttika 3.212, 그리고 이에 대한 다음의 번역을 참조. Dunne, *Foundations of Dharmakīrti's Philosophy*, 406.

14 Śāntarakṣita, Madhyamakālaṃkāra, v. 17.

15 주관적 관념론과 절대적 관념론의 차이에 대해서는 다음을 참조. Fredrick Beiser, *German Idealism*, 370-72.

장이 보완하는 방식을 분명하게 볼 수 있다. 첫째로, 근본식과 관련하여 그것은 이미 대승 경전들에서 여래장과 동일한 것으로 이해되었던 바 있다. 예컨대 『화엄경』 「입법계품」(入法界品, Gaṇḍavyūhasūtra)의 경우, 근본식의 측면에서 여래장을 다음과 같이 서술하고 있다. (여기서는 '근본식' 대신에 '보편적 토대'로 번역한다.)

> "다양한 토대들은 보편적 토대(kun gzhi, ālaya)이며,
> 그것은 또한 여래장이다.
> 모든 붓다들은 이 [여래]장을
> '보편적 토대' 개념과 함께 가르쳤다."[16]

8세기의 티벳에서, 예셰 데(Yeshe De)는 다음과 같은 구절을 통해 여래장의 이러한 지속성을 확정했다. "여래장이 분명하게 드러나지 않았을 때, 그것은 '보편적 토대'라고 불린다. 그것이 분명하게 드러났을 때, '진리의 몸'(chos sku, dharmakāya) [즉 법신(法身)]이라 불린다."[17] 14세기 될뽀빠(Dölpopa)는 더 나아가 근본식(Tib. kun gzhi rnam shes, ālaya-vijñāna)과 근본 영지(kun gzhi ye shes, *ālaya-jñāna) 사이의 구분, 즉 '왜곡된 그리고 일상의 의식'과 '순수한 영지인 여래장' 사이의 차이를 제시했다.[18] 14세기 후반에 롱첸빠(Long chen pa, 1308-1364) 또한 여래장을 궁극적인 보편적 토대(don gyi kun gzhi),[19] 그리고 영지(靈知)와

---

16 Gaṇḍavyūhasūtra, p.778, vol. 29, 152.2.1.

17 Yeshe De, *Distinctions of View*, D. 4360, 218b.

18 Dölpopa, *The Great Assessment of the Doctrine*, 13.

동일한 것으로 보고 있다.[20]

여래장론과 관련하여, 왜곡과 영지 사이의 관계는 여기서 쟁점이 된다. 롱첸빠(Long chen pa)는 영지와 관련하여 '영지란 단지 드러난 원초적 토대일 뿐'이라고 주장했다. 그리고 그는 이러한 그의 입장을 '실제적 변화의 산물'인, 즉 어떤 새로운 발전으로 영지를 이해하는 자들로부터 구분했다. 이는 유가행파를 겨냥한 것이었는데, 그는 '유심(唯心)의 지지자들은 8식이 영지로 변화된다는 것을 인정한다'고 말했다. 그러나 그에게 있어서 '변화'란 단지 '스스로 존재하는 영지가 드러나게 됨(mngon pa tsam)'을 지칭하는 말일 뿐이다.

> "유심(唯心)의 지지자들은 8식으로 구성된 의식 자체가 영지로 변한다고 주장한다. 여기서, 스스로 존재하는 영지는 단지 의식들을 제거함을 통해 드러나는 것일 뿐이며, 그것을 변화라고 지칭한다. 이 양자의 차이는 매우 크다."[21]

이 인용구절에서 우리는 어떠한 방식으로 그가 '변화란 그저 하나의 지칭일 뿐이며, 실제에 있어서 왜곡된 의식은 단지 제거되고 시초부터 그 자리에 있었던 영지는 깨달음을 얻는 순간 바로 드러난다'고 주장하는지를 알 수 있다. 이것은 여래장이라는 개념을 규정하는 내

---

19 Long chen pa, *White Lotus*, 151-52; 다음을 또한 참조. Duckworth, *Mipam on Buddha-Nature*, 104.

20 Long chen pa, *Precious Treasury of Words and Meanings*, 956.

21 Long chen pa, *White Lotus*, 1420.

용이다. 공이라는 토대가 '타공'(他空)에서 긍정적 측면이 된다는 점에서, 영지적 토대로서의 근본식은 그것이 토대로 존재할 때나 실현되었을 때나 변함없이 남아 있는 본성, 즉 여래장으로 드러날 긍정적 기반이 되는 것이다.

의타기성과 관련하여, '청정한 의타기성'(dag pa'i gzhan dbang)은 티벳에서 '청정하지 않은 의타기성'(ma dag pa'i gzhan dbang)과 구분되고 있다. 청정하지 않은 의타기성이란 곧 윤회(saṃsāra)의 왜곡된 토대를 의미한다. '비어 있는 것[空]이면서도 마음의 작용으로 포함되는 현상들의 긍정적인 흐름'인 '청정한 의타기성'은 유가행파의 긍정적 전환을 다시 한번 보여준다. 청정한 의타기성이란 개념적 구성들로 포섭되지 않는 현현들, 즉 '세계의 순수한 현현'을 의미한다. 중요한 점은 이 순수함 혹은 청정함이 단지 '개념적 구성의 결여'만을 의미하지는 않는다는 것인데, 이 개념이 여기서 긍정적 차원을 취하고 있기 때문이다. 이러한 긍정적 표현은 세계의 영지적 토대로서의 여래장을 반영하고 있으며, 여기서 세계란 단순히 제거되어야 할 왜곡된 세계, 까르마와 고통의 세계가 아닌 오히려 드러나야 하며 인식되어야 하고 또 받아들여져야 하는 영지적 세계를 의미한다.

될뽀빠(Dölpopa)는 '의타기성이 왜곡된 세계의 임시적 토대인 반면, [여래장이라고도 할 수 있는] 원성실성(圓成實性)은 만물의 궁극적 토대'라고 주장했다.[22] 될뽀빠에 이어 샤꺄촉덴(Śākya Chokden, 1428-1507)은

22 Dölpopa, Ocean of Definitive Meaning, 192-193; 379. 다음을 또한 참조. Duckworth, *Mipam on Buddha-Nature*, 65-66.

유가행파의 삼성설 모델과 될뽀빠의 영지(靈知)에 근거한 삼성설 모델 사이의 분명한 차이를 잘 보여준 바 있다. 그는 '타공'이라는 중관학파적 해석들로서의 두 가지 모델을 대신하여, 삼성설의 해석에 대한 두 가지 구분을 개략적으로 제시하며 그 차이를 보여주었다.

> "타공(gzhan stong gi gzhi)에서 공의 토대인 주체(chos can)를 규정하는 두 가지 다른 방식이 있다. (1) 유가행파 텍스트들에서 공의 토대는 의타기성이고, 변계소집성은 부정의 대상이며, 의타기성에서 변계소집성의 공(空)이 참된 실제(chos nyid)인 원성실성이다. (2) 『보성론』(Ratnagotravibhāga, rgyud bla ma)이나, 『어머니에 관한 해로운 반론들에 대한 정복』(Bṛhaṭṭīkā, yum gyi gnod 'joms) 등의 텍스트들에서, 원성실성으로서의 실제는 변계소집성의 공이다."[23]

여기서 우리는 '변계소집성이 결여된 의타기성'으로 원성실성을 표현하는 유가행파의 모델이 영지(靈知)적 모델과 대비된다는 것을 알 수 있다. 영지적 모델에서 원성실성은 '변계소집성과 의타기성 양자를 위한 궁극적 기반'이라는 위치를 점하고 있다. 영지에 근거한 후자 모델은 '청정한 토대와 그 현현된 결과의 불가분성'이라는 여래장

---

23 Śākya Chokden, *Extensive Commentary on the Treatise that Establishes the Definitive Meaning as One*, 520; 다음을 또한 참조. Komarovski, *Visions of Unity*, 129. 유사한 진술이 닝마(Nyingma) 학파의 학자, 로첸 다르마슈리(Lochen Dharmaśrī, 1654-1717)에 의해서도 언급되고 있다. 그의 다음의 저서를 참조. *Cluster of Supreme Intentions*, 374; 다음을 또한 참조. Duckworth, *Mipam on Buddha-Nature*, 66-67.

론의 문법을 반영하고 있다.

따라나타(Tāranātha, 1575-1634)는 될뽀빠의 관점과 샤꺄촉덴의 관점의 차이들을 구분했는데, 이 또한 유가행파와적 모델과 영지적 모델 사이의 관계를 보여준다. 예컨대, 될뽀빠는 의타기성과 원성실성을 서로 엄밀하게 다른 것으로 표현했던 반면, 샤꺄촉덴의 경우 의타기성을 '원성실성으로부터 단지 개념적으로 분리되는 것'(ldog cha nas tha dad)으로 묘사했다는 점을 들어 그는 양자의 관점을 구분하고 있다.[24] 따라나타는 한 걸음 더 나아가 의타기성을 표현하는 이러한 두 가지 형태와 유사한 방식으로, 자기인식을 다루는 데 있어서의 그들의 차이에 대해서도 개략적 설명을 제시했다. 그의 설명은 샤꺄촉덴의 경우 '반성능력의 측면에서 자기인식의 모든 형태를 궁극적인 것으로 다루고 있는 반면(rang gi rig rang ldog nas don dam), 될뽀빠의 경우 궁극적 자기인식과 일상적 자기인식 사이에 서로 겹치지 않도록 다시 엄밀한 구분을 만들고 있다'는 것이다.[25]

근본식 및 의타기성과 함께 제시된 유가행파의 세 가지 기반 가운데 마지막 요소인 '자기인식'과 관련하여, 우리는 이것이 티벳에서 '자기인식의 긍정적 형태'라는 어떤 확장된 의미를 가지고 있음을 분명하게 볼 수 있다. 자기인식은 근본식 및 의타기성과 함께 제시된 유가행파의 세 가지 기반 가운데 마지막 요소이다. 예를 들어, 샤꺄

24 Tāranātha, *Twenty-One Profound Points*('*dzam thang* ed.) vol. 18, 213-4; 다음의 영어 번역을 참조. Mathes(2004), 300-301.

25 Tāranātha, *Twenty-One Profound Points*('*dzam thang* ed.) vol. 18, 214; 다음의 영어 번역을 참조. Mathes(2004), 302.

촉덴은 '실제라고 할 수 있는 유일한 한 가지는 바로 자기인식'이라고 주장했다. 그에게 있어서 자기인식은 궁극적 실제이며, 비실제적인 주관-객관이라는 이원적 표현의 참된 실제적 토대이다. 그러나 샤꺄촉덴이 이원성을 지각하는 모든 의식의 실제성을 부정한다는 점에서, 그가 실제라고 주장하는 이 자기인식은 오직 비-이원적 의식이며, 일상적 혹은 통념적인 자기인식을 말하는 것은 아니다.[26] 그에게 있어서 참된 자기인식이란 일상적인 의식들과는 다른 위상인 것이다. 이 자기인식은 일상적 의식들(rnam shes)에 반대되는 일종의 초월적인 마음, 혹은 영지(靈知, ye shes)이다.

샤꺄촉덴이 두 가지 유형의 자기인식 사이에 만들어낸 이 구분은 롱첸빠(Long chen pa)가 유가행파(혹은 유심론)의 자기인식과 대원만(大圓滿, rdzogs chen)에서의 자기인식적 영지를 구분했던 것을 반영하고 있다.[27] 롱첸빠의 근본식(根本識, kun gzhi)과 '참된 몸' 즉 법신(法身, chos sku) 사이의 구분은 왜곡된 세계와 왜곡되지 않은 세계 사이의 이러한 근본적 차이를 유사한 방식으로 담고 있다.[28] 실제로 롱첸빠는 '근본요소'(khams)라고 표현되는 여래장의 측면에서, 대원만(大圓滿)에 대한 그의 입장을 '유심론'으로부터 다음과 같이 구분하고 있다.

---

26 Śākya Chokden, *Commentary on Pramāṇavarttikā*, vol. 18, 477-78. 다음을 또한 참조. Komarovski, 163-64.

27 이 차이에 관한 논의는 다음을 참조. Matthew Kapstein, "We are All Gzhan stong pas," *Journal of Buddhist Ethics* 7(2000), 109-15.

28 다음을 참조. Long chen pa, *Precious Treasury of Words and Meanings*, 926-927.

"유심론자들은 불변하는 영원성과 자기 스스로를 비추는 것으로서의 단순한 [일상적] 의식을 주장한다. 그러나 이 입장에 동의할 수 없다. 왜냐하면, 우리는 영원과 절멸 배후의 조건 없이 자연스럽게 발생하는 존재를, 그리고 자연스럽게 나타나는 근본식의 속성들을 주장하기 때문이다."[29]

롱첸빠는 여기서 일상적인 마음의 제한된 상태들을 초월한 '조건 없는 즉 본능적인 의식의 존재'를 강조하고 있다. 그러면서 그는 '자기인식적 마음'과 '자기인식적 영지(靈知)'를 분명하게 분리함으로써, 그의 입장을 다시 유심론자들의 주장과 구분하고 있다. 그는 마음(blo)을 '상대적(kun rdzob)이며 왜곡된 것'으로 규정한다. 반면에 그는 "개념적 극단들 배후의 자기인식적 영지의 영역은 궁극의 정수"라고, 또 "자기인식(so so rang gi rig pa)이란 사유, 말, 표현 배후의 왜곡되지 않은 영지(靈知)"라고 말하고 있다.[30]

이러한 그의 규정은 조낭(Jo nang) 전통에서 또한 유심론으로부터 그들의 주장을 구분하는 방식에 따르고 있는 것이다.[31] 사실 될뽀빠는 그가 거부하는 '상대적 유심론'(kun rdzob kyi sems tsam)을 그가 지지하는 '궁극적 유심론'(don dam pa'i sems tsam)으로부터 구별하기 위해 이런 종류의 기준을 사용하고 있다.[32] 될뽀빠는 궁극적인 자기인

---

29 Long chen pa *White Lotus*, 1420.

30 See Long chen pa, *White Lotus*, 1155-56.

31 See Khenpo Lodrö Drakpa, *Roar of the Fearless Lion*, 63; 214-223. 다음을 또한 참조. Duckworth, *Mipam on Buddha-Nature*, 64-65.

식을 그것에 대응하는 상대적인 자기인식으로부터 다음과 같이 구분했다. "인식주체와 인식대상 사이의 차이는 상대적인 객관-의식(kun rdzob gzhan rig)[의 속성]이다. 궁극적인 자기인식(don dam rang rig)에 있어서는 인식주체와 인식대상이 동일하다."[33] 될뽀빠의 경우, 궁극적 자기인식이란 단지 여래장의 다른 이름일 뿐이다. 여기서 다시 우리는 근본적인 왜곡에 근거한 절대적 관념론으로부터 영지(靈知) 혹은 여래장에 기반을 둔 관념론으로 다시 기술되는 유가행파의 입장을 볼 수 있다.

이 세 가지 토대들(근본식, 의타기성, 자기인식)이 모두 윤회를 인과적으로 지탱하는 것으로 기능하는 반면에, 티벳에서의 그 개념들의 위치는 열반을 떠받치는 바탕적 실체 (혹은 강력한 토대)인 여래장과 함께 형성된다. 이것은 조건 없는 본능적 요소의 토대이다. 이러한 유형의 해석은 티벳 고유의 것은 아니며, 우리는 이러한 해석을 지지하는 구절을 아상가(Asaṅga)의 『섭대승론』에서 찾을 수 있다.

> "시작점이 없는 그 요소는 모든 현상들의 의지처이다.
> 그것이 존재하므로, 모든 존재들은 열반을 성취한다."[34]

또한, 『보성론』에서도 여래장이라는 요소의 역할은 분명하다.

---

32 Dölpopa, *Ocean of Definitive Meaning*, 396-8.

33 Dölpopa, *Ocean of Definitive Meaning*, 601.

34 Cited under Asaṅga, Mahāyānasaṃgraha I.1; *theg pa chen po'i bsdus pa*, D.4048, 3a; 다음을 또한 참조. Waldron, *The Buddhist Unconscious*, 129.

"만약 여래장이라는 요소가 존재하지 않았다면,
윤회(saṃsāra)에 대한 혐오도 없었을 것이다.
그리고 열반에 대한 갈망도 없었을 것이다.
그리고 또한 그것을 추구하고자 노력하려는 바람도 없을 것이다."[35]

더욱이 이러한 표현을 대승불교 특유의 것이라고 할 수도 없는데, 빨리(Pāli)어로 쓰인 불교문헌들에서도 다음과 같은 구절이 나타나기 때문이다. "비구들이여, 태어남 등등이 없는 개별적 본성을 가진 조건 없는 본능적 요소가 없었다면, 이 세계에서 색(色) 등등으로부터 벗어날 것도 없었을 것이다."[36] 필자가 본고에서 설명한 해석의 궤도는 '근본식과 자기인식을 부정하는 입장으로부터 구분하는 것' 혹은 '오로지 왜곡의 영속적 측면에서 의식의 기능을 묘사하는 것', 이 두 가지 방향으로만 분명하게 나타난다. 그럼에도 불구하고, 인도와 티벳 그리고 동아시아에서 수용되었던 이러한 해석의 궤도는 왜곡되지 않은 인식 내용 또는 영지(靈知)의 존재를 위한 입지를 가지고 있으며, 여래장론은 붓다의 인식이라는 모습과 또 그것의 성취를 위한 가능성을 표현함에 있어서 주요한 역할을 수행하고 있다.

---

35 Maitreya, Ratnagotravibhāga I. 40; 다음을 또한 참조. Takasaki, *A Study on the Ratnagotravibhāga*, 221.

36 Udāna-aṭṭhakathā 의 내용이며, 다음의 책에 인용되어 있음. Steven Collins, *Nirvana and Other Buddhist Felicities*, 171.

4. 결론

실제의 긍정적 기반으로서의 여래장은 그저 제거되어야 하는 왜곡의 구조가 아니라 드러나야 하는 본능적 요소이다. 이러한 유형의 긍정적 토대는 단순히 '내적 본성의 결여'로 이해되는 공(空)과 대조되며, 또한 오로지 왜곡을 영속시키는 구조일 뿐인 근본적인 토대(예를 들어, 근본식)에 관한 유가행파적인 설명과도 대조된다.

우리는 티벳에서 여래장 개념이 중관학파, 유가행파 그리고 밀교 등의 대승불교 개념들과 결합하는 것을 볼 수 있다. 중관학파에서 공(空) 개념은 여래장과 짝을 이루어 '내적 본성의 결여인 자공(自空)'으로부터 '남겨진 청정한 토대인 타공(他空)'으로 전환하고 있다.

여래장론의 특징에 관한 설명들에서 근본식, 의타기성, 자기인식과 같은 '왜곡의 토대'인 유가행파의 개념들이 '청정한 영지적 토대' 안에서 발생하는 인과에 대한 설명으로 다시 기술된다는 점에서, 우리는 유가행파의 기반 개념들에도 중관학파의 경우와 유사한 전환들이 있음을 알 수 있다.

여래장론은 특징적으로 대승불교가 초월적인 것으로부터 내재적인 것으로 전환하는 전형적인 예가 된다. 이는 딴뜨라적 전환, 즉 '윤회로부터의 해방'에서 '윤회 속에서의 해방'으로 전환한 것이라고 표현할 수 있을 것이다. 이러한 전환은 우리가 동아시아불교 및 일본에서 볼 수 있는 것과 유사한데, 예컨대 가마쿠라 시대의 일본 선사 도겐(道元)이 '모든 존재는 불성을 가지고 있다'에서 '모든 존재가 불성이다'로 전환하려고 했던 것에서 이를 확인할 수 있다. 티벳에서는 이 전환이 '여래장은 모든 존재들에게 있다'로부터 '여래장에 모든 존재들이 있다'로 전개된다. 이러한 변화에서, 우리는 '근본적 왜곡 혹은 잘못된 이론에 의해 추동되는 인식 과정'으로부터 '성스러운 의식 혹은 영지(靈知)라는 창조적 표현에 의해 추동되는 절대적 관념론'으로의 전환을 볼 수 있다. 절대적 영지(靈知)의 표명과 함께 윤회에서의 주도적 역할은 대적해야 할 대상이었던 '까르마를 지음'에서 영지적 창조력으로 대체되며, 이에 의해 윤회에 대한 설명은 다시 기술된다.

참고문헌

Asaṅga. *Mahāyānasaṃgraha(theg pa chen po'i bsdus pa)*. In *sde dge mtshal par bka' 'gyur: a facsimile edition of the 18th century redaction of Situ chos kyi 'byung gnas prepared under the direction of H.H.the16th rgyal dbang karma pa,* text no. 4048. Delhi: Delhi Karmapae Chodhey Gyalwae Sungrab Partun Khang, 1977.

______. *Yogācārabhūmi(rnal 'byor spyod pa'i sa rnam par gtan la dbab pa bsdu ba)*. In *sde dge mtshal par bka' 'gyur: a facsimile edition of the 18th centuryredaction of Situchoskyi'byunggnaspreparedunderthedirection of H.H. the 16th rgyaldbangkarmapa,* text no. 4038. Delhi: Delhi Karmapae Chodhey Gyalwae Sungrab Partun Khang, 1977.

Beiser, Fredrick. 2003. *German Idealism: The Struggle Against Subjectivism, 1781-1801.* Cambridge: Harvard University Press.

Bhāviveka. *Tarkajvāla(rtog ge 'bar ba)*. In *sde dge mtshal par bka' 'gyur: a facsimile edition of the 18th centuryredaction of Situchoskyi'byunggnaspreparedunderthe direction of H.H. the16th rgyaldbangkarmapa,* text no. 3856. Delhi: Delhi Karmapae Chodhey Gyalwae Sungrab Partun Khang, 1977.

Bryant, Edwin. 2009. *The Yoga Sūtras of Patañjali.* New York: North Point Press.

Candrakīrti. *Auto-commentary on the Madhyamakāvatāra(dbu ma la 'jug pa'i rang 'grel)*. In *The Tibetan tripitika, Peking edition.* Daisetz T. Suzuki, ed., vol. 98, text no. 5263. Tokyo: Tibetan Tripitika Research Institute, 1957; also published in *dbu ma la 'jug pa'i rang 'grel.* Sarnath, India: Sakya Students' Union, 1999.

Collins, Steven. *Nirvana and Other Buddhist Felicities.* Cambridge: Cambridge University Press, 1998.

Dölpopa(*dol po pa shes rab rgyal mtshan*, 1292-1361). *The Great Assessment of the Doctrine Which Has the Significance of the Fourth Council(bka' bdus bzhi pa don bstan rtsis chen po)*. In *bka' bdus bzhi pa don bstan rtsis rtsa 'grel*, 1-36. Hong Kong: Tupten Ewam Publications, n.d.; English translation in Cyrus Stearns, *The Buddha from Dolpo,* Albany, N.Y.: SUNY Press, 1999.

______. *The Mountain Doctrine: Ocean of Definitive Meaning(ri chos nges don rgya mtsho*). Dölpopa's *Collected Works*(*'dzam thang* ed.), vol. 3, 189-742; English translation in Jeffrey Hopkins, *Mountain Doctrine: Tibet's Fundamental Treatise on Other-Emptiness and the Buddha Matrix.* Ithaca, N.Y.: Snow Lion Publications, 2006.

Duckworth, Douglas. 2008. *Mipam on Buddha-Nature: The Ground of the Nyingma Tradition.* Albany, N.Y.: SUNY Press.

Gaṇḍavyūhasūtra. In *The Tibetan tripitika, Peking edition.* Daisetz T. Suzuki, ed., vol. 29, text no. 778. Tokyo: Tibetan Tripitika Research Institute, 1957.

Gyeltsapjé(*rgyal tshab rje dar ma rin chen,* 1364-1432). *Commentary on the Uttaratantra*(*theg pa chen po rgyud bla ma'i ṭīka*). *Collected Works*(*lha sa* ed.), vol. 3. Asian Classics Input Project, Release IV, S5434.

Kapstein, Matthew. "We are All Gzhan stong pas." *Journal of Buddhist Ethics* 7(2000): 105-125.

Khedrupjé(*mkhas grub rje dge legs dpal bzang,* 1385-1438). *Opening the Eyes of the Fortunate: A Treatise that Completely Clarifies the Reality of Profound Emptiness*(*zab mo stong pa nyid kyi de kho na nyid rab tu gsal bar byed pa'i bstan bcos skal bzang mig 'byed*). In Lha mkhar yongs 'dzin bstan pa rgyal mtshan, ed. *Stoṅ mthun chen mo of mkhas grub dge legs dpal bzang and other texts of mādhyamika philosophy.* Mādhyamika Texts Series, vol. 1. New Delhi, India, 1972; English trans. in Cabezón, José. *A Dose of Emptiness: An Annotated Translation of the stong thung chen mo of mkhas grub dge legs dpal bzang.* Albany, NY: SUNY Press, 1992.

Khenpo Lodrö Drakpa(*'dzam thang mkhan po blo gros grags pa*, 1920-1975). *Roar of the Fearless Lion*(*rgyu dang 'bras bu'i theg pa mchog gi gnas lugs zab mo'i don rnam par nges pa rje jo nang pa chen po'i ring lugs 'jigs med gdong lnga'i nga ro*). Dharamsala: Library of Tibetan Works and Archives, 1993.

Komarovski, Yaroslav. 2011. *Visions of Unity.* Albany: SUNY Press.

Laṅkavātārasūtra. In *sde dge mtshal par bka' 'gyur: a facsimile edition of the 18th centuryredaction of Situchoskyi'byunggnaspreparedunderthedirection of H.H. the 16th rgyaldbangkarmapa,* text no. 0107. Delhi: Delhi Karmapae Chodhey Gyalwae Sungrab Partun Khang, 1977.

Lochen Dharmaśrī(*lo chen dharmaśrī*, 1654-1717). *Cluster of Supreme Intentions: Commentary on "Ascertaining the Three Vows"*(*sdom pa gsum rnam par nges pa'i 'grel pa legs bshad ngo mtshar dpag bsam gyi snye ma*). Bylakuppe:

Ngagyur Nyingma Institute, n.d.

Long chen pa(*klong chen rab 'byams*, 1308-1364). *Precious Treasury of Words and Meanings(gsang ba bla na med pa 'od gsal rdo rje snying po'i gnas gsum gsal bar byed pa'i tshig don rin po che'i mdzod)*, vol. 6, 767-1574. Ed. Tarthang Tulku. Sichuan, China, 1996.

__________. *White Lotus: Autocommentary of the* Precious Wish-Fulfilling Treasury (*theg pa chen po'i man ngag gi bstan bcos yid bzhin rin po che'i mdzod kyi 'grel pa padma dkar po*). Published in *Seven Treasuries*(*mdzod bdun*), vol. 7, 139-1544. Ed. Tarthang Tulku. Sichuan, China, 1996.

Maitreya. *Madhyāntavibhāga(dbus dang mtha' rnam par 'byed pa)*. In *The Tibetan tripitika, Peking edition.* Daisetz T. Suzuki, ed., vol. 108, text no. 5522. Tokyo: Tibetan Tripitika Research Institute, 1957; English translation in Mario D'Amato, *Maitreya's Distinguishing the Middle from the Extremes.* New York: AIBS, 2012.

________. *Ratnagotravibhāga/Uttaratantra*(*theg pa chen po rgyud bla ma'i bstan bcos*). In *The Tibetan tripitika, Peking edition.* Daisetz T. Suzuki, ed., vol. 108, text no. 5525. Tokyo: Tibetan Tripitika Research Institute, 1957; also published in *theg pa chen po rgyud bla ma'i rtsa 'grel*. Sichuan: Nationalities Press, 1997.

Mipam(*'ju mi pham rgya mtsho*, 1846-1912). *Garland of Light Rays: Commentary on the Madhyāntavibhāga(dbu dang mtha' rnam par 'byed pa'i bstan bcos kyi 'grel pa 'od zer phreng ba)*. *Mipam's Collected Works(*Khyentsé's expanded redaction of *sde dge* ed.), vol. 4 (*pa*), 659-786. Kathmandu, Nepal: Zhechen Monastery, 1987.

______. *Gateway to Scholarship(mkhas pa'i tshul la 'jug pa'i sgo)*. *Mipam's Collected Works(*Khyentsé's expanded redaction of *sde dge* ed.), vol. 22, 1-328. Kathmandu, Nepal: Zhechen Monastery, 1987.

Nāgārjuna. *Dharmadhātustotra(chos kyi dbyings su bstod pa)*. In *The Tibetan tripitika, Peking edition.* Daisetz T. Suzuki, ed., vol. 46, text no. 2010. Tokyo: Tibetan Tripitika Research Institute, 1957.

Ngok Loden Sherap(*rngog blo ldan shes rab,* 1059-1109). 2006. *Summary of the Uttaratantra*(*theg pa chen po rgyud bla ma'i don bsdus pa*). Critical edition in Kazuo Kano, "rNgog Blo-ldan-shes-rab's Summary of the *Ratnagotravibhāga*," 279-365. Ph.D. Thesis, University of Hamburg.

Śākya Chokden(*shākya mchog ldan,* 1428-1507). *Commentary on Pramāṇavarttikā* (*rgyas pa'i bstan bcos tshad ma rnam 'grel gyi rnam bshad pa sde bdun ngag gi rol mtsho*). *Collected Works,* vol. 18, 189-693. Thimphu, Bhutan: Kunzang Tobgey, 1975.

______________. *Extensive Commentary on the Treatise that Establishes the Definitive Meaning as One(shing rta chen po'i srol gnyis kyi rnam par dbye ba bshad nas nges don gcig tu bsgrub pa'i bstan bcos rgyas 'grel*). *Collected Works,* vol. 2, 471-619. Thimphu, Bhutan: Kunzang Tobgey, 1975.

Śāntarakṣita. *Madhyamakālaṃkāra(dbu ma rgyan*). In *The Tibetan tripitika, Peking edition.* Daisetz T. Suzuki, ed., vol. 101, text no. 5238. Tokyo: Tibetan Tripiṭika Research Institute, 1957.

Suzuki, D.T., trans. *The Laṅkāvatāra Sūtra*. London: Routledge, 1968.

Takasaki, Jikido. *A Study on the Ratnagotravibhāga*. Rome: Is. M.E.O., 1966.

Tāranātha(1575-1634). *Twenty-One Profound Points*(*zab don nyer gcig pa.*). *Tāranātha's Collected Works*, vol. 18, 209-222. *'dzam-thang*: Dzamthang Monastery, 199?; English trans. in Klaus-Dieter Mathes, "Tāranātha's 'Twenty-One Differences with regard to the Profound Meaning'- Comparing the Views of the Two *gŹan stoṅ* Masters Dol po pa and Śākya mchog ldan." *Journal of the International Association of Buddhist Studies* 27: 2(2004), 285-328.

Waldron, William. *The Buddhist Unconscious: The Ālaya-vijñāna in the Context of Indian Buddhist Thought.* London: RoutledgeCurzon, 2003.

Yeshe De. *Distinctions of View*(*lta ba'i khyad par*). In *sde dge mtshal par bka' 'gyur: a facsimile edition of the 18th centuryredaction of Situchoskyi 'byunggnaspreparedunderthedirection of H.H. the 16th rgyaldbangkarmapa,* text no. 4360. Delhi: Delhi Karmapae Chodhey Gyalwae Sungrab Partun Khang, 1977.

『대승대반열반경』 관련 여래장설의 해석학적 문제에 관한 몇 가지 고찰

- 원효, 부뙨 그리고 비판불교 -

『대승대반열반경』 관련 여래장설의 해석학적 문제에 관한 몇 가지 고찰
-원효, 부뙨 그리고 비판불교-

시모다 마사히로(下田正弘)
동경대학

1. 서론

1.1 『대승대반열반경』에의 두 가지 접근법

래디치(2015)에서 '여래의 본질(여래장)'과 '불성' 개념을 발명한 것으로 특징지우고 있는 『대승대반열반경』은 불교지성사에서 고도로 진화한 개념과 관련해 불교학의 방법론을 재고함에 있어 특별히 주목할 만한 가치가 있다. 이러한 접근에 대한 재고는 역사적 관점과 해석학적 관점 이 두 가지로부터 적용되어야 할 것이다.

첫 번째 점은, 시모다(1997)에서 일본어로 극히 상세하게 보여주고 있고 시모다(2015)에서 영어로 간략하게 요약된 바처럼, 『대승대반열반경』에는 다양한 역사적 흔적이 있으며, 바로 이 점이 고대 인도에서 진전되었던 이 거대 경전의 편찬 과정을 밝혀주는 수긍할 만한 증거로서 효과적으로 기능한다는 것이다.

상당히 광범위한 주제들을 아우르고 있는 여러 증거들의 특성에 특히 주목할 가치가 있겠다. 이러한 주제들은 이를테면 (1) 주류불교와 대승불교 양자 사이에 보이는 경전 편찬 활동상의 연속성 및 불연속성(양자 모두 혹은 둘 중 하나), (2) 경장 및 율장으로 알려져 있는 두 가지 서로 다른 범주의 문헌 계보 사이에 보이는 관련성 및 무관성(양자 모두 혹은 둘 중 하나), (3) 해당 경론 자체에 포함되어 있는 내적인 전개와 이에 대한 주석의 형태로 구현되어 있는 외적인 해석활동 양자 사이에 보이는 경계상의 모호성, (4) 경전 창안과 예식 수행 양자 사이에 발견되는 긴장, 조정 그리고 보충, (5) 정전의 이해에 있어 '남방불교'와 '북방불교' 사이에 발견되는 서로 다른 태도 등등이다.

전술한 문제들을 포함해 이 까다로운 경전을 해명하게 된다면, 지금의 불교학이 직면하고 있는 문제의 대다수를 해결하기 위한 중요한 시사점으로 틀림없이 기능할 것이다.

두 번째 점과 관련해 이 경은, 새로이 조어된 '불성' 및 '여래의 본질'이라는 용어가 시사하는 바 '자아'의 존재를 옹호한다는 점에서 불교사상사에서 유일무이함으로 인해, 전통 주석가들의 맥락 및 근대 학자들의 맥락 양쪽에서 논쟁적 논의들과 얽혀 있다. 근대까지 불교의 역사 내내 형성된 이들 논의를 비판적으로 분석하게 되면, 불교의 긴 역사에서 전해져온 이들 개념의 복잡성이 밝혀지게 될 것이다. 궁극적 실재에 관련하여 불교의 역사는 '존재'를 시사하는 것 내지 '비존재'를 시사하는 것 이렇게 양자의 격론 사이에서 아슬아슬하게 균형을 유지한 채 진동해왔으며, 이는 『대승대반열반경』의 경우 열반, 해탈 그리고 여래의 존재 문제에 적용된다. (시모다 1997)

1.2 본고의 주제

이 두 가지 접근법 중 하나는 『대승대반열반경』의 문헌 내적인 역사와 관련되어 있고 다른 하나는 해당 문헌 외부에서 행한 해석활동을 통해 이 문헌과 얽혀지게 되는 것의 역사와 관련되어 있는데, 본고에서는 다음 세 가지 이유로 『대승대반열반경』에 대한 두 번째 접근법을 취할 것이다.

첫째, 오늘날 학자들은 고도로 원숙한 관념들이 처음 등장했으리라 추정되는 최초 단계를 특별히 강조하면서 그 개념들을 역사의 현장이라는 맥락에 위치시켜 다루는 경향이 강하다. 해당 개념들의 시간적 전개를 이해하는 데 의심할 여지없이 유익한 이와 같은 접근법이 이 개념들이 지닌 정교한 본성을 이해하는 데에는 효과적이지 않은데, 최초 단계에는 그것이 아직 분명하지 않기 때문이다. 이러한 특징을 이해하기 위해서 필요한 것은, 마테스(2008)의 최근 작품에서 아주 선명하게 보여주는 것처럼, 후대에 편찬된 해설 작품들에 주어져 있는 해당 개념 해석의 노력을 고려하는 것일 것이다.

둘째, 불교학의 이러한 기본 성향에 더해, 일본 학계에서 80년대 중반에 여래장설에 대한 도가 지나친 비판이 발흥했던 것 때문에 해석학의 관점 내지 종교철학의 관점에서 수행된 종류의 연구에 대해 잠복해 있던 알레르기가 악화되었다. 이로 인해 이 주제에 대한 연구가 김빠진 상태에 빠져버렸다. 이 문제를 해석학적 관점에서 재고하는 것이 중요하며, 그 목적을 위해 전통 불교학에서 취했던 해석학적 접근법들을 참고삼아 살펴봐야 할 것이다.

셋째, 나의 이전 연구에서 이미 첫 번째 관점에 서서 극히 상세하게 논의를 진행했기에(시모다 1997, 2000, 2002, 2011, 2015) 다시 번복할 것이 없다.

본고에서는 세 단계를 밟을 것이다. 첫째, 해당 주제가 연구 지도 위에서 점한 위치를 특정하려는 목적을 가지고서 근대 불교학에서 여래장설에 대하여 이루어진 연구의 전반적인 역사를 논의할 것이다. 왜냐하면 이것이 『대승대반열반경』 자체의 내용을 이해하는 데에 잠재적으로 강하게 영향을 끼쳤기 때문이다.

둘째, 두 작품에 근거하여 원효의 이해가 지니는 특징을 논의할 것이다. 하나는 1941년에 출간된 후세 고가쿠의 『열반경의 연구』(涅槃宗の研究)이고, 다른 하나는 원효(617-686)가 저술하였던 『대승대반열반경』의 주석 『열반종요』에 대해 다카사키 지키도가 1968년에 작성한 논문이다. 후자가 나오는 데 전자에 힘입은 바가 매우 크지만 후자는 원효가 저술한 이 걸작의 의의를 말끔하게 개괄하였다. 이는 부분적으로는 한국에서 개최되는 본 학술대회의 성격에 기인한 것이다.

최근 출간된 찰스 뮐러의 『원효의 마음철학』(Wŏnhyo's Philosophy of Mind)을 평가하는 작업에 손을 대볼 것이다. 이 작품은 원효의 작품들 및 여래장사상과 관련 있는 문헌들을 정확하게 분석하는 작업에 기반을 둔 원효 철학의 특징 중 몇몇을 두드러지게 만드는 데에 성공하였다. 이 작품은 해당 저서가 지닌 목적이 그렇듯, 인도불교학에서 가용한 여래장설 연구에 대한 철저한 조사를 담아내고 있지 못하다. 이런 관찰들로 뮐러의 작품을 보충하는 것은, 비록 분량이 적긴 해도, 보다 넓은 관점에서 불교학 내에서 원효가 이루었던 성취를 명료히 하려는 목적에만 유익한 것이 아니라 뮐러식 이해의 적용가능성을 뒷받침하는 데에도 유익할 것이다.

셋째, 부뙨 린첸둡(1290-1364)이 여래장사상을 『대승대반열반경』과 관련 지어 다룰 때 보여주는 해석학적 특징들을 참조할 것이다. 흥미롭게도 티벳 거장이 저술한 이 작품이 일견 논쟁이 될 법한 이 여래장설을 해석하는 태도와 관련하여 원효와 비슷한 인상을 제공할 것이다.

마지막으로 역시 중요하게, 80년대 말 일본에서 시작되었던 여래장설 비판이 지니는 문제를 간략하게 논의할 것이다. 『Pruning the Bodhi Tree: The Storm over Critical Buddhism』(폴 스완슨, 제이미 허바드 외 편저 1997)[1] 같은 작품을 통해 잘 알려져 있듯이, 마츠모토 시로와 하카마야 노리아키가 "비판불교"로 알려지게 된 기획을 시작했을 때, 그들은 불성론과 여래장사상에 가차 없이 공격을 집중하였다. 이 두 학자에 따르면, 중생에게 깨달음의 원리를 인정하는 사상체계는 '브라만교' 내지 '이단'에 불과하며 불교로 간주될 수 없다. 이지치(1993: 시모다 2016과 비교하시오), 마테스(2008), 래디치(2014)와 같은 이 이론의 심오한 구조를 밝혀주는 중요한 작품을 이용할 수 있다는 점을 감안한다면, 지금이 이 '비판'이 지닌 미심쩍은 속성을 재고할 적시이다.

1 [역자 주] 해당 우리말 번역이 존재한다. 류제동 역, 『보리수 가지치기 – 비판불교를 둘러싼 폭풍』, 씨아이알, 2015.

2. 근대 불교학에서의 여래장설 연구

2.1 인도에서의 여래장설

먼저 어떠한 특정 사상도 그것이 제각기 지니는 중요성이 해당 사상을 받아들이는 자들에 의해 주어진다는 점을 고려할 때 근대 불교학에서의 여래장설 연구사를 간략하게 검토하는 것이 확실히 유용하다.

일차적 관심을 끄는 것은 이 주제가 오랜 기간 취급되지 않았다는 점이다. 이유는 간단하다. 『보성론』이라는 유일한 예외를 제하면 산스크리트로 쓰인 가용 자료가 최근까지 오랫동안 거의 없었다. 인도불교에 관한 '원전' 자료의 희소성 때문에 학자들은 관련 연구 분야에 착수하는 것을 단념하였다. 왜냐하면 그들은 인도불교를 불교의 '기원'으로 각별히 존중하는 강한 경향을 보이며 인도 바깥에서 이루어진 불교의 전개에는 보다 덜 관심을 쏟기 때문이다. 근대 불교학자들이 지닌 이러한 인도불교 편애 때문에 불교학이 적절하게 진전해나가는 데에 방해가 되었으며, 이러한 상황은 일본에서 지속되고 있다.

이 분야에 속한 학자들이 일반적으로 동의하기를, 여래장설은 『보성론』의 편찬을 통해 인도에서 5~6세기 무렵 확립되었다. 그러나 십분 기이하게도 11세기 근처가 될 때까지 인도나 티벳의 어떤 자료에서도 『보성론』이나 해당 사상 양자 중 어느 쪽에 대해서도 언급이 없었다. 500년 이상 이 두 지역에서 해당 학설과 관련해 죽은 듯한 침묵이 있었던 것이다.

겔룩빠(황모) 전통에 따르면, 『보성론』은 중관학파에 속한다고 간주되는 한편 문헌 범주상 유가행 유식부로 분류되었다. 이러한 이해는 깨달음이 예정된 중생들에서 본성을 구별하지 않는 이론에 일차적으로 기초를 두고 있으며, 이는 중관과는 일치하지만 오성각별을 상정하는 유식과는 반대된다. 『보성론』에 유식과 중관이 뒤섞여 있는 이 특성은 9세기 하리바드라로 대표되는 유식－중관학파와 밀접한 친연성이 있음을 보여준다. 다카사키가 지적했듯(高崎直道 1974, 5), 인도와 티벳에서 『보성론』의 평가가 부활한 것이 대승의 두 주요 전통을 융합하는 이 새로운 운동이 발기한 것과 일치한다는 사실은 해당 문헌이 유식－중관학파와 친연성이 있음을 보여주는 것이리라.

2.2 인도 바깥에서의 여래장설

『보성론』의 역사에 관한 이러한 기묘함에도 불구하고 여래장설은 종국에 북방불교전통에 막대하게 영향을 끼쳤다. 우선 인도불교의 역사를 다소 충실하게 계승하였던 티벳에서는 11세기에 싸자나(Sajjana)가 번역했던 당시부터 『보성론』은 미륵오법의 하나로 최고의 추앙을 받았다. 그 결과 당연하게도 여래장설이 티벳불교의 역사에서 중요한 위치를 차지하였으며, 이것의 인기는 해당 문헌에 대한 다수의 주석서에서 명백히 입증된다. (Ruegg 1969, 22-27) 겔룩파의 경계를 넘어서는 이 역사는 마테스(2008)에서 최고로 정교하게 해명되었으며, 이는 여래장설의 지성사에서 새로운 지평을 열어 보였다.

보다 더 독특한 점은 여래장설이 동아시아불교의 역사에서 점했던 최고의 위치이리라. 이 철학은 공성 개념과 짝을 이뤄 두 중심기둥 중 하나가 되었으며, 함께하여 대승불교사상의 전체 구조를 구성하고 있다. 법장(643-712)이 그 자신의 화엄불교철학의 장엄한 구조에다가

‘여래장연기’라는 표제하에 주류 불교사상조류 중 하나로 이 여래장성을 위치시키고 나서야 이 학설이 중국불교에 깊이 뿌리를 내렸다는 것은 사실이다. 이와 동시에 『열반경』의 도입 내지 『대승기신론』, 『섭대승론』 같은 작품들로 대표되는 진제(499-569) 유식학의 여러 작품들의 도입과 함께 시작한 오랜 전사(前史)에도 세심한 주의를 기울여야 할 것이다.

중국의 여래장설을 티벳과 뚜렷하게 구별해주는 것은 『대승기신론』과 『불성론』 같은 문헌들이 중국에서 중요한 역할을 한 반면 『보성론』이 무대 중심 위치에서 이탈하였다는 사실에 있다. 사실 동아시아불교에 『대승기신론』보다 더 강한 영향을 행사하였던 문헌은 없다고 해도 과언이 아니다. 매우 짧은 이 문헌이 오로지 중국어 ‘번역’의 형태로만 가용하였다고는 해도 근대까지 불교철학에 막대하게 영향을 끼쳤다. 이러한 배경에서 근대 불교학이 일본에 소개되었을 때, 학자들은 동아시아 맥락 속에서 이 학설을 알아차리기 시작하였고 『보성론』의 중요성을 깨닫는 데에는 시간이 걸렸다.

2.3 『보성론』 산스크리트 문헌의 등장

근대 불교학에서 여래장설에 대한 연구는 거의 동시에 서양과 동양에서 시작되었는데, 전자는 티벳 전통에 그리고 후자는 중국 전통에 관심을 두었다. 1931년 오베르밀러가 한 저널에 『구경일승보성론: 불교일원론 입문』(The Sublime Science of the Great Vehicle to Salvation: Being a Manual of Buddhist Monism)을 출간하였을 때, 티벳불교에서의 여래장설의 존재와 중요성이 처음으로 서구학계에 알려졌다. 다른 한편 일본에서는 우이 하쿠쥬가 1932년 『인도불교사』를 출간하였는데, 거기서는 중국불교의 해석학 전통이라는 틀 안에서 여래장설을 논의하였다.

일본에서 인도불교의 맥락에 서서 작업했던 특별히 주목할 만한 논문을 꼽자면, 쓰키노와 겐류가 1936년 출간한 『구경일승보성론에 관하여』가 처음일 것이다. 이 논문은 오베르밀러의 연구를 이해한 것을 기초로 하여 『보성론』과 『불성론』, 『무상의경』(無上依經)의 관계를 해명했으며, 『불성론』과 『무상의경』이 『보성론』을 활용해 형성되었다는 결론에 도달했다. 여래장설을 해석하는 토대가 『대승기신론』 내지 『불성론』에서 『보성론』으로 옮겨감에 따라 일본에서 이루어지는 여래장설 연구가 전통적인 접근법으로부터 자유로워졌다. (cf. 高崎直道 1974, 6-7)

그러나 존스턴이 1950년 편집한 『보성론』의 산스크리트 판본이 출간되면서 여래장설 연구 상황이 급격하게 변하였고, 학자들의 관심이 인도불교 맥락에 해당 학설이 존재하였다는 점으로 전환되었다. 에리히 프라우발너가 1956년 출간된 저 저명한 작품 『불교철학』(Die Philosophie des Buddhismus)에서 처음으로 서구에 여래장설을 소개하였고, 이 학설을 견혜(堅慧, Sāramati) 학파에 속하는 것으로 간주하였다. (Frauwallner 1956, 255-264). 이 두 작품에 후속해 1959년에 우이 하쿠쥬가 산스크리트 『보성론』을 한역과 대조 교열하여 일본어 역주를 출간하였다. (宇井伯寿 1959).

이러한 배경에서 다카사키가 산스크리트 『보성론』의 영어 번역을 1966년에 제공하면서 동양과 서양의 두 연구 계보를 하나의 연구의 장으로 통합함으로써 놀라울 정도로 새로운 지평을 열어 보였다. 사실 60년대 말 70년대 초 이 번역의 출간에 후속해 기념비적인 두 작품이 등장했으며, 『보성론』 문헌 연구의 지형을 완전히 다른 수준으로 옮겼다. 이 주제를 다음 부분에서 보도록 하겠다.

2.4 동서의 기념비적인 두 작품

최근 여래장설과 관련해 마테스(2008)가 보여주었던 사상사의 새 발견을 제외한다면, 바로 1969년 데이비드 세이포트 루엑의 『여래장 및 종성론』(La théorie du tathāgatagarbha et du gotra) 및 1974년 다카사키 지키도의 『여래장사상의 형성』의 등장으로 불교학 역사에서 본격적으로 여래장설을 연구하기 위한 토대가 확립되었다고 해도 과언이 아닐 것이다. 주목할 만한 사실은 이 두 학자가 『보성론』을 중심으로 여래장설에 접근하는 것이 대조된다는 점이다.

세이포트 루엑은 그 당시 가용했던 『보성론』의 티벳 주석 50가지씩을 참조하며 이 근본 문헌을 둘러싸고 티벳에서 전개되었던 불교사를 면밀하게 추적하였고, 티벳에서 이루어진 여래장설의 해석학적 역사를 남김없이 재현하였다. 그전까지는 전체 모습 중 오로지 빙산의 일각만이 알려져 있었던 것이다. 우리의 주의를 끄는 것은 이 작품에서 『보성론』과 관계된 경전들과 주석들을 포함해 인도 자료를 적절히 참조한다는 점이다. 이는 티벳에서 전개된 여래장설의 역사가 인도불교에 뿌리를 두고 끊김 없이 연속되어 있다는 점을 설득력 있게 설명해준다.

반면에 다카사키는 다수의 대승경전이 산출되었던 인도불교의 기원을 추적하며 『보성론』 편찬을 정점으로 하는 인도에서의 여래장설의 역사를 꼼꼼하게 재구성하였다. 여래장설을 구성하는 것으로 간주되는 대략 60가지 관념들을 응축시키고 이렇게 응축된 관념들에 기초해 80가지 이상의 문헌을 정리하여 해당 사상체계의 웅장함을 면밀하게 체계화하였다.

루엑과 다카사키의 이 기념비적인 두 작품은, 전자는 후대의 『보성론』 해석학의 전개사를 묘사하고 후자는 『보성론』의 전사(前史)를 제시함으로써, 동시대 학자들에게 이 체계에 대한 탐구를 추가적으로 전개할 튼실한 발판을 제공해주었다. 여래장설과 관련해 지금까지 산출된 상당량의 질 좋은 작품들이 두 걸작에 많이 빚지고 있다.

2.5 근대 불교학과 불교 연구의 역사

근대 불교학에서의 여래장설 연구의 세부사항을 이런 식으로 추적하니, 인도불교에서 여래장설이 무엇인지를 해명하려는 시도라는 것이 해당 사상의 연구사에 기초해 그 사상체계를 재구성하려는 시도에 불과함을 알게 되었다. 이는 처음에는 이상하게 보이지만 사상사를 기술하려는 노력의 중요성을 재고하는 것과 관련해 매우 중요하다. 이 문제에 관해서 다카사키가 자신의 1974년 연구에서 해당 주제에 관해 지적한 바를 인용할 가치가 있다.

> [이 책의 이 서문에] "여래장사상이란 무엇인가?"라는 것을 표제로 세우면서, 지금까지 이루어진 논의는 근대에 수행된 [불교학] 연구의 전개와 관련을 지우는 방식의 접근법을 취하였다. 이는 이 사상체계의 특이성에서 기인한다. 비록 이 [여래장] 학설이, 유식학파나 중관학파와 대조적이게도, 인도불교에서 [명시적인]

> 종파적 배경을 지녔던 것으로 보이지는 않으나, 다음과 같은 이유 때문에 이 사상체계를 저 두 학파와 동등하게 놓고 취급하는 것이 꽤 합리적인 것으로 보인다. 여래장설 및 불성론을 추앙하는 중국불교전통 및 일본불교전통에서의 중요성에 더해, 티벳에 존재하는 이 학설의 전통을 최근 발견한 것이 서구학계의 관심을 끌기 시작했고, 동시에 이 학설에 대한 일본에서의 이해를 변화시켰다. 이제 여래장설을 근본적으로 재고찰하고 철저하게 재구성하자는 요구가 고조되고 있는 것이다. (高崎直道 1974, 8-9).

이러한 시사는 불교학에 있어, 특히 해석학의 역사와 특별히 관련되어 있는 불교학의 요소에 있어 중요성을 지닌다. 불교사상사는 이전 시대의 담론을 다시 언어화함으로써 그들의 이해를 해석해나가는 전개과정에 불과하다. 이러한 활동은 고대부터 지금까지 끊임없이 수행되었다. 이는 마땅히 여래장/불성론에도 적용된다. 그러므로 중요한 것은 이 이론에 대하여 전통시대든 동시대든 불교학자들의 태도를 아는 것이다. 이 점을 염두에 둔 채 후세, 다카사키 그리고 뮐러의 작품에서 주어진 원효 평가를 고려해보도록 하자.

3. 여래장설에 대한 원효의 이해

3.1 여래장설과 관련한 일본 학자들의 원효 이해

주지하다시피, 원효는 77개씩이나 되는 주석을 산출하여 계율, 논리학, 유식, 중관, 대승경전 등등 주요 대승 체계 거의 전체를 취급하였던 걸출한 사상가이다. 그러나 유식사상과 밀접하게 연관된 여래장설이 그의 철학의 일차적인 기초를 구축하는 데에 중심적으로 역할을 하였다는 점은 의심의 여지가 없다. (Muller 2013, 3)

원효의 불교철학의 주요 부분은 그의 『열반경』, 『대승기신론』, 『화엄경』에 대한 이해가 없었다면 현실화되지 않았을 것인데, 이 세 문헌 각각은 동아시아에서 여래장설이 정연해지는 데에 중추적인 역할을 하였다. 한국불교가 일본 학계에 끼친 영향을 이해하기 위하여 원효의 여래장설에 대한 일본 학자들의 평가에 초점을 맞추는 것이 도움이 될 것이다.

일본에서 원효의 『열반경』 이해를 논의한 학자는 여럿이지만, 가장 이른 시기의 가장 영향력 있던 학자는 1942년 『열반종의 연구』를 출간했던 후세 고가쿠이다. 이 책은 『대승대반열반경』 사상에 대해 중국에서 다양하게 전개되었던 극히 상세한 해석의 역사를 다룬다. 본고 초두에서 언급했듯, 다카사키는 이 작품에 크게 빚지고 있다.

5세기 무렵 불교가 중국에 깊게 뿌리내리던 때에 구마라집과 그의 추종자들이 확립한 반야경 문헌에서 전개된 공사상이 불교철학의 핵심을 형성하고 있었다. 그러나 『대승대반열반경』에 대한 법현의 번역과 담무참의 번역이 등장하여 '여래 및 불성의 존재'를 긍정함에 따라 불교사상의 영역에 완전히 새로운 종류의 활기가 불기 시작했고 남조의 송과 제 사이 기간 동안 열반종이라 불리던 새로운 학파가 형성되었다.

열반종이 활동했던 동시대에 큰 성공을 구가하고 있었던 섭론종에서 수행된 탐구에 세심한 주의를 기울이며 원효는 이전 논의들을 통합하기 위하여 『열반종요』를 저술하였다.

후세 고가쿠는 600쪽이 넘는 대작에서 중국과 한국에서 진행된 열반종의 역사를 포괄적으로 논의하며 원효의 『대승대반열반경』 이해를 꼼꼼히 분석하였다. 여기서는 그의 관찰에서 나온 설명 두어 개를 인용하는 것으로 충분할 것이다. 주석 맨 앞에 위치한 경명 설명과 관련해 후세는 원효의 이해를 길장과 비교하며 주장하기를, "원효의 설명은 도생과 비슷하며 길장(嘉祥)보다 더 논리적으로 판명된다."(布施浩岳 1942, 622) '대아(大我)'를 설명하는 제2 체성문(體性門)에서 원효는 후세에 따르면 다양한 학자들이 보여줬던 이해를 면밀하게 탐사하고 있으며 가장 합리적인 해결책을 가려내려고 노력하였다. 원효가 『화엄경』에서 보이는 이해방식에 매우 호의적인 태도를 보이는 것은 사실이지만, 그러나 "그는 그 가르침에 집착하지 않은 채 매우 조심스레 경에 나오는 설명들 몇몇을 기각한다." (布施浩岳 1942, 23) 이러한 태도가 "원효가 진정 화엄종을 옹호했다고 믿기 어렵게 만든다." (布施浩岳 1942, 24)

맺음말로는 그의 작품에서 다음 두 가지 설명을 여기에 인용하는 것이 좋겠다.

> 『열반경』의 내용을 체계적으로 기술하기 위하여 원효는 열반문과 불성문 둘로 분류하였다. 원효가 이 연구물에서 내보이는 방법적 태도는 우리의 각별한 주의를 끄는데, 이는 전대 [중국의] 학자들을 완전히 넘어선 것으로 간주될 수 있다. (布施浩岳 1942, 622) … 이런 방식으로 원효가 그 어떤 특정 학파에도 집착하지 않았다는 사실을 알게 되었으며, 이미 언급한 것처럼 어떤 것을 긍정하기 위해 다른 것을 희생하는 것은 그의 [해석학적] 사유방식이 아니다. 원효의 철학에 『화엄경』 이론과 들어맞는 수많은 특징들이 있는 것이 사실이나, 존경스럽게도 그가 화엄교판에 의지하지 않는다고 안전하게 말할 수 있다. 그러므로 화엄종의 열반 [개념]의 이해방식을 원효의 이 주석에서는 얻을 수 없음이 이제 분명하다. (布施浩岳 1942, 29)

3.2 다카사키의 원효 평가

열반 개념을 해명함에 있어 원효가 취했던 접근법으로 우리의 각별한 관심을 끌어당기는 것은 그가 한역 『보성론』에서 관련 부분을 인용하였다는 점이다. 동아시아에서는 내가 아는 한 오직 원효만이 열반의 공덕의 해석을 정연하게 만들기 위해 『보성론』을 자료로 활용하였다.

> 원효의 『열반종요』가 산출된 것은 중국에서 법상종이 전성기를 구가하던 때이다. 원효는 그가 새로운 스승[新師]이라고 불렀던 현장에게서 유래한 불성론의 이해를 전달받았다. 불성론의 이해

에 관해서 원효 자신은 현장이나 자은의 편을 들지 않았지만, 그의 불성 개념 해석 중 몇몇은 법상[유식]종의 교설에 기초를 두어 당시 중국의 [이론적인] 상황을 반영하고 있다.

한편 원효가 『열반경』을 해석하였던 토대는 그 주요 부분이 정영사 혜원에게 얻어진 것으로 보이므로, 그의 해석에 북방의 열반종, 지론, 섭론의 전통이 섞여 있음을 알 수 있다. 그러나 다소 의문으로 남는 것은 그가 어떻게 그러한 전통들에 접근할 수 있었는가이다. 동시대 상황을 의상(625-702)을 통해 알게 되었다는 점은 아마도 사실이겠으나, 통상 생각하는 대로 원효가 화엄종에 전념했던 것으로 보이지는 않는다. 만약 그가 중국 [중원 땅]에서 멀리 떨어진 나라에서 오직 수입된 문헌에만 기초하여 자신의 연구를 진행했었다면, 그의 타고난 재능은 놀랄 정도로 눈부신 것이었을 것이다.

사실 그가 중국불교의 주변부에 있었다는 사실 때문에 그의 주석들이 모든 종류의 편애로부터 자유롭고 놀라운 수준의 객관성을 보일 수 있었던 것일 가능성이 높다. 그만한 범위에서 막대한 분량으로 경론들을 인용하였다는 사실 때문에 그가 획득한 정보의 다양성과 풍부함 그리고 그 정보들에 대한 판단의 적절성이 설명된다. (高崎直道 1968, 450-451) … 그의 주장은 … 이전 세대와 비교했을 때 … 훨씬 더 인도적 맥락의 감각으로 채색되어 있었다. (高崎直道 1968, 452-453)

3.3 뮐러의 원효 이해

십분 흥미롭게도 찰스 뮐러의 『원효의 마음철학』(Wŏnhyo's Philosophy of Mind)은 원효의 해석학적 태도를 평가함에 있어 전술한 일본 학자들의 이해와 상당한 정도로 일치를 보여준다. 한 번에 한국 지성계에 밀려들어 왔던 다양한 불교 교학을 일관된 방식으로 해석하려 원효가 분투했음을 인정하면서, 뮐러는 교리 분류체계에 기반을 둔 서로 다른 교학들을 체계화하려는 노력(즉 판교(判教), 사실상 동시대의 모든 중국 논사들이 취했던 해석학적 접근법)으로부터 원효의 태도를 선명하게 구별해낸다. 뮐러에 따르면 원효는 각각의 개별적인 담론을 위계적인 교학체계에 할당하는 데 흥미를 보이지 않고, 해당 문헌의 배경을 해명하여 그 문헌의 독특성을 면밀하게 추구한다. 뮐러는 원효의 특징을 말끔하게 요약하며 다음과 같이 언명한다.

> 원효 역시 구획화를 향한 움직임을 차이를 정확하게 확인하고 그 이유를 정연하게 만드는 과업을 피하기 위한 방법으로 보았던 것 같다. 그는 정반대 방향으로 가는 경향을 보였다. 목적론적 체계를 창안해 거기다가 문헌과 교리를 분류해놓기보다는, 분기의 원천을 선명하게 파악하기 위해 주어진 경 혹은 논을 저술한 저자의 가정, 상황, 특별한 목적을 파고들고자 하였다. 일견 서로 조화되지 않는 견해들 사이에 상호 이해를 위한 접점을 제공하는 방향으로 작동하는 원효의 해석학적 분석은 그 상당 부분이 중관, 유식 같은 주요 전통들 사이의 차이를 줄이는 한편, 그는 보통은 같은 전통에 속하는 구성원으로 간주되는 사상가들

과 학자들 사이에 존재하는 보다 더 미세한 차이에 훨씬 더 주의를 기울이는 경향을 보였다. … 화쟁(和諍)이 원효의 저술들을 관통해 이끌어나가는 힘(the guiding force)이다. 우리가 그에게서 볼 수 있는 것은 다양한 학파 내지 학자들의 서로 다른 입장들을 거듭하여 가져다가, 그들의 정확한 분기점을 확인할 때까지 남김없이 탐구하고, 그러한 특정 교리적 입장을 주창하는 자들 쪽의 근본적인 배경, 동기상의 차이 혹은 종파적 편견이 어떻게 눈에 보이는 갈등을 산출하게 되는지 보여주는 것이다. 그의 탐구 결과는 언제나 두 가지 이상의 입장들에 내재하는 것처럼 보이는 모순점들을 관통하는 길을 찾아서 차이가 존재할 때 그 차이가 어떻게 하여 분명하게 이해 가능하고 논리적으로 설명 가능한 이유로 생긴 것인지를 보여주는 것이다. (Muller 2012, 25-26)

서로 다른 교학들을 취급하는 데에 있어 원효가 보여주는 합리적이고 공정한 태도를 설명하는 뮐러의 또 다른 대목을 인용해보겠다. 이것이 다카사기가 원효의 『열반종요』에 관해 말했던 것과 놀라울 정도로 일치한다는 사실을 알게 될 것이다.

마음이 전반적으로 도덕적 업과 관련해 결정되어 있지 않다는 유식의 입장보다 내재적인 불성이 있다는 대승 해석을 그[원효]가 개인적으로 선호한다는 점은 꽤 분명해 보인다. 그렇지만 이 때문에 유식 교학에 대해서 어떤 것이 되었든 체계적인 불일치를 보이거나 그것을 강등시키지 않았다. 반면에 해석학적 원천이라는 면에서 원효는 그 어떤 단일 전통보다도 더 유식문헌에 의존한다. 이러한 의존이 그의 매우 합리적이고 체계적인 저술 성향을 증명해주는데, 구별 가능한 어떠한 계통의 담론도 … 반드시 논리적으로 타당해야 하고 또 개별화된 인과라는 대승불교 원리들과 일관되어야 한다는 시험에 통과해야 하는데, 이는 『유가사지론』이나 여타 유식작품들에서 가장 상세하게 설명되기 마련이다. 원효는 자신이 평가를 내릴 때 어떠한 것이든 특정 교리체계에 가중치를 주려는 목적보다는 그 자신의 배움과 호오에 더 기초를 둔다. (Muller 2012, 27-28)

4. 다른 계보에서 바라본 원효

4.1 부퇸의 여래장설 이해

마지막으로 여래장설에 대해 원효가 지닌 태도의 중요성을 저명한 티벳 주석가와 비교함으로써 확인해보고자 한다. 14세기 부퇸 린첸둡이 저술하였던 『여래장장엄론』[2](De bzhin gshegs pa'i snying po gsal zhing mdzes par byed pa'i rgyan)이 티벳에 여래장설을 정초하였다. 여래장설과 관련된 거의 모든 주제를 망라한 이 작품은 그의 독특한 관점에 기반을 둔 사상체계를 구축하였다.

여기서 우리의 관심을 끄는 것은 그가 이 개설서를 편찬할 때 『보

2 [역자 주] 우리말로 소개된 적이 없는 문헌이다. 일본에서는 『如来蔵の麗飾』으로 소개되었다.

성론』에 의존하지 않았다는 사실이다. 이는 『보성론』을 미륵오법의 하나로 추앙하였던 여타 학인들과 날카로운 대조를 이룬다. 부뙨은 불교 자료 전체라고 하는 거대한 지대로부터 그 자신이 자기 철학에 따라 스스로 정리해낸 18가지 경론들을 독해한 것에 기초하여 체계화하려 하였다. (下田正弘 1986)

게다가 이 작품은 불교 경론 양자 모두에서의 꽤 많은 인용들로 구성되어 있는데, 특히 한역 『대승대반열반경』을 인용하고 있으며 이는 전체 문헌에서 50%가량을 차지한다. 이러한 의미에서 『여래장장엄론』은 한역 『열반경』의 주석서로 볼 수 있으며, 원효가 쓴 『열반종요』와 비슷한 종류의 문헌으로 간주되는 것도 당연하다.

부뙨은 전통, 역사, 문화, 언어, 활동 연대 등등에 있어 누가 봐도 원효와 구별되는 티벳의 학인이지만 여래장설을 정연하게 만들 때의 방법적 태도에 있어서는 상당한 일치를 보여준다. 앞서 언급했듯이 부뙨은 『보성론』이 제공하였던 기존 사상체계에 의존하지 않으며 자신의 이해를 해당 체계의 이론에 위치시키려는 가시적인 노력을 보이지 않는다. 반대로 그는 『보성론』을 보다 더 큰 불교문헌의 맥락에 재정위하여 『보성론』의 주장을 상대화하였다. 부뙨처럼 광범위하게 숙달된 자를 제외하고 그 어떤 학자도 그러한 기획을 수행한 적이 없다. 그는 편찬 경험을 통해 불교경론의 자료 전체의 지식을 폭넓게 축적하였던 학자이다.

부뙨의 이러한 태도는 거의 모든 대승문헌을 망라하여 77가지나 되는 주석들을 산출한 원효를 상기시켜 준다. 앞서 언급한 대로 원효는 『화엄경』을 추앙하였지만 『화엄경』 체계를 전제하고서 『열반경』

을 해석하지는 않았다. 그 반대로 다양한 대승경론의 맥락에 『열반경』을 놓음으로써 그 내용을 해명하였던 것이다.

4.2 부뙨이 보여주는 해석학적 접근법

예상이 가능한 것처럼, 부뙨이 직면하였던 가장 곤란한 문제는 무아 내지 공성의 교설과 여래장 내지 불성이 존재한다는 교설 양자를 화해시키는 것이었다. 여기서 주목할 만한 것은 모든 대승경들의 중요성을 적극적으로 인정하는 부뙨의 공정함이다. 그는 주어진 경과 교리상 불일치하는 다른 경을 부정함으로써 그 경을 긍정하려고 하지 않았다.

부뙨이 여래장설 해석에서 채택하고 있는 해석학상의 패러다임적인 주요 기초인 요의(了義)와 미료의(未了義) 구별이 이러한 합리적 태도와 잘 어울린다. 미료의경이라고 해서 해당 경의 가르침이 본질적으로 다른 경보다 열등하거나 혹은 가짜 가르침임이 함축되는 것은 전혀 아니다. 미료의경은 적절한 맥락의 보충을 요하는 가르침을 뜻한다.

이러한 해석 방법은 진짜와 가짜를 구별하는 판단 내지 문헌상의 가치체계를 구축하는 것을 함축하지 않는다. 사실 부뙨은 공성이라는 원리의 중요성을 강조하면서도 여래장설을 제기하는 경론들에 큰 경의를 표하며 "자신의 주장과 맞지 않다는 이유로 성스러운 경론들을 성스럽지 않다며 힐난해서는 안 된다."고 한다. 왜냐하면, "이것은 붓다에 대한 공경을 파괴하고 그 결과 정법을 파괴하기 때문이다."

불교사상의 해석에 관한 부뙨의 이러한 태도는 원효와 완전히 일치한다. 원효는 앞서 언급한 것처럼 『열반경』을 추앙하였지만 일면적인 설명을 피하고자 그 경의 몇몇 대목들을 조심스레 기각하였다. 원효는 '진속2제'의 해석학적 방법을 채택하였는데, 이 방법을 통해 그 자체로 특별한 편찬 목적을 지닌 각각의 경론들의 맥락을 보충하여서 주어진 설명을 보다 더 넓은 맥락에서 해석할 수 있었던 것이다.

5. 여래장설에 대한 비판의 재고

5.1. 비판불교

이 마지막 부분에서 간단히 소개할 비판불교는 불교지성사 해석과 관련해 원효 및 부뙨과는 완전히 다른 접근법을 취하고 있다. 본고의 첫 번째 부분에서 언급했듯, 하카마야와 마츠모토의 여래장설 비판이 등장한 이래로 대략 사반세기 동안 일본에서는 여래장설 및 불성론이 불교철학의 한 주제로 논의되지 않았고, 불교는 오로지 '무아'나 '공성'과 같은 관념들의 테두리 안에서만 다루어져야 한다는 그런 강한 생각이 일본학계에 만연하였다.

비록 비판불교의 주장들이 다양한 책과 논문에서 방대한 분량에 달하고 있지만 주장의 기저에 깔린 기본 논리는 동일하다. 그들의 이론적 토대를 특징지우는 것 하나는 문제가 다분한 사유의 이분법이고 다른 하나는 언어의 역할에 대한 지나친 강조이다. 그들은 언어적 표현을 넘어선 명상 경험의 중요성을 거부한다. 사실 이 두 가지 특징은 상호 밀접하게 연관되어 있다.

첫 번째 문제를 살펴보도록 하자. 해당 논의의 세부논리는 전면적인 이분법에 놓여 있는데, 이 이분법에서는 일견 충돌하는 것처럼 보이는 개념쌍들, 이를테면 무아와 불성, 번뇌와 깨달음, 존재와 비존재 등등이 절대적인 모순이라고 보며, 이는 한 개념을 받아들이면 필연적으로 다른 하나를 기각해야 하는 결과를 초래한다. 비판불교 주창자들은 각 개념은 그것이 등장하는 맥락의 차이와 무관하게 불변하는 동일성을 지닌다고 간주한다. 그들에 따르면, 깨달음 내지 진리의 요소가 중생에게 인정되면, 현실을 변화시키려는 실천의 중요성이 필연적으로 말소될 것이며, 기존의 차별을 수수방관한 채 현실을 있는 그대로 내버려둘 것이다.

그러나 사실 각 불교문헌에는 그 나름의 이론적 맥락이 있다. 대승불교에서 특히, 인도건 티벳이건 아니면 동아시아건, 각 개념은 이분법적 논리로는 적절히 파악할 수 없는 다양한 맥락에 둘러싸여 있다. 일견 충돌하는 것처럼 보이는 용어들도 또 다른 관점에서 보면 조화롭게 공존하면서 의미의 다양한 층위 내지 국면으로 기능할 것이다. 특정 개념이 그 자체로 지니고 있는 복잡성의 정도가 불교의 역사가 전개됨에 따라 복잡해지는 것도 무리가 아닐 것이다.

그러나 비판불교 주창자들은 맥락상의 다양성에 따른 의미상의 차이를 허용하지 않는다. 그들은 예외를 두지 않고 논의맥락을 단일 차원으로 단순화시킴으로써 한 단어가 시간이 흐르는 동안 겪게 되는 분기를 상호 모순으로 몰고간다. 이것이 잠정적인 충돌을 절대적인 것으로 만드는 것이다.

비판불교 주창자들이 한 단어의 다각적이거나 다층적인 기능을 기각하는 것은 명상 경험과 그것의 언어 표현 양자 사이의 관계를 고려하길 거부하는 또 다른 중요한 특징과 밀접하게 연관된다. 비판불교에서는 언어활동이 비언어적인 명상 경험과 연관되는 순간 그 언어활동의 모든 중요성이 사라질 것이라는 강한 생각을 견지하고 있다.

이분법의 논리는 일단 명상 경험을 논의의 전제로 갖추게 되면 토대를 상실하게 될 것이다. 왜냐하면 이러한 경험 양상은 모순적인 요소들을 한꺼번에 포함하며 기존 의미를 변형시켜 새로운 의미들을 발생시키는 모체로 작동하기 때문이다.

만약 언어와 명상 경험 양자 사이의 관계를 고려하는 것을 불교학의 주제 영역에서 몰아낸다면, 불교의 중요한 부분이 사라지게 될 것이다. 지혜인 반야(prajñā)와 관련된 언어의 요소를 얼마나 자세히 논의할 수 있던 간에, 일단 도덕 규율인 계율(śīla)과 명상 경험인 삼매(samādhi)의 요소를 박탈한다면, 전체 불교 체계가 파괴될 것이다.

5.2 원효의 관점에서 제안해보는 비판불교 비판

유감스럽게도 원효나 부뙨에게서 발견하게 되는 바 다양한 경론들을 공명정대하게 다루는 저 태도는 근대 불교학자들 사이에서 찾기 어렵게 되었다. '원시불교'에서의 무아 내지 무상의 이론을 파헤치고 있는 저 학자들은 진리에 어떤 형태로 혹은 또 다른 형태로 존재의 측면이 있다는 사실에 주의를 기울이기 매우 어렵다고 보는 경향을 보인다. 그러나 진리의 존재의 국면은 불교에서 지속적으로 인정되어 왔다. 예컨대 삼보의 존재가 없거나 이러한 삼보에 귀의함이 없다면 불교도 없을 것이다. 진리는 무상한 것도 아니고 본질을 결여하고 있는 것도 아니다.

우리는 니까야나 아함에 보이는 용어들이 명상 실천과 관련된 다소 특정한 맥락에 국한되어 있다는 특징들에 주의를 기울어야 할 것이다. 그러나 시간이 흐름에 따라 이러한 용어들은 점점 더 다양해져 가는 맥락에서 넓은 범위의 의미들을 포괄하는 방향으로 변화하기 시작했다.

사실 여래장설은 '원시불교' 시대 이래로 실천 차원에서 지속적으로 인정되어 왔던 삼보의 존재를 언어화한 것에 지나지 않는다. 『보성론』의 주제가 삼보를 산출하는 모체로서 여래장의 존재를 주장하는 데에 있다는 사실은 이 가정과 완전히 합치된다.

불교에서 언어의 문제는 존재 및 의식의 요소와 밀접하게 연관되어 논의되어야 할 것이다. 사실 실제로 진행되는 논의에서는 이 요소들 중 한두 가지가 명시적인 주제로 논의되고 있고, 이들 세 가지가 동시에 선택되는 일은 드물다. 그러나 그것들 중 한두 가지가 논의되고 있는 경우에 그 나머지가 암시적인 주제로 거기 있다. 그러므로 다른 두 요소들과 무관하게 언어의 문제를 논의한다면, 전적으로 틀린 것은 아니더라도 상당히 불충분하게 될 것이다.

이 점에서 뮐러가 원효의 논리적 일관성에 세심한 주의를 기울이며 원효의 명상 경험이라는 주제를 자신의 작품 마지막 부분에서 논의한 것은 상당히 타당하다. 언어적 화쟁과 비언어적 화쟁 양자 사이의 구별을 설명하며 뮐러는 후자를 원효 해석학의 중요한 특징으로 간주하는 데(Muller 2012, 38-24), 그럴 만한 이유가 있다. 그러나 단지 언어적 측면과 대조를 주는 틀 안에서 명상 경험이라는 주제를 채택한다면, '언어 대 경험'이라는 이분법에 떨어져 비판불교 추종자들의 맹렬한 비판의 대상이 될 수도 있다.

반면에 언어, 존재 그리고 의식이라는 3자 관계에서 이 주제를 다룬다면, 이분법의 논리는 타당하지 못한 것이 될 것이다. 언어가 의식 및 그와 관련된 존재를 정식화하는 것처럼, 의식의 변화는 상응하는 언어의 내용을 전환하며 외적인 존재의 전환을 야기한다. 비슷하게 외적인 존재의 전환은 의식 및 상응하는 언어의 양상의 변화를 야기한다. 언어의 차원에서 제시된 원효의 해석학은 외적인 세계 및 내적인 세계, 즉 존재와 의식이라는 다른 두 차원과 항상 상응한다. 바로 이것이 그의 철학의 핵심개념인 일심에 더할 나위 없이 반영되어 있다.

알림

이것은 2016년 1월 8일 UC Berkeley Mahāparinirvāṇa-mahāsūtra 학술대회에서 구술로 발표된 원고를 수정한 것이다.

참고문헌

Frauwallner, E. 1956. *Die Philosophie des Buddhismus*, Berlin: Akademie Verlag.

Johnston, E.H. 1950. *The Ratnagotravibhāga Mahāyānottaratantra śāstra,* Patna: The Bihar Research Society.

Mathes, C-D. 2008. *A Direct Path to the Buddha Within, Gö Lotsāwas Mahāmudrā Interpretation of the Ratnagotravibhaaga*(Studies in Indian and Tibetan Buddhism) Boston: Wisdom Publication.

Muller, A.C. 2012. *Wŏnhyo's Philosophy of Mind*,(with Cuong T. Nguyen), The International Association of Wŏnhyo Studies, Collected Works of Wŏnhyo Vol. II., Honolulu: University of Hawai'i Press.

Obermiller, E. 1931. *The Sublime Science of the Great Vehicle to Salvation: Being a Manual of Buddhist Monism*, Acta Orientalia 9-3, 4. pp.81-306.

Ruegg, D. Seyfort. 1969. *La théorie du tathāgatagarbha et du gotra: étude sur la sotériogie et gnoséologie du buddhisme,* Publ. ÉFEO, 70, Paris.

________________. 1973. *Le traité du tathāgatagarbha de Bu ston Rin chen grub(traduction de De bshin gshegs pa'i snying po gsal shing mdzes par byed pa'ii rgyan),* Publ. ÉFEO, 80, Paris.

Shimoda, M. 2015. "Mahāparinirvāṇa-mahāsūtra" J. Silk(ed.) *Brill's Encyclopedia of Buddhism Vol.1, Literature and Language*, Leiden: Brill, 158-170.

P. Swanson and J. Hubbard. 1997. *Pruning the Bodhi Tree: The Storm over Critical Buddhism*, (Nanzan Library of Asian Religion and Culture), Honolulu: University of Hawai'i Press.

Takasaki, J. 1966. *A Study on the Ratnagotravibhāga(Uttaratantra): Being a Treatise on the Tathāgatagarbha Theory of Mahāyāna Buddhism,* S.O.R. 33, Rome: IsMEO.

宇井 伯寿. 1932. 『印度哲学史』(*History of Indian Philosophy), 東京: 岩波書店.

_______. 1959. 『寶性論研究』(*A Study on the *Ratnagotravibhāga*), 東京: 岩波書店.

下田 正弘. 1986. 「プトゥンの如来蔵解釈: 『宝性論』と『涅槃経』の立場」, Z. Yamaguchi(ed.),

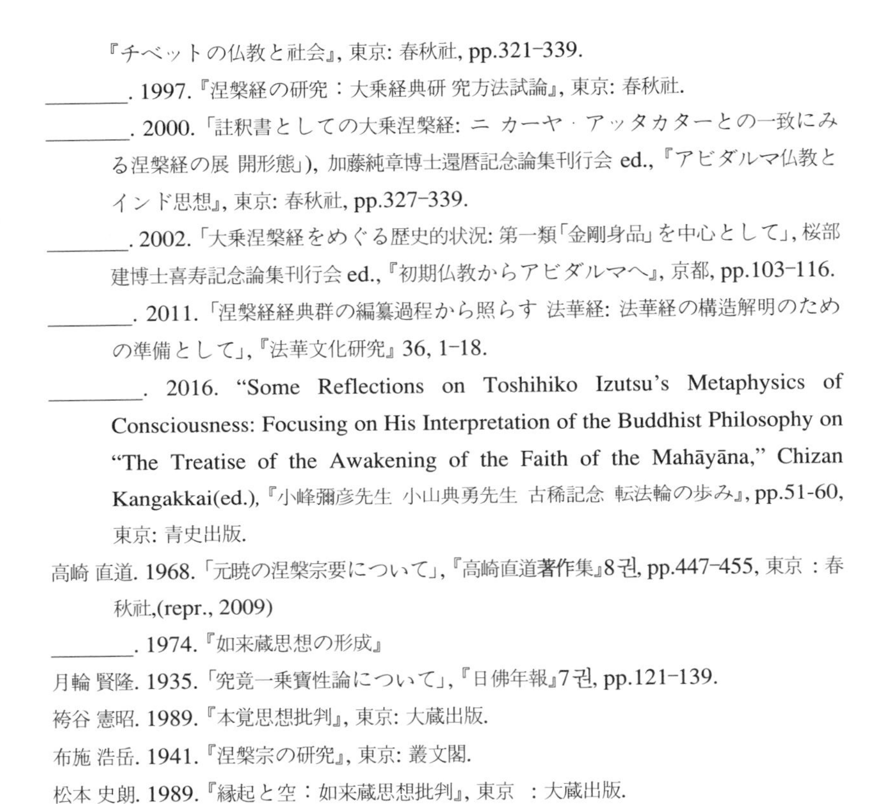

『チベットの仏教と社会』, 東京: 春秋社, pp.321-339.

________. 1997.『涅槃経の研究：大乗経典研 究方法試論』, 東京: 春秋社.

________. 2000.「註釈書としての大乗涅槃経: ニ カーヤ · アッタカターとの一致にみる涅槃経の展 開形態」), 加藤純章博士還暦記念論集刊行会 ed.,『アビダルマ仏教とインド思想』, 東京: 春秋社, pp.327-339.

________. 2002.「大乗涅槃経をめぐる歴史的状況: 第一類「金剛身品」を中心として」, 桜部建博士喜寿記念論集刊行会 ed.,『初期仏教からアビダルマへ』, 京都, pp.103-116.

________. 2011.「涅槃経経典群の編纂過程から照らす 法華経: 法華経の構造解明のための準備として」,『法華文化研究』36, 1-18.

________. 2016. "Some Reflections on Toshihiko Izutsu's Metaphysics of Consciousness: Focusing on His Interpretation of the Buddhist Philosophy on "The Treatise of the Awakening of the Faith of the Mahāyāna," Chizan Kangakkai(ed.),『小峰彌彦先生 小山典勇先生 古稀記念 転法輪の歩み』, pp.51-60, 東京: 青史出版.

高崎 直道. 1968.「元暁の涅槃宗要について」,『高崎直道著作集』8권, pp.447-455, 東京：春秋社,(repr., 2009)

________. 1974.『如来蔵思想の形成』

月輪 賢隆. 1935.「究竟一乗寶性論について」,『日佛年報』7권, pp.121-139.

袴谷 憲昭. 1989.『本覚思想批判』, 東京: 大蔵出版.

布施 浩岳. 1941.『涅槃宗の研究』, 東京: 叢文閣.

松本 史朗. 1989.『縁起と空：如来蔵思想批判』, 東京 ：大蔵出版.

저자 소개

가노 가즈오(加納和雄)	고마자와대학(駒澤大学)
야마베 노부요시(山部能宜)	와세다대학(早稲田大学)
안성두	서울대학교
구라니시 겐이치(倉西憲一)	대정대학(大正大学)
차상엽	금강대학교
로버트 샤프(Robert H. Sharf)	UC 버클리
도르지 왕축(Dorji Wangchuk)	함부르크대학
클라우스 디테 마테즈(Klaus-Dieter Mathes)	비엔나대학
더글라스 덕워스(Douglas Duckworth)	템플대학
시모다 마사히로(下田正弘)	동경대학(東京大学)

역자 소개

가노 가즈오(加納和雄): 「『열반경』(涅槃経, Mahāparinirvāṇamahāsūtra) 속 복합어 ‘여래장(如来蔵, tathāgatagarbha)’의 이해에 대한 재고(再考)」

－최진경(뮌헨대학)

야마베 노부요시(山部能宜): 「기체설(基體說, Dhātu-vāda)에 대한 또 한 번의 논의」

－류제동(성균관대학교)

구라니시 겐이치(倉西憲一): 「금강승(Vajrayāna)에서 불성(佛性)－『초회금강정경』(Sarvatathāgatatattvasaṃgraha)을 중심으로-」

－방정란(함부르크대학)

로버트 샤프(Robert H. Sharf): 「불성(佛性), 비판불교 그리고 초기 선종(禪宗)」,

도르지 왕축(Dorji Wangchuk): 「롱솜빠의 존재적 심연－여래장 학파의 ‘긍정적’ 존재관과 일체법부주론파의 ‘부정적’ 존재관이 만나는 곳에서－」

－이상민(고려대학교)

클라우스 디테 마테즈(Klaus-Dieter Mathes): 「여래장과 객진번뇌에 대한 제8대 까르마빠(karmapa) 미꾀도르제(Mi skyod rdorje, 1507-1554)의 견해」

－함형석(고려대학교)

더글라스 덕워스(Douglas Duckworth): 「티벳에서 여래장의 토대들」

－손영산(라이프치히대학교)

시모다 마사히로(下田正弘): 「『대승대반열반경』 관련 여래장설의 해석학적 문제에 관한 몇 가지 고찰－원효, 부뙨, 그리고 비판불교－」

－이길산(서울대학교)

불성·여래장사상의 형성, 수용과 변용

초판인쇄 2017년 5월 10일
초판발행 2017년 5월 17일

편 저 자 금강대학교 불교문화연구소
펴 낸 이 김성배
펴 낸 곳 도서출판 씨아이알

책임편집 박영지, 김동희
디 자 인 김나리, 윤미경
제작책임 이헌상

등록번호 제2-3285호
등 록 일 2001년 3월 19일
주 소 (04626) 서울특별시 중구 필동로8길 43(예장동 1-151)
전화번호 02-2275-8603(대표)
팩스번호 02-2275-8604
홈페이지 www.circom.co.kr

I S B N 979-11-5610-309-7 93220
정 가 26,000원